보육학개론

JN445575

이 책은 저작권법에 따라 보호받는 저작물이므로 무단전재와 무단복제를 금지하며, 이 책 내용의 전부 또는 일부를 이용하려면 반드시 저작권자와 동문사의 서면동의를 받아야 합니다. 무단전재나 무단복제 행위는 저작권법 제136조(벌칙)에 의거, 5년 이하의 징역 또는 5천만 원 이하의 벌금에 처하거나 이를 병과할 수 있습니다.

보육학개론

한성심·김현자·이미영 공저

INTRODUCTION TO CHILDREN CARE AND EDUCATION

동문사

머리말

최근 우리사회는 초저출산 문제에 대응하기 위해 보육환경의 변화를 가져올 수밖에 없는 현실에 놓여 있습니다. 아이 맡길 곳이 없다는 이유로 임신을 무한정 미루고 있는가 하면, 부모의 직장 근처에 좋은 어린이집이 있는 곳을 찾아서 이사를 하기도 합니다. 이처럼 기혼가족이나 예비부모들에게 양질의 보육환경은 너무나 절실한 현실이 되었습니다. 이러한 현실을 감안해서 국가는 「영유아보육법」을 여러 차례 개정하였고 보육정책의 변화와 발전도 거듭되고 있습니다. 이 같은 배경 하에 보육에 대한 종합적인 이해를 도모하고, 보육실천 분야에서 변화되는 지식과 정보 습득에 도움이 되며, 보육교사로서의 성장에 필요한 기초 지식, 기술, 태도를 형성하는 데 중점을 두는 기본 교재를 만들고 싶었습니다. 우리나라 보육의 역사와 흐름을 이해하고 사회변화에 따른 보육의 발전방안을 함께 생각하고 토론하는 수업의 장을 만들자는 생각을 하였습니다.

<보육학개론>은 보육교사의 자격증을 취득하기 위해 첫 번째로 만나는 과목입니다. 보육입문 교과목으로 가장 기본적이면서 필수적인 내용이 다루어집니다. 이 책은 이론적인 내용을 토대로 실제적인 내용을 이해하기 쉽고 간결하게 제시하였으며, 보건복지부와 한국보육진흥원에서 개발한 표준교과개요에서 제시한 지침과 보육사업안내 등 공적인 자료와 내용을 충실히 전달하고자 하였습니다.

이 책은 모두 13개 장으로 구성되어 있습니다. 제1장에서는 보육에 대한 기본적인 이해를 돕고자 개념 및 필요성, 보육 패러다임의 변화를 비교하고 유보통합을 다루었습니다. 제2장에서는 근대 및 현대의 보육사상과 보육의 관점을 정리하였고, 제3장에서는 보육의 질적 요인 및 보육경험과 영유아발달 관계를 살펴보았습니다. 제4장에서는 보육제도 및 정책의 변천과정, 영유아보육법, 전달체계 등을 살펴보았고, 제5장에서는 장애위험 영유아 및 다문화 영유아 보육서비스와 방과후 돌봄서비스의 내용을 다루면서 보육실천의 다양화를 살펴보

았습니다. 제6장에서는 어린이집의 설치와 유형 및 운영을 정리하였고, 제7장에서는 보육교직원의 자격요건 및 자질과 역할, 전문성 향상 방안을 모색하였으며, 제8장에서는 어린이집과 부모 및 지역사회의 협력에 대한 이해를 다루었습니다. 제9장에서는 보육과정의 특성 및 운영을, 제10장에서는 어린이집 표준보육과정과 2019년 개정된 누리과정에 대해 살펴보았습니다. 제11장에서는 어린이집 환경의 중요성과 구성원리에 대해 다루었으며, 제12장에서는 어린이집의 운영관리를 살펴보았고, 제13장에서는 보육평가를 다루었습니다.

제1장, 제3장, 제4장, 제5장은 한성심교수가 집필하였으며, 제2장, 제7장, 제8장, 제9장, 제10장은 김현자교수가 집필하였고, 제6장, 제11장, 제12장, 제13장은 이미영교수가 집필하였습니다. 집필진들은 현장경험을 기초로 대학에서 영유아 보육 관련 과목을 수년간 강의하고 있으며, 지역사회의 보육발전을 위한 전문적인 다양한 활동에 자문위원 또는 연구위원 등으로 참여하고 있습니다. 저자들은 집필 과정에서 성경말씀(딤후3:14-17)을 묵상하였고, 우리 아이들이 하나님의 사람으로 온전하게 선한 일을 행하도록 양육하는 사회의 모습을 꿈꾸며, 선한 영향력을 끼치는 보육교사를 양성하는 교육자의 마음을 담아보고자 하였습니다.

이 책이 나오기까지 자료에 도움을 주신 두원공대 유아교육과 졸업생, 시립동탄4단지어린이집 원장님, 시립동탄호수어린이집 원장님께 감사의 마음을 전하며 편집과 출판을 위해 애써주신 동문사 사장님과 직원 여러분들께 감사드립니다. 아무쪼록 본 저서가 예비유아교사들과 현장 교사들에게 도움이 되기를 바랍니다.

2022년 7월

아이들의 온전한 양육과 교육을 희망하는 저자 일동

차례

Chapter 12 어린이집의 운영관리 _ 221

Chapter 13 보육평가 _ 251

Chapter

01 보육의 이해

Contents

1. 보육의 개념
2. 보육의 필요성
3. 보육 패러다임의 변화

주요내용

- 보육의 개념, 본질, 중요성 이해
- 과거와 현재의 보육 패러다임 비교
- 보육과 유아교육의 통합

사회변화에 따라 사회적 요구가 지속적으로 변화하고 있다. 이러한 변화는 보육에 대한 욕구를 더욱 가중시키는 계기가 되었다. 보육은 보편적 서비스의 개념으로 접근하고 있으며 모든 영유아를 대상으로 하는 권리이다. 보육은 영유아들이 인간의 존엄성을 가진 사회구성원으로 당연히 누려야 할 보호와 교육을 받을 권리로 인정하고, 이를 국가적·사회적 차원에서 다루어져야 한다. 보육의 개념은 영유아들의 보호 및 교육받을 권리와 부모들의 일할 권리를 보장해 주는 사회제도로, 영유아의 보호와 양육 및 교육 서비스가 통합된 하나의 복지서비스 체계로 발전하였다. 이 장에서는 사회변화에 따른 보육의 개념, 아동·부모·사회의 관점에서 보육의 필요성, 보육 패러다임의 변화와 방향성을 살펴본다.

생각해보세요

"보육시간 줄어도 근무 30분 늘었다…어린이집 '코로나 구인난'"

여전히 일과 육아의 병행은 쉽지 않은 환경이다. 이러한 부담은 특히 여성에게 집중되고 있는 것으로 분석된다. 출산·양육에 따른 경력 단절이 있었다고 답한 비율은 아내 48.8%, 남편 0.8%로 큰 차이를 보였다. 경력이 단절된 이유 역시 남녀 간 차이를 보였다. 남편의 경우, 46.3%가 '일보다 육아를 전담하는 가치' 때문에 휴직을 결심하지만, 아내의 경우 37.4%가 이러한 가치를 휴직 이유로 꼽았다. 대신 적지 않은 비율(29.5%)의 여성들이 '(아이를) 믿고 맡길 곳 부재'와 같은 현실적인 이유로 휴직한다고 답했다. 실제 0~5세 어린이의 아버지는 93.5%가 회사에 다니는 반면, 회사에 다니는 어머니는 절반인 41% 수준이다.
일과 육아를 병행했을 때의 애로사항으로는 '이른 출근 및 늦은 퇴근 시의 양육', '갑작스러운 긴급 상황 발생' 등이 언급됐다. 희망하는 육아 정책으로는 국공립어린이집 확충이 22.0%로 2018년에 이어 1위를 차지했다. 복지부는 "일·가정 양립 지원을 강화하기 위해 이르거나 늦은 시간대, 또는 긴급보육이 필요한 때의 보육서비스를 확대해 나가겠다"라고 밝혔다. 또 국공립어린이집을 꾸준히 확충해 현재 34.3% 수준인 공공보육 이용률을 2025년까지 50%로 높이겠다고 밝혔다.

출처: 중앙일보(2022. 4. 28.). https://www.joongang.co.kr/article/25067072

1. 보육의 개념

1) 보육의 일반적 정의

영유아보육은 영아기와 유아기에 제공되는 돌봄과 교육을 의미한다. 보육의 개념은 시대적 및 사회적 요구에 따라 달리 규정하고 있으나 그 시작은 탁아(child care)의 개념에서 시작되었다. 한자어 표현은 託兒이다. 託은 '부탁하다, 맡기다'의 뜻으로, 아동을 맡긴다는 의미의 탁아는 가정에서 양육하기 어려울 때 하루 중에서 주로 낮 동안에 이루어졌기 때문에 'day-care'라고 표기하였다. 이렇게 부모가 아닌 타인에게 아동을 맡겨야 하는 상황은 경제적 어려운 형편에 처해 직장에 나갈 수밖에 없는 빈곤 가구의 부모들이었다. 탁아의 내용은 단순히 아동을 보호하는 일에 국한하였고, 이는 영국, 미국 등 서구에서 시작된 탁아를 통해서도 알 수 있다. 초기 보육의 개념은 저소득층 가정 자녀나 취업모가정 자녀를 위한 돌봄의 개념을 강조하였고, 최근에는 보호와 교육이 통합된 개념으로 이해되고 있다.

보호와 교육은 분리될 수 없는 개념이고, 이 두 가지를 모두 제공해야 양질의 서비스가 되는 것이다. OECD 국가들도 보육의 개념을 '환경, 재원, 운영시간, 프로그램 내용과 상관없이 초등교육 단계 이전의 영유아를 위해 제공하는 일체의 보호와 교육'으로 정의하며, 유아교육·보육(Early Childhood Education and Care, ECEC)이라는 용어를 사용한다(나정·장영숙, 2002). 미국에서는 칼드웰(Caldwell, 1991)이 유아교육과 보육의 양분된 전통적 개념은 불합리하다고 지적하고, 새로운 서비스로서 교육과 보육을 함께 포괄하는 '에듀케어(educare)' 용어를 처음으로 사용하였다. 에듀케어(educare)란 영유아에게는 보호(care)와 교육(education)의 분리가 의미 없다는 인식에서 만들어진 신조어이다. 보호·양육이 배제된 교육이나, 교육이 배제된 보호·양육은 존재할 수 없다. 모든 영유아는 어린이집에 다니거나 유치원에 다니는 것과 관계없이 건강한 발달과 학습의 성취를 목적으로 하는 프로그램을 경험할 수 있어야 한다(김경회 외, 2016).

보육이란 아동들의 보호·교육받을 권리와 어머니들의 일할 권리를 보장해 주기 위해, 아동이 속한 가정의 사회계층과 어머니의 취업 여부를 떠나 모든 아동이 풍부한 인간관계 속에서 심리적으로 건강하게 자라나도록 지원해 주는 것이다. 또한 이를 위한 책임은 개인뿐만 아니라 사회 국가적 책임이라는 차원에서 다루어져야 함을 의미하며, 단순한 보호의 기능을 넘어 유익한 교육적 경험을 제공해 주어야 하는 사회적 제도(김연진 외, 2017)를 의미한다. 결론적으로 보육(educare)이란 영유아의 보호·교육받을 권리와 여성의 경제활동을 보장하기 위한 제도로서 단순한 보호 차원을 넘어 모든 영유아의 전인적 발달을 위해 제공하는 보호와 교육을 통합한 개념이다(이순형 외, 2013).

2) 보육의 법적 정의

'탁아, 맡김, 돌봄, 보호, 교육, 에듀케어' 등 시대와 상황에 따라 다르게 정의되어 온 보육의 용어는 1991년 1월 「영유아보육법」이 제정되면서 "보육"이란 용어로 사용되기 시작하였다. 우리나라 「영유아보육법」에 규정된 정의를 살펴보면, "보육"이란 영유아를 건강하고 안전하게 보호·양육하고 영유아의 발달특성에 맞는 교육을 제공하는 어린이집 및 가정양육 지원에 관한 사회복지서비스를 말한다. 여기서 "영유아"란 6세 미만의 취학 전 아동이며, "어린이집"이란 보호자의 위탁을 받아 영유아를 보육하는 기관이고, "보호자"란 친권자·후견인, 그 밖의 자로서 영유아를 사실상 보호하고 있는 자를 말한다(「영유아보육법」 제2조). 영유아보육법에서는 영유아의 보호와 교육을 동시에 중요시하였다.

2. 보육의 필요성

1) 영유아의 관점

보육의 1차적 기능은 아동의 보호에 있으며, 이에 아동의 발달특성을 고려하여 교육을 강화하는 포괄적 개념으로 접근하여야 한다. 이는 아동이 건강한 사회의 성원으로 발달하도록 도와주는 것으로서 아동이 자유롭게 자신의 개성을 신장시키고, 동시에 민주사회의 구성원으로서 바르게 성장할 수 있는 환경을 보장해 주는 것이다(김연진 외, 2017). 부모가 아동을 돌보지 못하는 시간 동안 보육환경은 영유아로 하여금 신체적·정신적·정서적·생리적 욕구를 충족받으면서 적절한 보호와 발달을 하게 된다. 특히 저소득층 맞벌이 가족의 경우, 가정에서 누리지 못한 다양한 문화적 혜택과 관계를 경험함으로써 성장하게 된다. 영유아 시기의 성장과 발달은 건강한 성인이 되는 기초가 되며, 영유아기는 성장발달의 결정적 시기이다. 영유아의 발달 측면에서 신체뿐만 아니라 사회·정서·인지·언어 발달이 급속히 이루어지는 기틀이 마련되는 시기이므로 보육서비스는 개별 영유아에게 적합하게 제공해 주어야 한다.

보육의 필요성은 기본적으로 그 대상인 영유아의 권리 관점에서 다루어져야 한다. 아동은 단순한 보호의 대상이 아닌 권리의 주체이다. 유엔아동권리협약은 아동이 갖는 4가지 기본권, 즉 생존권, 보호권, 발달권, 참여권을 담고 있다. 우리나라에서도 아동권리에 대한 인식이 확산되고 있으며 권리 주체로서의 아동을 인정하고 그 권리를 보장할 수 있도록 국가가 책임을 져야 할 것이며, 보육서비스 현장에서 영유아들에게 실현될 수 있도록 보호와 교육이 시행되어야 할 것이다.

영유아가 어느 계층에 있든 국가와 사회가 평등하게 보호하고 연령별 발달단계에 따른 교육을 받을 수 있도록 보육서비스를 제공함으로써 건강한 사회구성원으로 육성해 나가게 되는 것이다. 전 세계적으로 경제상황이 악화되고 고용불안으로 이어지면서 중산서민층의 생활이 더욱 어려워져 보육비용에 대한 부담이 늘어나는 때일수록 국가적 차원의 보육정책 지원은 더욱 큰 의의를 갖게 되며 보육의 필요성이 증대된다.

2) 부모 및 가족의 관점

가족 구조와 기능의 변화는 보육서비스의 욕구를 증대시켰다. 핵가족화가 지속적으로 증가하면서 부모를 대신하는 대리양육자가 부족하여 자녀양육에 어려움을 겪고 있어(나종혜 외, 2014) 자녀의 양육 및 사회화 기능을 담당할 보육서비스는 필요하다.

보육 욕구의 증대는 기혼여성의 취업률의 증가와 연관성이 가장 깊다. 여성의 노동시장 참여와 사회참여 욕구의 증대는 어머니가 아이를 돌보는 것이 바람직한가 아닌가의 문제를 떠나서 이제는 사회의 공적 분야로서 필수적인 전제조건이 되었다. 즉 육아의 사회화는 여성의 사회참여를 지지하고 뒷받침하는데 직접적이고 필수적인 전제조건이 된 것이다. 저출산에 따른 아동수 감소에도 불구하고 여성경제활동 증가로 인해 보육에 대한 수요는 늘어나고 있다. 여성의 경제활동을 지원하는 제도로는 가정양육수당이나 아동수당 등 금전적 지원, 부모 모두에게 육아휴직제 보장, 아이돌봄서비스와 같은 양육지원정책, 어린이집 보육의 질적 보장과 같은 제도가 있다. 특히 양질의 보육, 다양한 형태의 보육서비스에 대한 부모들의 욕구는 증가하고 있다. 보육문제의 해결은 한 가정에서 여성이 편안하게 생업에 종사할 수 있는 뒷받침이 되고, 나아가 가정의 경제와 가족의 복지를 향상시킨다는 점에서 필요하다. 빈곤가정의 경우는 보육서비스를 통해 빈곤가정의 여성이 노동시장에 참여하게 함으로써 간접적인 소득지원의 영향을 줄 수 있다. 취업모가 자녀양육에 대한 압박에서 벗어나 사회활동을 보장받을 수 있도록 국가정책으로서의 보육서비스 지원이 필요하다.

또한 다양한 가족유형의 변화로 보육의 필요성이 제기된다. 우리나라 가족유형에서 국제결혼 및 별거·이혼·사망 등의 가족해체 등으로 다문화가족과 한

부모가족 및 조손가족 등이 증가하였고, 장애아동 가족의 출현율도 보이고 있다(김연진 외, 2017). 이로 인한 대부분의 결손 가정의 한부모는 경제활동에 전념하지 않을 수 없게 되고 어린 자녀를 둔 경우의 육아는 더욱 심각한 문제가 되었다. 해마다 늘어나는 이혼율 상승과 전체 가구 중 한부모가정과 다문화가정의 비율이 증가하는 추세를 고려해 볼 때 약화되는 가정의 자녀양육 기능을 보완할 수 있는 보육의 필요성은 더욱 높아지고 있다.

3) 사회 및 국가의 관점

보육의 공공성이란 보육을 개인적 차원에서 해결하려는 것이 아니라 사회의 공적 차원에서 해결하려는 것으로서 사회 전체의 이익과 연관이 있다. 그런 의미에서 보육은 현대사회에서 인간이 직면하는 다양한 사회문제에 대한 대책으로서의 기능을 하게 된다. 사회문제가 상대적으로 집약되어 있는 빈곤지역의 아동과 부모들은 빈곤, 열악한 주거환경, 실업, 비행 일탈 행위 등의 문제를 더 많이 가지고 있는데, 보육서비스를 제공하여 아동을 돌보고 바람직한 방향으로 지도한다는 것은 사회문제를 미연에 방지하는 효과를 가져오기 때문에 보육의 필요성은 강조되고 있다.

또한 보육은 적극적인 의미에서 볼 때, 건강하고 건전하며 정서적으로 안정된 아동양육은 미래의 인적 자원을 관리하고 보호한다는 측면에서도 매우 중요한 일이다. 한 사회의 지속적인 발전은 그 사회를 이끌어갈 인재를 지속적으로 키워 내는 일이라고 본다면 보육은 그런 의미에서도 매우 중요한 일이다.

보육은 여성인구의 효과적인 활용 차원에서도 매우 중요하다. 오늘날의 경제적 조건은 여성의 사회참여를 기정사실로 받아들이고 있으며, 여성의 자아실현이라는 차원에서도 반드시 요구되었다. 그러나 여성인력을 효과적으로 사용하는 데 필요한 전제조건은 육아의 문제를 사회적으로 해결하는 조건이 실현되어야 가능하기 때문에 경제발전이라는 차원에서도 보육의 공공성은 중요하다.

3. 보육 패러다임의 변화

보육은 여성의 사회경제활동의 참여 확대, 가족구조 및 기능의 변화, 급격한 저출산·고령화사회로의 진입, 영유아 양육 및 교육의 욕구 증대 등 다양한 사회변화와 아동 및 부모의 욕구 및 권리 강화로 인하여 사회적인 이슈에서 국가정책적인 이슈가 되었다. 이러한 요인에 의해 보육의 요구가 다양화되었고 영유아보육의 패러다임도 변화한 것이다.

1) 보육주체의 변화

기혼 여성의 사회참여와 취업이 증가하면서 보육의 중요성이 더욱 부각되었고 사회적 요구가 다양하게 되었다. 개정된 「영유아보육법」은 '가족책임 우선' 이념에서 '가족과 국가, 사회의 책임'으로 분명히 하고 있다. 1991년 「영유아보육법」 제정 당시 아동보육의 1차 책임은 부모에게 있었고, 국가는 부모를 지원하는 보조적 책임자로 명시되었다. 이후 저출산 사회문제로 국가적 책임에 대한 공감대가 형성되면서 현재 개정된 「영유아보육법」은 국가의 책임을 강조하고 있다. 아동권리에 부합된 사회적 개입이 불충분했던 가족책임 우선의 이념으로부터 가족과 국가, 사회가 함께 아동복지정책의 주체가 됨으로써 영유아의 이익을 최우선으로 고려하는 보육이념을 실현시킬 수 있는 방향으로 변화된 것이다.

국가는 2013년 3월부터 영유아 무상보육정책을 실시하였다. 농어촌지역의 출산비용과 보육비용의 일부를 지원하던 소극적 대처에서 전 계층의 0세부터 5세까지 무상보육을 실시하는 적극적 대처로 변화하였다. 정부는 어린이집을 이용하는 영유아에게 보육료를, 유치원을 이용하는 유아에게 유아학비를, 가정에서 양육되는 영유아에게 양육수당을 지원하고 있다. 결국 국가가 아동의 잠재 가능성의 최대성장과 발달을 위해 적극적인 정책을 수립하고 생애 초기인

유아기에 평등한 출발을 보장하는 국가의 책무성을 실현하는 것이다. 이로써 우리나라의 보육은 이제 개인 차원이 아니라 국가와 부모 및 가정이 함께 책임지고 가는 보육제도로 자리매김하였다.

2) 보육대상의 변화

보육은 빈곤한 부모들의 자녀를 대상으로 단순히 보호한다는 개념에서 시작되었다. 그러나 현대사회로 오면서 기혼여성의 사회참여와 취업이 증가하면서 보육의 중요성이 더욱 부각되었고 사회적 요구가 다양하게 되면서 보육서비스는 다양한 계층의 요구를 수용하기에 이르렀다. 보육의 대상이 저소득층 가정의 자녀에서 모든 계층의 자녀를 대상으로 하나의 권리로 접근하게 되었다. 부모의 교육수준, 경제능력, 직업 등 사회경제적 지위를 결정하는 조건으로 제한하지 않고 모든 영유아를 보육대상으로 받아들였다(성미영 외, 2019). 빈곤층 취업모의 자녀를 보육대상으로 제한해 오던 선별주의 접근에서 일반 영유아로 보육대상을 확대하는 보편주의 접근으로 변화한 것이다.

보육의 보편성을 실현하기 위해 모든 영유아와 부모가 평등한 조건에서 차별 없는 보육혜택을 받을 수 있도록 공적인 방향으로 사업정책이 변화되었다. 2013년부터 무상보육제도가 시행되었고, 2018년부터 아동수당제도가 시행되었다. 아동수당제도는 자녀양육의 경제적 부담을 경감시키고, 건강한 성장 환경을 조성해 아동의 기본적 권리와 복지를 증진하고자 도입된 제도이다. 2019년 1월 「아동수당법」이 개정됨에 따라 2019년부터 부모의 소득·재산과 무관하게 만 6세 미만 모든 아동에게 아동수당이 지급되며, 9월부터는 만 7세 미만으로 연령이 상향되었다. 보육서비스는 더 이상 사회·경제적으로 어려운 영유아들을 위한 지원이나 맞벌이 가정만을 위한 지원이 아니라 영유아 전반에 제공되어야 할 서비스가 된 것이다.

3) 보육기능의 변화

보육은 '아동의 전인적 성장과 발달을 지원하며 아동과 부모를 지향하는 사회적 지원체계의 한 형태'라고 개념화할 수 있다. 보육의 개념은 변화하고 있지만 그 의미를 두 가지로 볼 수 있다(이소희, 2005). 하나는 부모의 부적절한 양육 기능에 대한 보충적 기능을 수행하는 사회적 서비스라는 점이다. 현대적 개념에서 가장 주목하는 것은 교육 기능의 강조이다. 즉 단순히 자녀를 보호하는 데 그치지 않고, 아동이 지닌 발달적 특성과 생활하고 있는 환경을 고려한, 곧 넓은 의미에서의 교육적 활동을 포함한 교육보호(edu-care)의 개념이 그 핵심이다. 따라서 보육은 아동의 보호와 양육 및 교육적 서비스가 통합된 개념으로서 하나의 복지서비스 체계로 발전시켜야 한다는 점이다(김영모, 1995; 이영석, 1994). 다른 하나는 보육은 공히 아동의 복지 보장뿐만 아니라, 특히 기혼 여성의 복지와 이를 통한 가족의 복지 및 나아가 사회복지와 강한 연관성을 지니고 있다는 점이다. 이러한 연관성은 가족의 안정적인 소득과 이를 지원하는 국가의 정책에 의해 계속 환류되고 있는 점에서 잘 파악할 수 있다. 또한 실제적으로도 보육서비스는 맞벌이 가정의 수입을 증대하는 데 기여 요인으로 작용하였을 뿐만 아니라 동시에 가족복지감도 향상시키는 효과를 산출하고 있다는 점이다(도미향, 1999).

보육은 과거의 단순한 돌봄의 기능을 넘어 보다 유익하고 발달을 촉진하는 교육적 경험을 제공하는 사회적 제도이다. 이러한 관점은 보육 활성화와 공보육과 관련된 보육내용에 발전을 가져왔다. 1961년 「아동복리법」은 1981년 「아동복지법」으로 전문 개정되었는데, 「아동복지법」에서는 보호대상 아동에 대한 보호만이 아니라 모든 아동의 건전 육성을 포함하고 있으며, 이러한 건전 육성을 실현하기 위해서는 교육적 개입이 불가하다는 점을 제시하고 있다. 이러한 진보적 개념은 「영유아보육법」의 제정 및 개정에서도 알 수 있다. 교육 기능에 대한 강조는 1990년대 후반에 들어서 더욱 강화되기 시작하였다. '유아교육개혁' 과정에서 여러 교육·연구·사회 관련 기관에서, 특히 '어린이집'과 직접적인 관련을 가진 교육·연구·사회기관에서 보육을 보호+교육이라는 줄임말로 표현하면서 보육에서의 교육을 강조하였다. 뿐만 아니라 세계아동의 권리선언(1959)이나 어린이권리에 관한 국제협약(1989) 등에 명시된 내용에서도 알 수 있다. 즉 모든 어린이는 기본생활의 유지에 필요한 기초 교육을 받을 권리를 지니고 있으며, 나아가 어려운 여건에 있는 아동은 그의 상황을 극복해 줄 수 있는 보상교육을 받을 권리가 있다는 관점으로 진일보한 것이다. 단순한 부모역할 대행이나 신체적 돌봄 중심의 보호가 아니라 아동의 잠재 가능성을 최대한 성장·발달시키기 위한 교육을 포함한 종합적인 지원체제의 보육의 개념으로 변화된 것이다.

4) 보육 운영의 변화

여성의 취업이 경제적 필요에서뿐만 아니라 자아성취의 목적을 위한 하나의 선택이 되면서 여성의 취업률이 증가하고 있고, 다양한 직종에 종사하게 됨에 따라 보육서비스의 유형에 대한 요구도 변화하고 있다. 보육의 주요 소비자인 부모의 요구에 따라 보육서비스에도 변화가 필요한 상황이다. 그에 따라 어린이집의 운영 형태가 다양하게 나타나고 있는데 24시간보육(기본보육 + 연장보육 + 야간연장보육 + 새벽보육), 야간연장보육, 야간12시간보육(야간연장 + 새벽보육), 휴일보육 등의 형태를 들 수 있다. 또한 어린이집 운영에서도 어린이집 운영위원회에 학부모가 참여하며 봉사활동이나 행사 보조 역할, 부모참여수업 및 워크숍, 부모교육 및 상담 등의 형태로 부모의 의견 참여가 다양해지고 있다. 이는 여성의 육아문제해결에 보다 다양한 접근이 필요하다는 것을 의미하며, 보육서비스의 운영은 보다 더 수요자 중심으로 그 형태가 다양하게 변화하고 있다.

토론하기

- 우리 사회에서 보육은 왜 필요할까?
- 아이 양육을 국가와 사회가 함께 해야 하는 이유는 무엇일까?
- 보육서비스가 우리 사회에 어떠한 의미를 줄까?

5) 보육과 유아교육의 통합

현재 우리나라는 유아교육과 영유아보육이 이원화체제로 운영되고 있다. 유아교육의 주관부처는 교육부이고, 영유아보육의 주관부처는 보건복지부이다. 어린이집과 유치원의 통합문제는 오랫동안 논의되어 왔다. 정부 부처 간의 이견, 이해관계자들 간의 대립, 학제와 법적 문제, 전문가들의 입장 차이 등의 요인들 때문에 아직 해결책을 찾지 못하는 난제로 남아 있다. 3~5세 유아는 영유아보육의 대상이면서, 동시에 유아교육의 대상이다. 보육과 교육은 별개로 여겨질 수 없다. 영유아의 입장에서 어린이집이나 유치원 중 어느 곳을 다니든지 동질의 교육을 받을 권리가 있다는 관점에서 유아교육과 보육이 통합되어야 한다는 움직임이 있었던 것이다.

교육계에서는 1990년대부터 어린이집과 유치원의 격차를 줄이고 모든 영유아에게 양질의 보육·교육 서비스를 제공하기 위해 '유보통합'(유아교육·보육 통합)이 필요하다는 목소리가 꾸준히 나왔다. 만 3~5세 보육·교육과정으로 "누리과정"을 도입하였다. 이를 통해 국가는 우리나라 모든 만 3~5세 유아들에게 통합된 유아교육·보육과정을 제공할 수 있게 되었다. '3~5세 누리과정'은 만 3~5세 유아의 심신의 건강과 조화로운 발달을 도와 민주시민의 기초를 형성하는 것을 목적으로 구성하였다. 보육·유아교육의 질이 한 단계 높아지고, 학부모의 부담이 실질적으로 경감하는 효과를 가져다주었다. 보육·유아교육에 대한 국가의 투자는 일석사조, 즉 맞춤형 복지, 저출산 대책, 미래대비 투자, 일자리 대책 등의 효과를 가져다준다(보건복지부, http://www.mohw.go.kr).

윤석열 정부도 이런 목소리를 반영하여 대통령인수위원회 국정과제에 유보통합을 포함했다. 교육부와 보건복지부 등 관계부처가 참여하는 '유보통합추진단'을 구성해 유아교육·보육을 단계적으로 통합하는 방안을 마련하겠다는 것이다(세계일보, 2022. 5. 31.). 그러나 유보통합의 큰 걸림돌은 교사의 선발과 처우 문제가 되며 이와 관련하여 교사양성체계의 일원화와 소관부처의 일원화가 논의될 수밖에 없는 실정이다.

유아교육·보육정책에 대해서는 육아정책연구소뿐만 아니라 전문대학과 4년

제 대학의 유아교육관련 학과에서 많은 관심과 문제점 등을 지적하고 있다. 최은영(2022)은 새 정부의 유아교육·보육정책 주요이슈로 어린이집·유치원의 단계적 유보통합을 위한 선결과제, 어린이집·유치원 교사 처우개선 수준, 지역별 격차를 고려한 교사 대 아동 비율 축소를 제시하였다.

(1) 어린이집·유치원의 단계적 유보통합을 위한 선결과제

① 새 정부는 어린이집·유치원으로 이원화된 서비스 체계의 단계적 통합을 제시하고, 이를 국정과제에 '관계부처와 함께 유보통합추진단을 설치·운영하여 단계적으로 유보통합 추진'하겠다는 내용으로 포함함

② 유보통합은 교육부와 보건복지부 국정과제에 모두 포함되어 있으나 국정과제 46(보건복지부)에서는 보육서비스 질 제고의 하위 과제로, 국정과제 84(교육부)에는 유보통합이 주요 과제로 제시되어 있음

③ 보건복지부는 보육서비스 질 제고 차원에서 아동당 교사 비율과 시설 면적 기준 상향 검토, 보육교사 처우개선, 시간제 보육 개선 등 하위로 단계적 유보통합 방안 마련이 제시되어 있고, 교육부는 유보통합의 하위에 사립유치원 교사 처우개선, 유·초 교육과정 연계성 강화 등이 제시되어 관점의 차이를 보임

④ 교사 자격 및 처우, 시설 기준, 재정, 거버넌스 등 다양한 차원을 고려하면, 유보통합은 중장기 계획하에 추진될 수밖에 없지만 교사 자격, 재정 등 유보통합의 민감하고 쉽게 풀기 어려운 과제들을 효율적으로 정비하기 위해서는 거버넌스의 통합이 우선 고려되어야 함

(2) 어린이집·유치원 교사 처우개선 수준

① 새 정부 공약에서 민간에 소속되어 있는 교사들의 처우를 국공립 수준으로 상향할 것을 제시한 바 있으며, 이는 국정과제에 보육교사 처우개선, 사립유치원 교사 처우개선으로 포함됨

② 민간 의존도가 높은 유아교육·보육 분야에서 교사의 처우는 유치원(국공립/사립), 어린이집(국공립/직장/민간 등) 내의 격차도 심각한 상황임. 2021년 민간·가정 어린이집 기본급 실태조사 결과, 경력반영이 되지 않은 월 급여는 179만 원이었고(경향신문, 2021. 1. 7.), 가장 최근 조사된 사립유치원 교사의 월평균 급여(2019년 3~9월 세전 급여 기준)는 200만 원으로(연합뉴스, 2020. 10. 15.) 나타남

③ 현재 유치원과 어린이집 교사의 평균 급여에 관한 동일 시점의 데이터가 존재하지 않아 절대 비교가 어려운 상황으로 기관(시설) 간의 격차 외에 처우개선 수당의 지역별 차이 등을 종합적으로 고려해서 수준이 설정되어야 함

(3) 지역별 격차를 고려한 교사 대 아동 비율 축소

① 새 정부는 영아반 교사의 아동 비율 축소 공약의 세부 내용에서 유치원과 어린이집 만 3세, 만 4~5세까지 단계적 하향을 제시하였는데, 이는 국정과제 46(아동당 교사 비율과 시설면적 상향 검토)에 포함됨

② 만 3~5세 교사 대 영유아 비율은 어린이집이 각각 15명, 20명, 20명이고, 2021년 기준, 유치원의 학급당 유아 수 기준은 시·도별/공·사립 유형별 차이가 큰 상황임(교육희망, 2021. 6. 22.)

③ 유아교육·보육의 구조적 질 개선의 주요 요인인 교사 대 아동 비율은 향후 영유아 수 추이, 재정여건 등이 우선 고려되어야 할 중장기 과제이므로, 신중한 접근이 요구됨

Chapter 02

보육사상의 이해

Contents

주요내용

- 보육사상의 개념, 배경
- 근대 보육사상과 보육의 관점
- 현대 보육사상과 보육의 관점

보육사상은 시대적인 역사성과 종교, 문화의 변천에 따라 국가와 개인의 보육관과 보육정책의 변화에 영향을 준다. 영유아를 어떤 존재로 보는지, 영유아보육을 누가, 언제, 어떻게 해야 하는지 등은 실제 현장에 많은 영향을 주게 된다. 사회에서 발생하는 영유아보육 문제에 대한 통찰과 해결 방향은 영유아보육에 대해 어떠한 철학을 갖는지가 반영된 것으로 볼 수 있다. 따라서 현재의 보육관과 보육정책에 근간이 되는 교육사상을 살펴보는 것은 의미가 있다. 보육사상은 영유아보육을 위해 필요한 지식과 기술을 세우고, 실천하는 데 필요한 가치판단체계를 이루는 교육철학을 말한다. 이 장에서는 우리나라 보육사상에 영향을 미친 서양의 사상과 종교에 대해 살펴본다.

생각해보세요

- 영유아들이 어린이집, 유치원에 다니게 되는 계기는 무엇이라고 생각하는가?

- 유아교육기관은 종교적, 문화적 영향을 받는다고 생각하는가?

1. 보육사상의 개념

영유아보육은 영유아를 어떤 존재로 인식하는지, 누가, 언제, 어떻게 영유아를 보육을 하는지 등에 대한 인식에 따라 달라진다. 이러한 인식과 그에 따른 실천의 여부는 영유아보육과 관련된 교육사상에서 그 출발점을 찾아볼 수 있다. 하지만 지금까지는 영유아보육보다 유아교육의 입장에서 교육사상이 적용되고 연구되어 왔다. 이는 유아교육의 역사가 오래되었기 때문이다.

동서양의 많은 교육사상가는 종교와 교육이 가지는 본질적인 연관성을 근거로 교육이론에 적용하고 그 사상들을 실제 교육현장에 반영하는 데 관심을 가져왔다(박범석, 2003). 교육사상은 교육의 개념이나 실천에 대한 개인 혹은 단체의 전반적인 가치관(고려대한국어사전)으로 교육철학을 말한다. 이러한 교육철학은 교육하고 보호해야 하는 영유아의 보육에 매우 중요한 이론적 기초를 이루고 있는 보육사상이 될 수 있다. 따라서 보육사상은 영유아를 보육하기 위해 필요한 지식과 기술을 세워가며 실천하는 데 필요한 논리적 적합성을 가진 판단체계라 할 수 있다.

보육사상은 시대적인 역사성과 종교 및 문화의 변천에 따라 국가와 개인의 보육관에 영향을 줄 수밖에 없다. 따라서 영유아보육의 전반적인 현상이나 문제들을 통찰하고 올바른 안목을 형성하게 하여 오늘날까지 보육정책의 변화에 반영되어 왔다고 볼 수 있다. 이러한 보육사상을 살펴보는 것은 지금까지의 변화에 대한 근거뿐만 아니라 미래를 예측하고 준비하는 데에 필요한 기초를 탐구하는 의미 있는 과정이 될 것이다. 보육사상을 한 마디로 정리하면, 영유아보육을 위해 필요한 지식과 기술을 세우고, 실천하는 데 필요한 가치판단체계를 이루는 교육철학이라고 할 수 있다.

2. 보육사상과 보육의 관점

서양의 역사적 흐름의 변화에 따른 보육사상과 우리나라의 시대적·종교적 변화에 따른 보육사상을 이해하면 그에 따른 보육관점이 정리될 수 있다.

1) 서양의 보육사상과 보육의 관점

영유아보육의 사상적 기초가 되어 온 코메니우스, 로크, 루소, 페스탈로치, 프뢰벨, 듀이의 사상을 중심으로 살펴보면서 영유아보육에 영향을 주는 시사점을 정리해 볼 수 있다. 보육사상가들은 신앙적인 기초에서 철학적 배경이 세워졌다고 볼 수 있으나, 여기서는 사상가들이 보육에 영향을 준 업적을 중심으로 살펴보고자 한다.

(1) 코메니우스(John Amos Comenius, 1592~1670)

코메니우스는 보헤미아의 독실한 기독교 가정에서 태어났으며, 17세기 최고의 교육자로 최초로 체계적인 교육학을 수립하였다. 근대교육의 아버지라고 불리는 코메니우스는 세계 최초의 교육학서인 <대교수학>(Didactica Magna, 1632)에서 인간의 교육을 출생부터 청년기까지 이루어질 수 있는 4단계 교육제도를 제시하였다. 1단계는 영유아기(출생~6세), 2단계는 아동기(7~12세), 3단계는 소년기(13~18세), 4단계는 청년기(19~24세)로 구분하였다. 그중에서 영유아기는 무릎학교 또는 어머니학교라고 하여 어머니 역할의 중요성을 강조하였다.

코메니우스는 <대교수학> 7장에서 다음과 같이 유아교육의 중요성을 설파하였다(양옥승 외, 2015: 42).

> 인간의 교육은 어릴 때 가장 잘 되고 또 어릴 때라야 성공할 수 있다. … 만일 어떤 사람에게 덕성을 교육하려 한다면 아직 어린아이 때에 길들여야 한다. 그리고 만일 어떤 사람이 지혜를 기르려 한다면 그의 열성이 아직 불붙고 있고, 마음이 아직 굳어 있지 않고, 기억력이 아직 강한 인생의 초년기에서 그가 지혜를 향해 열려 있어야 한다.

이와 같이 코메니우스의 교육철학은 오늘날 영유아보육의 중요성 및 가정교육의 중요성, 발달단계에 따른 교육제도의 확립에 시사한 바가 크다는 것을 알 수 있다.

(2) 로크(John Locke, 1632~1704)

로크는 영국에서 태어나 철학, 정치, 종교를 배우며 다양한 경력과 저술활동을 하였다. 그는 경험주의자로 지성을 백지로 묘사하였으며, 인간의 정신은 어떠한 관념도 가지고 있지 않은 백지상태(tabula rasa)로 태어나기 때문에 외부의 경험에 의해 지식이 획득된다고 주장하였다.

로크는 영유아를 성인이 가르치는 대로 따르는 수동적 학습자로 보았으며, 영유아가 좋은 습관을 형성할 수 있도록 학습과 경험을 제공하는 성인의 역할을 중시하였다. 따라서 교육의 핵심은 영유아의 올바른 습관형성에 있으며, 이를 위해서는 부모가 자녀에게 좋은 모범을 보여 영유아기에 바람직한 습관을 형성하도록 강조하였다(나종혜 외, 2018). 이는 영유아와 오랜 시간을 함께 생활하는 보육교사 역시 먹고, 이 닦고, 휴식하고, 화장실 다녀오는 등 모든 일상이 노출되고 있어서 교사는 영유아에게 모방의 대상이 될 수밖에 없음을 알 수 있다.

이와 같이 로크는 영유아기의 교육의 중요성에 대한 발달적 근거가 되는 백지설을 제안함으로써 성인의 삶이 그들에게 얼마나 중요한 역할을 하는지 알 수 있게 하였다.

(3) 루소(Jean Jacques Rousseau, 1712~1778)

루소는 스위스에서 태어났으며, 생애 대부분을 프랑스에서 보냈고, 18세기를 대표하는 위대한 교육사상가로 손꼽히고 있다. 그는 인간의 내면에 잠재되어 있는 자연적인 감정을 중요시하고 자연주의 교육을 강조하여 이상적인 사회를 만들고자 하였다.

루소의 대표 저서인 <에밀>은 루소의 교육사상을 거론할 때 자주 인용되는데, 에밀을 보면 루소는 사회의 악한 요소로부터 인간을 해방하기 위해서는 아동을 타락한 사회보다는 자연 속에서 키워야 한다고 생각했다(박준영, 1999).

루소는 <에밀>에서 인간의 발달을 유아기, 아동기, 아동기 후기, 청년기로 나누어 소개하고 있다. 그중에서 유아기는 활동적이며, 호기심이 많기 때문에 많은 것을 감각을 통하여 배우게 되며 언어를 획득하기 시작한다. 루소는 유아를 독촉하거나 교정해 주는 것을 원치 않았으며, 성인의 행위는 유아를 소심하고 불안하게 만들 뿐이며, 독립성을 잃게 한다고 보았기 때문이다. 사람의 본성을 선한 존재로 보는 성선설과 자연성을 존중하는 교육신념은 이후 아동 중심 교육의 토대가 되었다(양옥승 외, 2015 재인용).

(4) 페스탈로치(Johann Heinrich Pestalozzi, 1746~1827)

페스탈로치는 스위스에서 태어났으며, 아동을 선하게 보았던 루소의 사상에 영향을 받았고 합자연의 원리를 바탕으로 아동 중심의 교육을 실천하고자 노력하였던 교육실천가였다. 학교를 세워 고아와 가난한 사람들의 자녀들을 도왔으며, 가정은 사랑을 실천할 수 있는 가장 중요하고도 적합한 장소라고 보았다.

교육의 본질은 인간의 본성을 계발하는 데 있다고 보았으며, 교육목적을 전인교육에 두고 3H의 조화로운 발달을 주장하였다. '3H'는 머리(정신: Head), 가슴(마음: Heart), 손(기술: Hand)으로 머리의 발달을 위해서는 실물학습이 필요하고, 손의 발달을 위해서는 노작교육이 필요하며, 가슴을 발달시키기 위해서는 가정교육이 필요하다고 강조했다(지옥정 외, 2016 재인용).

페스탈로치는 영유아가 구체적인 것에서 추상적인 것으로 배울 수 있도록 격려하는 활동과 교재를 발전시켰으며, 모든 계층을 포함하는 보편적 교육에 기여하는 동시에 교육에 있어서 개인차를 강조하였다(나종혜 외, 2018).

(5) 프뢰벨(Friedrich Froebel, 1872~1852)

독일에서 태어난 프뢰벨은 대학에서 페스탈로치를 만나 그의 인격과 교육정신에 감명을 받아서 교육자로서 살아가기로 결심하게 되었다. 1816년 '일반독일연구소'를 세웠고, 1826년에는 <인간의 교육>을 저술하였다. 1840년에는 '어린이의 정원(Kindergarten)'을 만들어 유희와 작업을 할 수 있도록 하였으며, 그곳이 유치원이 되면서 '유치원의 아버지'라고 불리게 되었다.

프뢰벨은 인간의 선천적 능력은 유아기에 더 잘 계발될 수 있다고 판단했으며, 교육내용으로 자기표현활동을 할 수 있는 유희, 공작, 노래, 언어, 율동, 그림 등을 강조하였고, 수공과 유희를 자기표현의 가장 가치 있는 교육으로 보았다(지옥정 외, 2016).

프뢰벨은 신이 준 선물(gift)이라 하여 은물을 만들었으며, 이는 제1은물에서 제10은물까지의 세트로 여러 작업활동(구멍 뚫기, 종이접기, 색칠하기, 그리기 등)과 함께 구체적인 교육활동을 하도록 하여 유아들이 자신의 내적 동기를 가지고 자연스럽게 몸과 마음의 균형과 조화를 이루며 성장시켜 나갈 수 있다고 하였다.

(6) 듀이(John Dewey, 1859~1952)

듀이는 미국에서 태어났으며 미국을 대표하는 실용주의 철학자였다. 그는 자신의 철학을 학생들에게 가르치기 위하여 시카고 대학에 부속 '실험학교'를 설립하였으며, 유아와 아동을 대상으로 그들의 흥미와 요구에 부합되는 경험을 제공함으로써 교사 중심의 지식교육보다는 경험 중심의 교육을 시도하였다.

듀이는 교육과정 구성의 중심을 학생의 흥미와 욕구라고 보고, 가장 좋은 교육방법은 학습자에게 가장 의미 있을 경험적 상황에서 많은 선택의 자유를 학생에게 부여해 주는 것이라고 보았으며, 교육내용으로도 실생활과 관련된 요리, 방목, 목공예, 수예 등과 관련된 경험들을 제공하였다. 또한 듀이가 제시한 교육방법은 주로 활동, 즉 그림 그리기, 독서하기, 놀이 등으로 구성되었고, 이러한 활동과정에서 유아들은 사회와 상호작용 및 역사나 과학과 같은 교과에도 관심을 갖게 된다고 보았다(양옥승 외, 2015). 듀이의 교육사상과 노력은 활동 중심, 경험 중심, 흥미 중심의 교육과정과 현대의 많은 영유아보육프로그램의 이론적 기초가 되었다.

(7) 몬테소리(Maria Montessori, 1870~1950)

이탈리아에서 태어난 몬테소리는 1896년에 이탈리아 최초의 여성 의학박사가 되었다. 정신지체아를 치료하던 경험을 통해 교육에 많은 관심을 두게 되었고, 정신지체아를 치료보다는 교육의 대상으로 여겨 그들을 위한 교육방법을 개발하여 적용하였다.

몬테소리는 1907년 로마의 빈민가에서 영유아를 위한 '어린이집(Casa dei Bambini)'을 설립하여 영유아에게 특수한 교구를 사용하여 적용하면서 몬테소리 프로그램을 개발하였다. 몬테소리는 영유아의 잠재된 가능성이 민감기(sensitive period)에 가장 잘 나타나며, 이러한 시기에 '준비된 환경'을 통해 유아 스스로 감각적 탐색을 하고 사물 간의 관계를 이해하며 사고를 발달시켜 나갈 수 있다고 보았다. 유아가 자발적으로 탐색하며 학습할 수 있는 것은 교구를 통해 성공과 실패의 오류를 통해 배우게 되는데, 이를 자동교육(auto education)이라고 하였다.

몬테소리는 감각훈련뿐만 아니라 문화생활, 실생활의 훈련 등을 통해 영유아들이 일상생활을 스스로 할 수 있도록 하는 구체적인 방법에 지침을 마련해 주었다고 볼 수 있다.

토론하기

- 보육사상을 근거로 영유아보육의 중요성을 설명해 보세요.
- 보육사상을 근거로 영유아보육에서 부모와 교사의 역할에 대해 설명해 보세요.

2) 우리나라의 전통사상과 보육의 관점

우리나라는 삼국시대부터 조선시대, 해방 이전까지 외국의 교육사상처럼 영향을 준 특정 사상은 없으며, 종교가 교육관 및 자녀 양육관에 많은 영향을 주었다. 따라서 불교, 유교, 기독교의 국내 도입에 따라 보육에 영향을 주었던 점을 살펴보고 이에 따른 시사점을 정리해 볼 수 있다.

(1) 불교

불교는 고구려에 처음 전래된 이후부터 고려시대를 거쳐 현재까지 지속되는 사상으로 전통사회의 아동관이나 양육관에 많은 영향을 주었다(황해익 외, 2009). 불교에서는 연꽃을 누구나 성불(成佛)할 가능성이 내재해 있어서 이상적인 인간상을 향하여 끊임없이 정진해 나갈 수 있는 인성 함양의 상징으로 보았다(나정·이영림, 2016 재인용). 이는 연꽃이 깨끗한 본성을 상징하기 때문이다.

불교에서는 인간의 본성을 불성, 즉 누구나 깨달음에 도달할 수 있는 성품으로 파악함으로써 희망적인 인간관을 제시하고 있다. 유아도 어른과 다름없이 불성을 가진 점에서 평등하며, 한 인간으로서 유아의 독자성과 인격을 존중하고 있다(김승환, 2005). 불교에서는 동자(童子)를 생명력과 청정함을 가진 무한한 발전 가능성을 갖춘 어린이로 인식하고 있으며, 「구사론」에서는 유아는 출생 후 6세까지, 동자는 7세에서 15세까지, 소년은 16세에서 30세까지로 구분하였다(나정·이영림, 2016 재인용). 불교에서는 유아에 대한 책임이 일차적으로 부모에게 있다고 하면서 부모의 책임을 강조하였다. 「육방예경」을 보면, 유아를 부모로부터 보호와 교도를 받을 권리나 의무를 가진 존재로 보고 부모는 일상생활에서 구체적 예화나 실물, 직관의 방법을 곁들여 차분하고 간명하게 일러주되 인격적 침투가 이루어져 스스로 깨우침이 있게 해야 한다(고문숙 외, 2014)고 제안하고 있다.

불교의 원리인 팔정도(八正道)는 바르게 보기(정견: 定見), 바르게 말하기(정어: 正語), 바른길 가기(정명: 正命), 바르게 생각하기(정사: 正思), 바른 일 하기(정업: 正業), 바르게 수행하기(정정진: 正精進), 바른 상태에 머물기(정정: 正定)이다. 이는 가정과 학교에서 자녀와 학생들에게 지도할 수 있는 내용이 될 수 있으나 영유아를 지도하는 데 다소 제한적이지만 적용은 얼마든지 가능하다.

불교는 현상의 결과보다는 그 결과를 낳게 한 원인을 중시하였으며, 영유아기 자체에 대한 관심보다는 그 전 단계인 임신과 출생의 과정에서 태교와 부모교육을 중시하였다. 따라서 불교에서는 영유아보육의 출발점을 태어난 이후가 아니라 부모가 되는 과정부터 시작된다(나종혜 외, 2018)는 해석이 가능할 수 있다.

(2) 유교

조선시대의 정치, 사회, 문화 등에 막대한 영향을 주었던 유교는 중국의 공자와 맹자의 사상을 기초로 발전하였으며, 인간을 하늘로부터 성품을 부여받고 땅으로부터 육신을 부여받은 존재로 이해하였다.

유교에서는 교육을 중시했는데, 공자의 논어 「학이편(學而編)」의 "배워서 때에 맞추어 익히니 이 또한 기쁘지 아니한가(학이시습지 불역열호: 學而時習之 不亦說乎)"에서도 잘 나타나 있다(지옥정 외, 2016). 유교에서 교육은 태교기, 가정교육기, 소학교육기, 대학교육기 등으로 구성되었다(안경식, 2005). 그중에서 태교기는 교육의 출발 시기로서 부모의 바른 태도와 몸가짐이 강조되었으며, 가정교육기는 가정에서 영유아의 생활습관과 예절을 강조하여 일상생활과 초기 사회생활에 적응을 돕는 것이 중요하였음을 알 수 있다.

조선의 사대부들은 아동 교육을 매우 중요하게 생각했는데, 아동교육의 주안점은 인성교육이었으며, 이는 기본적으로 맹자의 성선설에 바탕을 두고 있어서 아이가 태어나면서 받은 선한 본성을 보존하려면 필요한 것이 인성교육이었던 것이다(송철호, 2021). 퇴계 이황은 모든 인간은 내면에 존엄성을 가지고 있으며, 모든 인간의 본성은 선하다고 보았으며, 율곡 이이 역시 모든 사람이 똑같이 선한 성품을 타고 태어났지만, 기질에 차이가 있으므로 수기를 통해 원래의 모습으로 돌아가야 하기 때문에 교육이 필요하다고 보았다(최양미, 2001).

옛사람들은 아이가 밥을 먹고 말을 할 때부터 교육했으며, 어린이 교육은 최대한 일찍 하는 것을 최우선으로 삼은 것이다. 이는 어린 시기부터 교육할수록 그 교육 성과가 높다고 본 데에 따른 것이다. 전통사회에서 소학의 근본은 아래에서부터 배워 위로 통달하는 교육이었다. 「소학」에서는 "반드시 어릴 적에 학습하고 익히게 하는 것은 그 익힘이 지혜와 함께 자라며 교화가 마음과 함께 이루어져서 거슬려 감당하지 못하는 근심을 없게 하고자 함이다."라고 서술하고 있다(송철호, 2021 재인용). 이는 어릴 때부터 교육할수록 그 교육적 효과가 크다는 뜻으로 결국 영유아보육의 중요성을 나타낸다고 볼 수 있다.

조선시대의 생활교육에서 격대교육(隔代教育)은 매우 특별한 의미가 있다. 송철호(2021)는 다음과 같이 그 의미를 정리하였다.

> 격대교육은 '한 세대를 건너 대신하여 가리킨다'라는 뜻으로, 할아버지나 할머니가 부모를 대신하여 손자와 손녀를 맡아서 교육하는 것을 의미한다. 이러한 격대교육은 조부모가 손자, 손녀에게 단순히 지식을 전달하는 것뿐만 아니라 인생을 살아가는 데 필요한 지혜와 태도를 함양할 수 있도록 돕는 데 의의가 있다. 우리 조상들은 예로부터 조부모와 함께 지내며 예의범절을 배우고 삶의 이치를 깨닫는 격대교육의 중요성을 잘 알고 있었던 것으로 보인다.
> 조선 중기의 선비 이문건(李文楗, 1494~1567)은 1551년부터 1566년까지 손자를 양육하며 그 경험을 일기 형식으로 기록하였으며, 퇴계 이황(退溪 李滉, 1501~1570)은 손자 이안도(李安道, 1541~1584)에게 55세 이후부터 세상을 떠날 때까지 약 16년 동안 125통의 편지를 보내, 글을 통해 생각을 묻고 답하면서 손자를 교육하는 모습을 보여주기도 했다.

(3) 기독교

오랫동안 대두되고 있는 기독교 교육의 화두는 “유일신이신 창조주 하나님과 독생자 예수를 구세주로 믿으며, 그리스도의 속죄와 신앙과 사랑의 모범에 대한 성령님의 가르침에 자신의 삶을 맡기며 순종하는 것”이라 할 수 있다(Sherrill, 1944). 따라서 기독교 교육은 하나님과 인간의 관계에 기초함을 정의하고 있으며, 기독교 복음이 인간과 인간의 삶 속에 전파됨에 따른 삶의 변화도 포함하고 있다(김순자, 2002).

유아기는 신앙과 인성, 도덕성의 초석을 놓는 기초교육의 시기로 기독교 교육에 있어 높은 교육적 효과가 기대되는 시기이다(김성원, 2012). 그렇기 때문에 영아기에도 부모와 함께 영아부 예배에 참석하여 그림책 읽기, 노래부르기, 율동하기 등을 배우며, 성장하면서 지속적으로 교회의 예배와 공동체 모임에 참석하는 기쁨을 알아간다. 김순자(2002)는 어린아이를 위한 기독교 교육이 유대교의 회당과 예수의 생활 현장에서도 이루어졌다는 것을 다음과 같이 소개하고 있다.

> 예수님께서 벳세다 광야에서 가르치실 때 한 어린이가 예수님께 드린 보리 떡 다섯 개와 물고기 두 마리 사건(마 14:15~22), 어머니들이 자신의 아이를 데려와 예수님께 축복해 주기를 원했던 사건(눅 8:15), 어린아이의 병을 고쳐 주신 일(요 4:46~54, 마 7:14~21) 등은 예수님께서 계셨던 현장에 어린이들도 참여했다는 사실을 증명해 주고 있다.

기독교 유아교육이란 기독교적 세계관을 가진 교사가 유아를 대상으로 실시하는 교육으로 유아들에게 하나님에 대해 알고 경험하게 해주며, 하나님이 주신 재능과 소질을 계발함으로써 하나님과 이웃을 섬기며 자연을 잘 관리할 수 있도록 이끌어주는 것이다(정희영, 2004). 또한 교육목적, 내용, 방법, 평가 등이 성경적 세계관을 중심으로 일관성 있게 구성되고 운영되는 것을 뜻한다(조정아·조은진, 2008).

우리나라 유치원 교육의 역사는 기독교 사립유치원의 역사, 우리나라 근대 기독교 교육의 역사와 거의 동일하다. 우리나라의 초창기 유치원교육은 1900년에 이 땅에 들어온 선교사들과 기독교 신앙을 지닌 민족 운동가들에 의해 시작되었으며, 그들은 기독교 정신에 기초한 교육이 참된 인재를 양성하고 교육구국운동을 전개하는 데 크게 기여할 것이라는 신념을 가지고 사립유치원을 설립하여 우리나라 유치원교육의 보급과 발전에 크게 기여한 바 있다(이상금, 1987; 이숙희, 1999; 허미애, 2017; 홍용희, 2004).

우리나라의 기독교 유아교육은 주일학교를 중심으로 이루어졌다. 초기 유아를 대상으로 하는 기독교 교육은 1888년 1월 15일 이화학당에서 어린이 12명과 부인 3명이 모여 성경공부를 함으로써 시작되었다. 이후 교회에서는 선교원의 개설을 시작으로 현재까지 어린이집과 지역아동센터를 부설기관으로 운영하는 곳이 있어서 보육과 복지에 필요한 역할을 하고 있다고 볼 수 있다.

서양사상의 근간을 이루는 기독교가 우리나라에도 중요한 영향을 주었으나 미국의 진보주의 학파의 영향을 받은 사람들에 의한 교육이론과 교육과정이 유아기독교 교육의 뿌리를 저해시키는 데 한몫을 했다(이정우·이혜상, 1998)는 지적도 있다.

과제

우리나라의 전통사상으로 소개된 종교를 한 가지씩 선택하여 보육의 관점에서 그 영향력을 설명해 보세요.

Chapter

03 보육경험과 영유아발달

Contents

주요내용

- 보육의 질적 요인, 질적 수준과 관련된 요인 이해
- 보육경험과 영유아의 발달 이해
- 발달에 적합한 보육방법 이해
- 보육경험의 양과 질이 영유아발달에 미치는 영향 이해

보육의 질을 논할 때 영유아 특성과 기질, 부모의 특성 등을 고려하지 않고 어린이집에서 보육의 질만을 논할 수 없다. 보육경험이 영유아발달에 미치는 영향은 단순히 보육경험의 유무에 있는 것이 아니라 어떤 질적 수준의 보육을 경험했느냐에 따라 달라진다는 결과를 여러 연구에서 보고하고 있다. 영유아기는 인간의 사회·정서적, 인지적, 언어적, 신체적 발달의 제반 기초가 이루어지는 결정적 시기로 보육환경의 영향을 가장 많이 받는다. 보육경험이 영유아기의 발달적 특성에 어떠한 영향을 주고 있는지에 대한 이해는 중요하다. 이 장에서는 보육의 질을 결정하는 요인들을 파악하고 보육경험이 영유아의 전인적 발달에 미치는 영향을 이해한 후 영유아의 발달에 적합한 보육방법과 보육환경에 대해 살펴본다.

생각해보세요

"고학력·고소득 여성일수록 자녀 낳을 확률 크다"

연구진은 "1970년대 이전에는 여성의 교육수준이 높을수록 무자녀 비중이 높았지만 2000년대 이후부터 여성의 교육수준이 낮을수록 오히려 무자녀 비중이 높아지고 있다"고 분석했다. 연구진은 "통상 여성의 교육수준이 높아지면 자녀 출산에 따른 기회비용이 높아지기 때문에 무자녀를 선택하게 된다고 봤다"면서 "그러나 우리나라는 여성이 본인의 경력을 우선시해서 자녀를 낳지 않기보다는 양육비 부담 때문에 자녀를 낳지 않는 경향이 더 큰 것으로 볼 수 있다"고 했다. 여성의 학력이 높을수록 소득이 늘어나 부양 능력도 커지는 경향이 있기 때문에 출산을 선택할 확률 또한 높아진다는 해석이 가능하다는 것이다… 자녀를 낳을지 말지 결정하는 데는 남편의 역할도 중요하게 작용했다. 남편의 가사 시간이 증가할수록 여성이 자녀 출산을 연기하거나 무자녀를 선택할 확률은 유의미하게 감소했다. 저출산을 극복하기 위해 남편들이 더 적극적으로 가사·육아에 참여해야 한다는 뜻으로 풀이된다… 또 여성의 결혼 생활에 대한 만족도가 높을수록 무자녀를 선택하는 확률은 유의미하게 감소했다.

출처: 조선일보(2022. 6. 7.).
https://www.chosun.com/national/welfare-medical/2022/06/07/N5F73BUXTRBSXIJXBGZ2PBU7AM/?utm_source=naver&utm_medium=referral&utm_campaign

1. 보육의 질적 요인

보육이란 아동들의 보호·교육받을 권리와 어머니들의 일할 권리를 보장해 주기 위해 아동이 속한 가정의 사회계층과 어머니의 취업 여부를 떠나 모든 아동이 풍부한 인간관계 속에서 심리적으로 건강하게 자라나도록 지원해 주는 것이다(김연진 외, 2017). 보호적인 측면에서는 영양, 건강, 안전 등을 고려하여 균형 있고 충분한 영양을 공급해 주며, 신체적으로나 정신적으로 건강을 유지할 수 있도록 하여 영유아들이 건강하고 안전하게 성장할 수 있도록 도와주는 것이며, 교육적인 측면에서는 신체적·정서적·사회적·지적 및 언어적 발달에 기여하여 전인적인 성장을 이룰 수 있도록 다양한 경험을 제공하고 유능하고 존중받는 사람으로서의 자아존중감을 발달하도록 도와주는 것이라 할 수 있다(김두범 외, 2012). 자녀양육이 사회적·국가적 책임으로 인식 변화됨에 따라 보육 및 교육기회의 확대와 질 높은 프로그램 및 서비스의 제공이 강조된다. 질적 보육이란 어린이의 복리와 발달, 그리고 능력을 발달시키기 위한 최적의 환경을 제공하려는 교사의 노력을 지원하는 분위기에서 지식과 행동, 민감성을 지닌 교사에 의해 제공되는 서비스, 부모와 교사의 상호지지와 의사소통을 통해 부모의 자녀양육을 지원하는 서비스(Lero & Kyle, 1985)를 말한다.

카츠(Katz, 1992)는 보육의 질에 대한 정의를 논함에 있어 보육교사를 비롯한 보육종사자, 아동, 부모, 그리고 지역사회 구성원 등 보육 관련 이해 당사자 각각의 관점인 다양한 차원에서 정의되어야 함을 강조하였고, 골드버그(Goldberg, 1999)는 아동의 신체적·정신적·사회적·인지적 발달을 돕는 보육서비스, 가족의 자녀양육을 지원하고 보충하는 보육서비스로 정의하였다. 보육의 질에 대한 학자들의 개념을 종합해 보면 영유아의 전인적 발달을 도모할 수 있는 환경으로 이루어져야 함을 알 수 있다.

보육의 질을 논할 때 영유아 특성, 기질, 부모의 특성 등을 배제하고 어린이집에서 보육의 질만을 논할 수는 없다. 그동안 많은 연구를 통해 보육경험이 영유아의 발달에 미치는 영향력은 단순히 보육의 경험 유무에 관련된 것이 아니라, 어떤 질적 수준의 보육을 경험했느냐에 따라 달라진다는 점에 초점을 맞추면서 보육의 질에 대한 연구가 활발히 진행되어 왔다. 질적으로 우수한 보육 환경이란 영유아의 신체적·정서적·사회적·지적 발달을 위해 안전하고 자극이 풍부한 환경에서 지지적인 상호작용이 이루어지는 상태로 볼 수 있다(NICHO Early Child Care Research Network, 2005).

보육의 질은 구조적인 요인과 과정적인 요인으로 나누어 볼 수 있다. 구조적 요인은 교사 대 영유아 비율, 물리적 환경, 반 크기, 교사의 교육 및 훈련 정도 등을 말하며, 과정적 요인은 교사가 영유아들과 직접적인 관계에서 이루어지는 것으로 교사의 행동, 민감성, 아동의 행동에 개입 정도, 교사의 언어수준과 양과 질 등이 포함된다. 구조적 질과 과정적 질은 각각 독립적으로 작용하기보다는 상호작용함으로써 보육의 질을 결정한다는 점에서 두 가지 유형의 통합적 이해가 필요하다(백선희, 2016). 보육의 질에 대한 연구들에서 종합적으로 내린 결론은 교사 대 영유아의 비율이 낮고, 과정적 질이 높을 때 영유아의 안정적 애착을 지니고 있었으며, 교사의 민감성이 높고 긍정적인 태도를 보일 때 영유아들은 친사회적이면서 또래와의 놀이활동이 활발한 것으로 보고되었다(이영환 외, 2020).

표 3-1 보육의 질을 결정하는 하위변인

관련 변인	하위변인
영유아 관련	보육 연한, 하루 보육시간 양, 생활보호대상 유무, 결석률, 형제 수, 출생순서, 연령, 인지수준 등
교사 관련	교사의 경력, 학력, 교직만족도, 연수 양, 자격 종류, 결혼 유무, 교사 신념, 연령, 이직 횟수, 출퇴근 소요시간, 월급, 호봉, 현재 담당하고 있는 반 담임 연한, 현재 보육지침에 정해져 있는 교사 대 영유아 비율에 대한 지각
부모와 가정환경과의 관련	부모의 직업 수준, 연령, 학력, 양육태도, 가정 총수입, 어린이집에 대한 만족도, 부모교육 참여도

이경선(2000)은 많은 선행연구 검토 후, 영유아 관련 변인, 교사 관련 변인, 부모 관련 변인들 중에서 보육의 질을 결정하는 하위변인을 표 3-1과 같이 추

출하고, 추출된 하위변인이 보육의 질을 어느 정도 설명하는지 밝히는 연구를 수행하였다. 그리고 여러 선행연구에서 밝힌 보육의 질에 영향을 미치는 관련 변인들과의 예측된 관계를 그림 3-1과 같이 제시하였다.

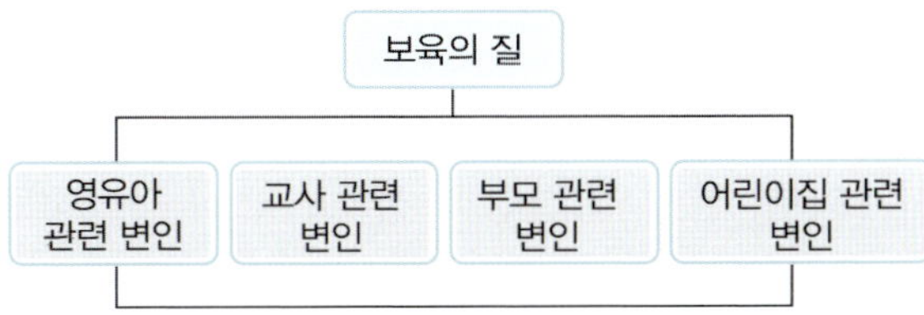

그림 3-1 보육의 질과 변인들과의 예측된 관계

2. 보육경험과 영유아의 발달

보육경험에 관한 연구는 보육의 질과 양, 보육형태에 따른 유아의 발달적 결과를 중심으로 이루어져 왔다. 주 양육자가 어머니가 아닐 경우 자녀의 발달적 결과가 부정적일 것이라는 고정관념에 대해서 만일 보육의 질이 우수하다면 상반된 결과가 나타날 수 있음이 밝혀졌다(O'Brien et al., 2014). 연구에서는 가정양육을 받는 유아와 어린이집에 다니는 유아로 나누고 각 집단에 유아를 무

작위로 선정하여 발달수준을 측정한 후 점수가 평균보다 높으면 발달에 긍정적인 영향을 미친 것으로 보았고, 점수가 평균보다 낮으면 발달에 부정적으로 영향을 미친다고 결론을 지었다. 이런 식으로 결론을 내리는 것은 다양한 유아의 발달적 결과를 단정 짓고 답을 내리는 것이기 때문에 한계가 있다(이영환 외, 2020).

영유아기는 인간의 사회·정서적, 인지적, 언어적, 신체적 발달의 제반 기초가 이루어지는 시기이며, 발달의 결정적 시기(critical period)로서 환경의 영향을 가장 많이 받는 가역성이 풍부한 시기이다. 이 시기에 영유아에게 많은 우수한 경험과 환경을 마련해 주는 것은 매우 중요하다. 특히 영아기는 뇌 발달이 급성장하는 중요한 시기이며, 이때 다양한 경험을 통하여 뇌의 시냅스 연결이 활발히 이루어진다. 그러므로 이 시기에 외부로부터의 주어진 자극은 이후의 발달에 영향을 끼친다.

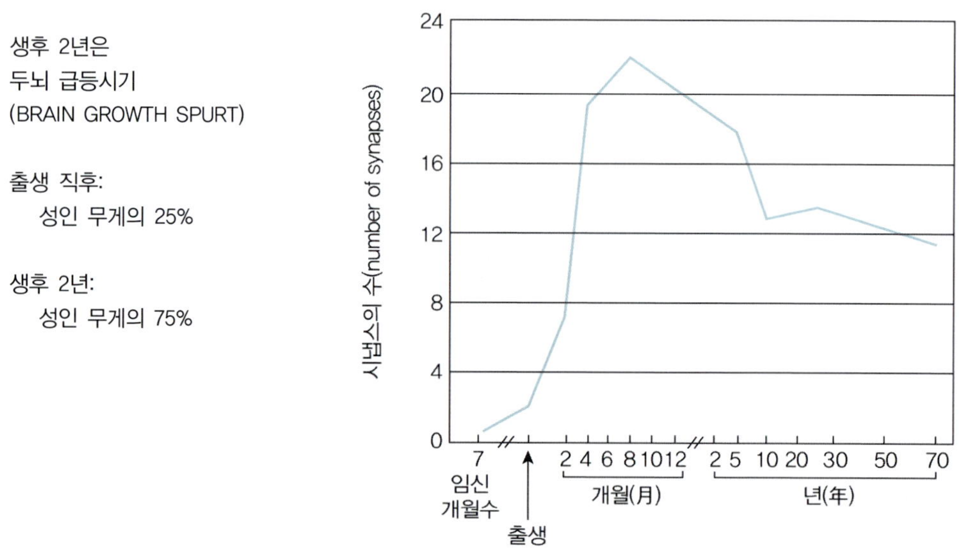

그림 3-2 발달의 민감기

출처: Weiten(2007). Psychology: Themes and Variations. p.78.

보육경험 관련 변인이 영유아발달에 어느 정도 영향을 미치는가를 알아본 신귀순(2006)의 연구에서 밝힌 결과를 요약 정리하면 다음과 같다.

1) 보육경험이 영유아의 인지발달에 미치는 영향

(1) 긍정적인 측면

어린이집에서 제공되는 학습경험이 인지발달에 긍정적인 영향을 미치고 있음을 보고하고 있다. 앤더스(Anderson, 1989)의 연구에서는 가정에서 양육되는 유아보다 어린이집에 다니는 유아의 인지발달이 높았으며, 특히 언어 유창성, 기억력 그리고 비교능력이 우위를 보였다. 또한, 블록 만들기, 문제해결력, 자신의 이름 쓰기, 도형 그리기에서 보육경험이 있는 유아의 발달이 빨랐으며, 언어 표현력은 더 복잡하고, 다른 또래의 감정에 대한 이해력도 앞섰다(신귀순, 2006 재인용). 레이놀드(Raynolds, 1999)는 보육의 효과성이 지속될 수 있는 중요한 요인으로 보육경험을 통해 이루어낸 영유아기의 언어와 인지발달이 긍정적인 사회성을 형성하도록 밑거름을 제공하였다고 보고하였다.

만 4세를 대상으로 한 연구(이기숙, 2004)에서는 보육경험이 영유아의 발달에 미치는 영향은 비교적 오랜 시간이 필요하다고 보았으나 어린이집에 나니는 유아의 종단적 변화를 분석한 연구에서는 5세에 급격한 인지발달 증가를 보였다(고영인 외, 1998). 이것은 이 연령기의 어린이집 프로그램 내용에 인지적 발달과 관련된 학습내용이 많기 때문인 것으로 해석하고 있다(이영환 외, 2020 재인용). 또한, 영유아보육을 지속적으로 경험한 아동이 그렇지 않은 영유아에 비하여 아동발달이 더 높았다. 또한, 학교 가기 전과 후에 보육프로그램 참여는 아동의 학업성취개선에 긍정적인 영향을 주고 있음을 밝혔으며 어린이집의 질이 우수할수록 3~4세의 어린이집 이용 유아는 인지능력 및 성취감이 높았다(NICHD. & Greg, Duncan, 2003).

(2) 부정적인 측면

가족배경이 비슷한 유아들의 언어와 인지, 지능에 대하여 조사한 결과, 가정에서 양육되는 유아보다 보육기관에 다니는 유아의 지능이 낮게 나왔다(Melhuish et al., 1990; Vandell & Corasaniti, 1990; 신귀순, 2006 재인용).

한편, NICHD(2000)의 연구에 의하면 부모의 배경을 배제하면, 상류 계층의 어머니와 함께 생활하는 유아가 보육기관을 이용한 유아보다 인지발달에서 더 좋지도 나쁘지도 않았으며, 보육경험 자체로는 인지발달에 차이점을 찾지 못했다. 또한, 연구들에서 가정보육 또는 베이비시터에게 양육을 받는 경우와 가정 내에서 어머니에게 보육을 받는 경우의 인지발달은 비슷한 수준임을 알 수 있다(Anderson, 1989; Bos & Granger, 1999; NICHD, 2000). 이처럼 연구결과가 일관적이지 못한 이유는 영유아발달은 보육의 질을 순수하게 설명하는 데 극히 제한적이기 때문이다.

2) 보육경험이 영유아의 언어발달에 미치는 영향

어린이집에서의 영유아 언어발달은 교사의 언어행동의 질에 달려 있고 교사의 언어행동 양상에 따라 달라진다. 교사와 유아의 풍부한 언어적인 상호작용과 오랫동안 주고받는 언어의 연속이 최적의 발달을 증진시키는 결정적인 구성요인이다(Honig, 1989). 교사의 다양한 언어적 자극은 아동의 지능검사와 언어검사에서 더 높은 점수를 나타내고 있으며(Carew, 1980), 유아교육기관의 질적 요인인 교사와 유아 간의 언어적 상호작용과 유아의 어휘 및 언어발달과는 상관이 있다(McCartney, 1997).

영유아는 보육경험의 시간이 증가되면서 자신의 감정을 확실하게 구두로 표현하는 능력을 갖게 되는데, 이는 교사 및 또래 영유아들과 함께 생활하면서 의사표현할 수 있는 기회가 증대되기 때문이다. 전반적으로 보육의 질이 높은 경우 유아의 언어발달과 학업능력에서 보육의 질이 낮은 기관에 다니는 유아보다 높은 것을 알 수 있다. 또한 보육기관의 교육활동이 개인 중심보다는 그룹 중심일 때 영아의 언어발달이 긍정적임을 알 수 있다(Ahnert & Lamb, 2000). 국내의 연구(원희정, 1991; 이영자 외, 1997)에서도 보육시설 경험이 유아의 언어발달에 긍정적 영향을 주었다는 연구결과로 나타났다.

한편, 조현희와 이귀옥(1998)의 연구에서는 보육경험이 3, 4세 유아의 언어수행 능력에 미치는 영향을 알아본 결과, 보육경험을 한 유아와 가정양육을 한 유아의 언어 및 인지발달에 차이가 없는 것으로 보고하고 있다.

3) 보육경험이 영유아의 사회 및 정서 발달에 미치는 영향

(1) 긍정적 측면

보육의 질은 유아의 사회·정서 발달에 관계가 깊다. 보육의 질이 높은 기관에 다니는 영유아일수록 좀 더 긍정적인 행동을 나타낸다고 하였다(서성미, 1993; 신혜원, 1992). 유아가 보육경험을 한 경우에 교사나 어머니와의 관계에서도 공격성을 보이지 않았으며, 욕구불만이 생겼을 때, 자신의 감정을 다스릴 수 있는 능력을 가지고 있었다(Bates et al., 1994; Sternberg et al., 1991). 유아는 보육경험을 하면서 교사 및 또래와의 상호작용을 통하여 자신의 감정을 다스리는 방법을 배우게 된다는 것을 알 수 있다.

보육기관의 질과 유아의 사회성발달 관계에서 유아 1인당 활동면적과 실내면적이 넓을수록 협력이 높았으며, 유아 1인당 활동면적이 좁을수록 과민성이 높았고 불안정성이 높게 나타났다(양연숙, 1996). 또한, 교사 대 유아의 비율이 낮을수록 유아의 사회·정서발달에서 문제행동이 적게 나타났다(조혜진, 2004)고 보고하고 있다.

(2) 부정적 측면

고은주 등(2004)에 따르면 주당 보육시간이 긴 유아가 그렇지 않은 유아보다

공격성이 많이 나타났다. 양연숙(1995)은 보육 시기가 이를수록, 보육경험이 길수록 사회적 행동이 적어진다고 하였다. 양안나(1990)는 또래와의 상호작용에서 보육을 경험한 유아가 긍정적이든 부정적이든 간에 사회적 상호작용을 더 많이 주도하며, 사회적 상호작용을 하는 데 더 많은 시간을 보내는 것으로 보고하였다. 이는 보육경험이 있는 유아가 부모하고만 자란 유아보다 익숙하지 않은 짝과 놓여 있을 때 사교적이고 덜 부끄러워하며 더 협력적이며 또래와의 상호작용이 더 복잡하고 상호교환적이며 성숙하다는 것을 알 수 있다.

4) 보육경험이 영유아의 신체 · 운동 발달에 미치는 영향

(1) 긍정적 측면

Head Start 프로그램 참여 유아를 대상으로 하여 이루어진 여러 연구를 종합한 보고서에 의하면 교육에 참여를 한 유아가 지능과 사회·정서발달뿐만 아니라 건강 상태에 있어 효과가 있음을 밝혔다(Schweinhart, Weikart, 1986). 또한, Booth와 Kelly(2002)의 연구에서도 저소득층 부모를 둔 유아의 보육경험은 신체발달을 증가시켰으며, 소아과적인 문제가 감소되었음을 알 수 있다.

(2) 부정적 측면

이미 가정 내에서 충분한 영양, 적절한 건강 서비스, 그리고 운동 및 활동의 기회가 주어진다면 보육시설을 이용하는 것이 신체발달에 도움을 주지는 못하며, 오히려 위장장애를 발생할 수도 있다. 또한, 보육경험 시기가 빠른 경우에 신체·운동발달에 부정적인 영향을 미칠 수도 있다. 유아는 신체발달이 빠르게 진행되는 나이인데, 그 시기에 많은 유아들과 함께 지내다 보면 교사에게 지속적인 관심을 받을 수 없기에 너무 이른 나이에 보육경험은 신체발달에 부정적인 영향을 미칠 수 있다.

3. 영유아발달에 적합한 보육경험

1) 영유아기의 발달특성

영유아기는 인간의 사회·정서적, 인지적, 언어적, 신체적 발달의 제반 기초가 이루어지는 시기이며, 발달의 결정적 시기(critical period)로서 환경의 영향을 가장 많이 받는 가역성이 풍부한 시기이다. 이 시기에 영유아에게 다양하고 충분한 경험과 환경을 마련해 주는 것은 매우 중요하다. 따라서 이 시기에 영유아에게 다양하고 충분한 경험을 할 수 있는 환경을 마련해 주는 것은 매우 중요하다.

영아기와 유아기의 발달적 특성에 대한 기초적인 이해를 토대로 보육경험이 영유아기의 발달적 특성에 어떠한 영향을 주고 있는지 선행연구를 살펴보면 보육경험의 중요성과 보육에 대한 책임성을 느낄 수 있을 것이다.

영아기와 유아기의 발달특성을 영역별로 간략히 살펴보면 다음과 같다.

(1) 영아기의 발달특성

① 신체·운동발달

영아기는 신체·운동발달에서 급격한 발달이 이루어지는 시기이다. 우선은 위에서 아래로, 중심부에서 말초부로 발달이 진행되며, 누워 있다가 배로 기고 몸을 뒤집기도 하고 앉기도 한다. 앉게 되면 주변 환경에서 지지대를 찾아 잡고 걷다가 혼자서 걷게 된다.

- 키와 몸무게의 증가 등 외형적인 변화가 두드러진다.
- 기어다니기, 앉기, 서기, 걷기 등의 운동기능이 빠른 속도로 진행된다.

② 사회·정서발달

영아기는 주양육자가 안전하게 신체를 보호해 주며, 생리적 욕구를 충족시켜 줄 때 심리적 안정감을 느끼며 주변 환경에도 신뢰감을 느끼게 된다.

- 기쁠 때, 슬플 때, 놀랄 때 등의 감정에 따른 표정과 소리, 미소, 울음, 웃음 등 다양한 표현이 발달한다.
- 사람과 사물을 구분하게 되고, 자신의 것과 타인의 것을 구별하게 된다.
- 또래에게 반응하며 점진적으로 관계형성이 시작되어 또래와 함께 있는 것을 즐거워하게 된다.

③ 언어발달

영아기는 주양육자와 또래와의 관계를 통해 의사소통의 능력이 발달한다. 비언어적인 행동을 통해 의사소통을 하다가 점차 음성언어를 사용하게 된다.

- 울음과 옹알이를 시작으로 언어가 발달한다.
- 소리를 모방하고 반복음을 내면서 점차 단어를 사용하고 짧은 문장을 통해 의사소통을 하게 된다.
- 그림책에 관심을 갖고 반복적으로 보며, 혼잣말을 하기도 하고 내용을 꾸며 말하기도 한다.

④ 인지발달

영아기에는 많은 호기심을 갖고 주변을 탐색하며 반복적인 경험을 통해 즐거움을 느끼고, 창의력과 지적능력이 발달하게 된다.

- 대상에 대한 인식이 시작되면서 대상영속성의 개념이 발달하게 된다.
- 보고 듣고 만진 것에 대한 기억 등을 통해 문제해결능력이 발달한다.

(2) 유아기의 발달특성

① 신체·운동발달

유아기는 영아기에 비해 신체·운동 능력이 현저하게 발달하며, 주도적인 움직임과 행동이 가능하여 다양한 활동에 참여하게 된다.

- 대소근육의 협응능력이 영아기에 비해 정교하게 발달한다.
- 다양한 신체활동에 숙달되며, 행동의 민첩성과 속도감이 증가한다.

② 사회·정서발달

유아기는 또래와 함께 어울리고 공동의 목표를 달성하는 활동을 즐기며, 그러한 과정에서 소속감을 느낀다.

- 사교적이지만 놀잇감에 대한 소유욕과 자기주장이 강해서 또래와 갈등을 경험한다.
- 또래와의 게임, 극놀이 등 그룹활동에 적극적으로 참여하게 된다.

③ 언어발달

유아기는 또래 및 성인과의 의사소통 과정을 즐기며, 점차적으로 음성언어뿐 아니라 문자언어로 자신의 생각과 느낌을 표현할 수 있게 된다.

- 이야기를 듣는데 집중력이 생기며, 책읽기를 좋아한다.
- 이야기를 꾸며서 말하는 것을 즐기며, 언어적인 의사표현 능력이 발달한다.

④ 인지발달

유아기는 다양한 활동과 도전의 경험을 통해 사물에 대한 이해와 문제해결 능력, 창의력이 발달하게 된다.

- 직관적인 사고에 의해 보고 느껴지는 지각적 특성에 의해서 판단하며, 호기심으로 주변을 늘 탐색하며 새로운 지식을 습득하게 된다.
- 자기중심적 사고에 의해 주변 사람들과 갈등을 겪기도 하고 사물을 다룰 때 실수도 하지만 점차 인과관계를 알아간다.

2) 영유아기 놀이특성과 보육경험

영유아발달에 적합한 영유아 보육경험은 영유아의 발달적 특성과 요구가 반영된 다양한 경험의 제공이라 할 수 있다. 영아의 발달수준별로 나타나는 놀이행동을 고려하여 충분한 휴식과 놀이의 경험이 제공되고, 유아의 호기심과 즐거움, 성취 등의 욕구를 고려하여 주도적으로 놀이하며 배울 수 있는 놀이환경과 경험이 제공되어야 한다는 것이다. 결국 놀이가 영유아의 발달에 적합한 보육경험에 중심이 된다고 볼 수 있다.

보육의 질적 수준은 유아의 긍정적인 자유놀이 활동과 깊은 관계가 있으며, 친사회적 행동 및 사회성에 영향을 미치는 것으로 나타났다(Vandell & Power, 1983). 즉 놀이는 유아가 주변 세계에 대하여 알아가고 그들이 느낌이나 생각을 표현하게 하며, 또래와의 사회적 관계를 형성해 나가는 방법이기 때문에 보육의 질적 수준과 관련성이 있는 것이다. 놀이는 실내 및 실외, 어린이집 외의 모든 공간에서 이루어지며 영유아의 놀이특성이 존중되고 발휘되도록 할 때 영유아의 발달에 적합한 보육경험이 이루어진다고 할 수 있다.

영아의 놀이특성은 놀이행동(중앙육아종합지원센터, 2020a)으로 설명되며, 유아의 놀이특성은 자유로움, 주도성, 즐거움(중앙육아종합지원센터, 2020b)으로 설명된다. 이를 정리하면 다음과 같다.

(1) 영아의 놀이특성과 보육경험

표 3-2 영아의 놀이특성

0세	1세	2세
• 뒤집기, 혼자 앉기, 서기, 걸음마 시작 • 주먹 쥐기, 놀잇감 잡기, 움직이는 사물을 잡기 위해 시도하기, 엄지·집게손가락 사용하기 • 자신의 느낌과 요구를 소리와 행동으로 표현 • 다양한 감정과 정서 발달 • 다른 사람과의 사회적 행동이 나타남 • 눈을 맞추고 애정을 교환하며 언어적 신호를 주고받음 • 시각적 탐색 • 기기나 걷기 등의 놀이행동	• 적극적으로 운동 능력을 연습함 • 무엇이든 새롭게 시도하여 알아내고 싶어 함 • 사물의 이름을 말하고, 자신의 요구를 말로 표현하기 시작함	• 자신만의 방법으로 놀잇감으로 놀이하며 다양하게 놀잇감 활용 • 선호하는 놀이 반복 • 도전적인 과제를 시도하는 것을 즐김 • 자신의 놀이 행동에 대해 구체적인 말로 설명하거나 표현하면서 의사소통을 즐김 • 또래 간 갈등 상황이 자주 일어나지만 또래와 어울리고 싶어 함

출처: 중앙육아종합지원센터(2020a). 제4차 어린이집 표준보육과정 '놀면서 자란다'(영아). p.15 재구성.

영아의 놀이특성을 놀이행동으로 설명하였으나 영아의 발달수준에 따른 차이가 고려되어야 한다. 연령별 나타나는 행동특성이지만 개인차가 있기 때문이다. 따라서 영아기의 보육경험은 이러한 행동특성에 기초하여 충분히 경험하여 발달할 수 있도록 놀잇감과 놀이상황을 제공해 주어야 한다. 또한 주양육자 또는 보육교사와의 언어적·비언어적 상호작용은 영아의 신체, 언어, 인지, 정서, 사회성 발달뿐 아니라 행동특성의 변화에도 영향을 줄 수 있음을 중요하게 인식해야 한다.

(2) 유아의 놀이특성 및 보육경험

표 3-3　유아의 놀이특성

자유로움	• 뚜렷한 목적과 계획된 활동 → 놀이의 흐름을 따라감 • 이미 만들어진 규칙 → 놀이 안에서 만들어지는 질서 • 있는 그대로의 사실 → 현실을 넘어서 상상하고 자유롭게 표현 • 시간과 공간의 경계 → 시간(과거, 현재, 미래)과 공간(교실, 복도 등)의 변형과 창조
주도성	• 유아의 자발성, 능동성, 내재적 동기, 즉흥적 전개와 같은 특성과 관련 있음 • 놀이 주제, 놀이 자료, 놀이 상대, 이야기 줄거리는 즉흥적으로 생성, 소멸, 연결, 변형됨 • 세상을 새롭게 창조하는 과정으로서 창의성을 담고 있음
즐거움	• 재미와 기쁨, 몰입, 해소, 유머 등의 정신적·정서적 상태를 수반하는 즐거움이 있음 • 상상과 호기심을 통한 실험과 관찰, 문제해결의 성취감과 즐거움이 있음 • 긴장, 두려움, 갈등을 해소하고, 따뜻함, 배려, 아름다움 같은 심미성을 경험함

출처: 중앙육아종합지원센터(2020b). 제4차 어린이집 표준보육과정 '놀면서 자란다'(유아). p.13 재구성.

유아에게 놀이는 삶이고 배움의 방식이기 때문에 유아는 놀이의 특성인 자유로움, 주도성, 즐거움을 통해 신체, 언어, 인지, 정서, 사회성이 발달하게 된다. 따라서 유아기의 보육경험은 일상생활과 충분한 놀이의 환경을 통해 이루어지므로 놀이를 통한 배움의 기회를 충분히 제공해야 한다. 유아들은 이러한 보육경험에서 자발적이고 능동적인 참여를 통해 규칙과 시간 및 공간의 질서를 배우고 익히며, 즐거운 삶과 문제해결력을 배워나갈 수 있음을 중요하게 인식해야 한다.

Chapter

04 보육제도와 정책

Contents

주요내용

- 우리나라 보육역사
- 우리나라 보육제도의 변천과정과 정책 파악
- 주요 보육선진국의 보육제도와 정책 고찰

보육정책은 보육서비스를 필요로 하는 아동의 복지를 위해 국가와 지방정부 및 보육서비스에 관여하는 공적·사적 기관의 활동 또는 서비스에 관한 행동 노선과 방침을 계획하는 것이다. 보육정책의 주체는 국가이며, 국가는 일정한 방침을 정하여 보육정책을 실현한다. 보육정책을 통해서 서비스나 부조의 성격, 수혜자, 행정수행의 원칙과 절차, 재정 등의 문제가 규명되며, 보육정책의 수준은 국가가 지향하는 정치이념에 따라 설정되는 것이다. 여기에는 보육정책, 보육관련 법과 규정, 보육서비스 행정체계 등 보육제도가 포함되며, 이들은 서로 유기적으로 관련되어 있다. 보육제도에 대해 포괄적이면서도 심층적으로 이해하게 되면 현재는 물론 미래의 보육방향과 증진을 도모하게 될 것이다. 이 장에서는 우리나라 보육서비스의 역사, 보육제도의 변천과정과 정책을 파악하고 주요 보육선진국의 보육제도와 정책을 고찰한 후 우리나라 보육의 발전방향을 모색한다.

생각해보세요

보육 전환이 필요한 저출생 위기…어린이집 아동 숫자 줄이고, 보육 면적 늘리면?

한국의 합계출산율은 2021년 기준 0.81명(잠정치)이다. 통계청 조사 이후 사상 최저의 기록이고, 세계적으로도 가장 낮은 수치다. 특히 서울에서 태어나는 아이는 전국 평균보다도 적어 합계출산율이 0.68명이다.

아이를 낳아 키우기 어려운 환경을 개선하려는 수많은 노력에도 출생아 수는 20년 만에 절반으로 줄어 연 26만 명에 그친다. 영유아 인구 감소로 문을 닫는 어린이집도 늘었다. 그러나 보육현장에서는 여전히 교사 한 명이 많은 아이들을 돌본다. 이로 인해 영유아 수가 줄고 있는 현재의 위기를 보육정책의 방향을 바꾸는 기점으로 삼아야 한다는 지적이 나온다. 교사 대 아동의 비율을 조정하고, 아이 1인당 면적을 늘려 보육의 질을 개선해야 보육환경이 실질적으로 달라질 수 있다는 의미다.

특히 어린이집에서 만 0세반과 만 3세반의 돌봄 부담은 가장 많이 거론된다. 영아들은 개월 수에 따라 발달 차이가 커 같은 0세도 누워 있는 아이부터 뛰는 아이까지 천차만별이어서 식사와 놀이를 할 때 교사의 손이 많이 필요하다. 법적 기준인 교사 1명이 3명의 아이를 담당하기 버거운 것이다. 만 3세반은 직전 만 2세반(7명)보다 정원 2배 이상인 15명으로 늘어난다.

출처: 경향신문 2022.02.27. https://www.khan.co.kr/local/Seoul/article/202202271449001

1. 우리나라 보육제도의 변천과 정책

보육정책은 보육서비스가 제도화되는 과정과 보육제도에서 가장 중요한 수단과 방법이 되며, 국가와 지방 정부 및 보육서비스에 관여하는 공적·사적 기관의 활동 또는 사업에 관한 행동 노선과 방침을 계획하는 것이다. 보육정책은 궁극적인 대상인 아동의 복지증진에 있으나 그것이 수행되는 과정에서 가족이라는 미시체계를 거치게 된다. 보육정책이라 함은 보육서비스를 시행하기 위한 국가의 원칙과 관련되는 것으로 이러한 정책을 통해서 서비스나 부조의 성격, 수혜자, 행정수행의 원칙과 절차, 재정 등의 문제가 규명되는 것이다.

보육정책의 주체는 국가이며, 국가는 일정한 방침을 정하여 보육정책을 실현한다. 그런데 각 국가들이 처해 있는 정치적·경제적·문화적·사회적 여건이 다르기 때문에 기본적 생존권과 생활권의 보장에 대한 국가의 대응 수준 사이에는 현실적인 문제가 발생될 수 있다. 다시 말하면, 국가는 보육의 공공성을 인식하고 보육욕구를 가진 아동과 그의 가족의 복지권을 인정하고 보장해 주기 위해 노력한다는 기본원칙을 준수하되, 그 실제적인 대책은 복지이념의 기준에 따라 선택적으로 조절하여 실시하게 되는 것이다. 현실적으로 볼 때, 보육복지의 수준은 국가가 지향하는 정치 이념에 따라 설정될 가능성이 높다. 그 대표적인 예로 어린이집에 대한 보육재정의 지원과 같은 것이다. 따라서 보육의 사회성은 어떠한 수준에서 수용하고 실천할 것인가에 대한 사회적 합의의 도출은 매우 중요한 과제라고 할 수 있다.

이 절에서는 우리나라 보육사업이 구빈적 성격의 탁아사업에서 시작하여 정착되기까지의 변천과정을 시기별로 나누어 살펴보고자 한다.

※ 보육정책 연혁

- 저소득층 자녀 위주의 탁아사업(1921)
- 「유아교육진흥법」 제정, 새마을유아원 운영(1982)
- 「남녀고용평등법」에 따라 직장 탁아제 도입(1987)
- 「영유아보육법」을 제정, '탁아'에서 '보육'으로 전환(1991)
- 제1차 중장기보육기본계획 '새싹플랜'(2006~2008, 여성가족부)
  - 여성의 사회진출 증가에 대응한 보육서비스 공급 중점
- 제1차 중장기보육기본계획을 보완한 '아이사랑플랜'(2009~2012, 보건복지부)
  - 국가책임 강화, 보육서비스를 '영유아' 중심으로 설정
- 제2차 중장기보육기본계획(2013~2017)
  - 무상보육 도입과 수요자 맞춤 지원 중점
- 보육료·양육수당 전(全) 계층 지원 실시(2013)
- 3~5세 공통의 보육·교육과정인 '누리과정' 도입(2013)
- 입소대기시스템(전산화) 도입(2014)
- 모든 어린이집에 CCTV 설치(2015)
- 임신·출산·육아 관련 웹사이트 통합, '아이사랑' 포털(2015)
- '맞춤형보육' 도입·시행(2016)
- 제3차 중장기보육기본계획(2018~2022)
  - 보육의 공공성 강화, 효과적 보육서비스 제공을 위한 보육체계개편, 보육서비스의 품질향상, 부모양육지원 확대

출처: 보건복지부 www.mohw.go.kr

1) 법 제정 이전 시기: 1921~1960년

우리나라 최초의 보육사업은 1921년에 태화기독교사회관에서 빈민 아동을 돕기 위한 구빈적 성격의 탁아사업에서 시작되었다. 이후 1926년 부산공생탁아소와 대구탁아소의 2개 시설을 시작으로 1939년에는 전국에 11개소의 공·사립 보육시설에서 435명의 어린이가 보육을 받았다. 이 시기에는 보육이라는

용어보다는 탁아라는 용어를 사용하였다.

1945년 8월 15일 광복 이후부터 1960년까지는 6·25전쟁을 전후한 정치적·사회적 혼란기로 정부가 보육사업에 대한 뚜렷한 방침을 세우지 못한 시기였고, 당시 대량으로 발생한 전쟁고아나 미아 등 요보호아동에 대한 각종 수용·보호시설이 주로 외국원조에 의하여 여러 곳에 설치되었다. 이때 탁아사업은 임시구빈적 성격의 복지정책이었다. 이러한 시설들을 행정적인 필요에 따라 합리적으로 지도하기 위해 정부는 1952년 10월 '후생시설운영요령'을 시행하였다. 1953년 부산에 시립 탁아소가 설치된 것을 비롯하여 주로 빈민층 가정의 자녀를 단순히 보호해 줄 목적으로 설치된 보육시설들은 고아원과 큰 차이가 없어 시대적 요청에 따라 임시구호적 성격을 강하게 띠고 있어 보육의 기능을 다하지 못하였다(강란혜, 2020). 이 시기는 해방 이후 한국 전쟁을 전후로 사회·정치적으로 혼란한 시기로서 아동복지의 대상이 전쟁고아나 기·미아와 같은 보호대상 아동의 보호라는 차원에서 국가와 지방자치단체가 책임의 주체가 되었고, 외국의 종교단체의 지원을 바탕으로 선교 및 교세 확장의 목적으로 보육사업이 실행되었다. 즉 대부분 종교단체나 국가·지방자치단체가 운영하던 것이었으므로 극빈층 자녀를 위한 구빈적이고 사후처리적이며 구호적인 성격을 크게 벗어나지 못하였다.

2) 「아동복리법」 시기: 1961~1981년

우리나라에서 보육시설의 이전 개념인 '탁아시설'이라는 용어를 사용하게 된 것은 1961년 「아동복리법」이 제정·공포되면서부터이다. 즉 영유아보육사업이 정부의 지도·감독을 받기 시작한 것이 1961년 「아동복리법」이 제정되면서부터라고 할 수 있다(최선규, 1993). 당시에는 급격한 농촌인구의 쇠퇴, 도시인구의 증가, 결손가정의 증가, 미혼 및 기혼 여성의 취업 확대와 극빈 가정의 아동문제의 발생이 사회문제가 되었다.

이 시기 보육사업의 주요 특징은 구빈 사업적인 성격에서 벗어나 아동복지를 증진시키고 아동복지를 보장하기 위한 시설로써 그 성격이 변화하였다는 것이다. 당시 사회적 상황을 고려하여 1968년에는 「미인가 탁아시설 임시조치 요령」을 공포하여 민간인이 설립하는 보육시설의 설치가 용이하도록 조치하였다(최미현 외, 2000). 또한 명칭도 '탁아소'에서 '어린이집'으로 변경하였다. 이러한 용어의 개칭은 보호와 교육이 함께 이루어지는 곳이라는 이미지를 갖게 되는 계기가 되었다.

어린이집 외에도 지역사회의 욕구에 부응하여 농번기 탁아소와 새마을협동 유아원이 있었다. 농번기 탁아소는 농번기에 바쁜 일손으로 인하여 잘 보살펴 주지 못하는 유아를 안전하고 건강하게 보육하자는 의도로 농번기 2개월간 만 3~5세를 대상으로 운영되었다. 또한 새마을협동유아원은 새마을사업의 일환으로 도시의 영세민 지역과 농어촌 부모들의 일손을 덜어 주고 유아의 안전을 위해 1일 4~5시간을 원칙으로 하되 계절과 지역에 따라 조정이 가능하도록 하였다.

이 시기에는 민간보육시설의 설치를 용이하게 함으로써 어린이집의 양적인 확산은 가져왔으나, 시설환경, 교사 자격 프로그램 등 전반적으로 질적인 수준은 문제가 되었다(이소희·도미향, 1995). 즉 원래 탁아의 기능에도 부합되지도 않았을 뿐만 아니라 유아교육적이지도 않은 수준에서 운영되는 시설이 증가하기 시작한 것이었다. 이에 따라 교육의 기능을 강화하고, 일반가정 아동에게 개방하는 대신 보육비를 받을 수 있도록 조치하는 '탁아시설 운영 개선 방안'을 발표함으로써 극빈 저소득층과 중산층의 아동 모두 어린이집을 이용할 수 있게 되었다. 그 결과 탁아의 기능과 교육의 관점을 보완하려는 출발점이 되었으며 일부 어린이집은 유치원과 유사하게 운영을 하였다. 이 시기는 보건사회부를 중심으로 어린이집에 대한 부족한 지원과 교육과 행정을 담당하는 교육부의 미온적인 대책으로 부모들이 어린이집을 유치원의 대용물로 생각하였다. 즉 어린이집에서의 방학 실시, 반일제 수업 중심의 운영 등으로 어린이집 본래의 취지인 보호와 교육이 조화된 보육의 개념이 변색되는 현상이 나타났다. 이후 1981년 「아동복리법」이 「아동복지법」으로 전문 개정되면서 「아동복리법」에 의한 탁아시설이 「아동복지법」에서도 그대로 계승되었다.

3) 「유아교육진흥법」 시기: 1982~1991년

1980년대 들어서면서 보육사업은 보호 기능 이외에 교육의 기능을 더욱 강화해야 한다는 반성의 소리가 높아졌다. 「유아교육진흥법」은 탁아의 기능 중 보호보다는 교육에 초점을 둔 법안이었다. 유아교육진흥법의 의미는 교육의 강조로 인한 질적인 향상이다. 그러나 지나치게 교육을 강조함으로써 아동보호 측면의 약화로 아동복지의 약화를 초래하였다. 즉 이 법에 의해서는 보육서비스가 충실하게 전개되지 못하였다. 이러한 유아교육진흥법의 이념적 성향은 이후 유아학교 전환, 유아교육법의 제정 같은 문제를 지속적으로 제기하였다.

이 시기의 관계법에 따른 보육사업의 발달과정을 정리하면 다음과 같다.

- 1982년 이후: 「유아교육진흥법」에 의거 '어린이집' 591개소를 '새마을유아원'으로 흡수 운영
  - 법제정 및 장학지도: 교육부
  - 시설운영 및 행정지도: 내무부
  - 보건의료: 보건사회부
- 1988. 12. 4.: 「남녀고용평등법」에 의한 '직장탁아제' 도입
- 1989. 9. 19.: 「아동복지법 시행령」에 탁아사업 실시 근거 부활
- 1990. 1. 15.: '탁아시설의 설치·운영 규정' 제정

표 4-1 유아교육진흥법 제정으로 변화된 내용

구분	기존 체제	개편 체제
관계 법령	아동복지법	유아교육진흥법
관할 부처	보건사회부	내무부
시설 명칭	어린이집	새마을유아원
성격	보호시설	교육기관
용어	탁아	유아교육
기능	보호·보육기능	교육기능

구분	기존 체제	개편 체제
대상아동	0~6세 저소득층 및 취업모 아동	4~6세 저소득층 및 일반아동 가능
보육시간	종일제(8시간 기준) 방학 없음	종일제 원칙(주로 반일제) 방학 없음
비용	국가 보조 및 사용자 일부 부담	국가 보조 및 사용자 부담
종사자	시설장	원장, 교사, 보육사 등

출처: 이소희(2006: 95).

1982년 관계부처의 협의를 거쳐 '유아교육진흥 5개년 계획'이 확정되었다. 이로써 1959년 이후 보건사회부에서 관장하던 어린이집, 1981년 이후 내무부에서 관장해 온 새마을협동유아원, 농촌진흥청에서 설치·운영하던 농번기탁아소, 민간인이 설립한 유아원 등 유치원을 제외한 모든 유아 보육시설을 '새마을유아원'으로 명칭을 변경하고 주무부서도 보사부에서 내무부로 흡수·이관되었다.

이 법에 근거하여 어린이집의 설치 목적이 맞벌이 부부의 자녀를 보호하고 저소득층 자녀를 교육하는 역할을 병행하기 위한 것임에도 불구하고 실제 운영에 있어서 많은 경우 종일제가 아닌 반일제로 편성되어 있었기 때문에 저소득층 맞벌이 부부의 보육 부담을 덜어 주는 데는 한계가 많았다. 어린 자녀를 빈방에 가두고 일을 나가는 부모들이 늘어났고 이로 인해 남매가 방에서 불에 타 죽는 등 보육시설의 부족과 적절한 서비스의 미비로 인하여 여러 문제가 발생하자 노동부에서는 1987년 공단 지역을 중심으로 시범 탁아소와 직장 탁아소를 설치하여 공단 근로자의 자녀를 우선적으로 보육하도록 하였다. 유아교육진흥법은 몇 가지 한계점이 있었다. 즉 제5공화국 정부의 대대적인 지원에 힘입어 새마을유아원이라는 보육시설이 양적으로 증가는 되었으나, 시설의 운영이 전일제가 아닌 반일제로 운영이 되거나, 기존의 유치원과 같이 교육의 기능에만 주안점을 두고 있어 저소득층 맞벌이 부부의 욕구를 충족하는 데 부족함 등의 문제점이 많이 등장하였다.

4) 「영유아보육법」 제정 시기: 1991~2003년

「유아교육진흥법」으로 인해 생겨난 보육시설들의 문제점과 제한점들이 드러나자 보건복지부는 1989년 「아동복지법 시행령」을 개정하고 '탁아시설의 설치, 운영규정'을 마련하여 1982년에 삭제된 탁아시설을 부활, 탁아 서비스를 대대적으로 확충하고자 시도하였다. 그러나 「아동복지법」은 탁아시설의 설립 주체가 법인으로 한정되는 등 민간의 참여를 제약하는 요인이 있고, 사업의 주무부서가 내무부, 노동부, 교육부, 보건복지부 등으로 다원화되어 있어 효율적인 사업 추진이 어려웠다. 이에 체계적이고 효율적인 보육사업의 추진을 위해서는 별도의 입법과 주무부서의 일원화가 필요하다는 인식이 제기된 것이다. 각 계층의 의견을 수렴하여 「영유아보육법」(1991.1.14.), 「영유아보육법 시행령」(1991.8.1.) 및 「영유아보육법 시행규칙」(1991.8.8.)이 제정됨으로써 보육사업 주관부처를 보건복지부로 일원화하였고 기존의 단순 탁아사업에서 보호와 교육을 통합한 '보육'이라는 진일보한 개념으로 전환되었다.

보육시설 및 보육아동의 현황을 보면 1990년 1,919개 보육시설에서 4만8천 명의 아동을 보육하고 있었으나 2004년에는 「영유아보육법」상 보육대상 연령 아동(6세 미만 아동)은 약 350만 명 미만, 보육시설을 이용하는 아동은 25%인 898,533명이다(2004, 보육통계). 국·공립을 제외한 민간보육시설인 전체 보육시설의 약 80%를 차지하는 특성을 보이고 있다. 따라서 보육시설은 민간시설의 빠른 증가세에 힘입어 전체적으로 10배 이상 확대되었다. 그러나 급격한 보육시설의 양적 확충에 따른 부작용도 많다. 즉 시설운영의 부실, 보육프로그램의 미비, 보육교사의 전문성 등이 문제점으로 지적되고 있다. 따라서 다양한 보육프로그램의 개발과 보급, 보육교사의 자질 향상, 보육시설의 질적인 향상을 위한 평가인증제도 도입이 제기되었다.

- 1991: 보육사업 주관부처를 보건복지부로 일원화
- 1991. 1. 14.: 「영유아보육법」에 의한 보육사업 실시
- 1991. 8. 1~8.: 「영유아보육법 시행령」 및 「영유아보육법 시행규칙」 제정 공포
- 1991. 8. 26.: 탁아시설 설치·운영규정 폐지
- 1995. 5. 19.: 「영유아보육법 시행령」 개정
  보육교사 양성교육 시간 강화(800시간~1,000시간)
  직장보육시설 설치 의무대상 확대 등
- 1997. 12. 14.: 「영유아보육법」 일부 개정
  초등학교 취학 전 1년 유아의 무상보육 실시 근거 마련
- 2001. 12.: 보육사업 중·장기 종합발전 계획
- 2002. 3. 6.: 보육사업의 활성화 방안
- (설치기준 변천) 법 제정당시('91.1)에는 인가제(가정보육시설은 신고제)였으나, '98. 7월 신고제로 완화하고, '04. 1월 인가제로 다시 강화('05. 1월 시행)

「영유아보육법」의 제정은 「아동복지법」(보건복지부), 「유아교육진흥법」(내무부, 교육부), 「남녀고용평등법」(노동부)으로 분산, 다원화되어 있던 법체제와 주관부서를 통합 일원화하여 보육정책의 새로운 발전과 도약의 전기를 마련하게 된 것이다.

5) 「영유아보육법」 개정 시기: 2004~2007년

2004년 참여정부가 들어서면서 보육업무를 보건복지부에서 여성가족부로 이관하여 담당하였다. 2004년 1월 29일 「영유아보육법」을 전면 개정하여 2005년 1월 30일부터 시행하였다. 이 안이 공포됨으로써 보육서비스의 다양화와 질적인 수준의 향상, 그리고 보육에 대한 공적 책임 강화를 통해 보육사업이 더욱 발전할 수 있는 계기를 마련하게 된 것이다. 2005년도 12월에는 「영유아보육법」과 「영유아보육법 시행규칙」 일부 개정으로 시설장의 국가자격증 도입과 보육시설운영위원회 설치 의무화로 보육시설 운영의 책임성과 투명성을 강

화하게 되었고, 보육시설 설치 사전상담제를 실시하여 시설 설치에 따른 민원 불편을 해소하는 데 중점을 두었다. 2006년 11월 10일 「영유아보육법 시행규칙」 개정을 통해 표준보육과정을 마련함으로써 영유아가 건강하고 안전하며, 바르게 생활하는 데 필요한 생활과 신체, 정서, 언어, 인지, 정서 등의 전인적인 발달을 위해 영유아가 갖추어야 할 지식, 기술, 태도를 제시하는 등 영유아가 조화로운 사회구성원으로 성장할 수 있도록 보육환경의 질을 높였다.

참여정부는 보육 및 유아교육 지원의 공공성 확대에 대한 대책으로 제1~2차 육아지원정책을 수립발표(2004. 6.~2005. 5.)하여 표준보육료·교육비 산정, 영아기본보조금 제도 시범을 도입하였고, 공보육 강화를 위해 중장기보육계획인 새싹플랜(2006~2010)을 발표(2006. 7.)하여 추진하였으며, 또한 고령화 및 미래사회위원회에서는 '육아지원정책'을 수립하였고, 저출산고령사회위원회에서는 세계 최저의 저출산 문제해결을 위해 '새로마지플랜 2010'(2006. 8.) 정책을 시행하였다. 여성가족부에서 정부의 예산 확충과 집중적이고 다각적인 정책을 통해 새롭고 종합적인 보육정책이 제고되었다. 보육서비스에서도 보육의 공급자 중심에서 수요자 중심으로 전환하였으며, 저소득 자녀 위주의 선별적 보육에서 아동, 가족, 노동, 가정양육 문제와도 연계한 포괄적 보육의 방향으로 추진되었다.

- 보육업무를 보건복지부에서 여성가족부로 이관하고, 영유아보육과를 1국(보육정책국) 3과(정책·재정·지원)로 개편
- 2004. 1. 29.: 「영유아보육법」 전면 개정
- 2005. 1. 30.: 전면 개정된 「영유아보육법」의 시행
- 2004. 6.~2005. 5.: 참여정부 고령화 및 미래사회위원회에서 제1차, 제2차 육아지원정책을 수립 발표
- 2005. 12.: 「영유아보육법」과 「영유아보육법 시행규칙」 일부 개정
- 2006. 11. 10.: 「영유아보육법 시행규칙」 개정
- 2006. 7.: 여성가족부에서 공보육 강화를 위한 중장기보육계획인 새싹플랜(2006~2010)을 발표
- 2006. 8.: 저출산고령사회위원회에서 세계 최저의 저출산문제 해결을 위해 새로마지플랜 2010을 발표

6) 새싹플랜: 제1차 중장기보육 기본계획(2006~2008년)

여성가족부는 여성의 사회진출 증가에 대응한 보육서비스 공급에 중점을 두었고, 공보육 강화를 위해 중장기보육 기본계획인 '새싹플랜(2006~2010)'을 발표하여 추진하였다. 새싹플랜은 맞벌이 가구의 증가와 핵가족화로 인해 가정의 자녀양육 기능이 약화되어 영아를 둔 여성의 자녀양육과 경제활동 양립을 지원하기 위해 수립된 것이다.

제1차 중장기보육 기본계획의 비전은 '함께 키우는 건강한 아동'이란 계획으로 국공립시설을 두 배로, 이용 아동수는 30% 수준까지 확충시키고, 기본 보조금 확대 지원, 차등보육료를 평균 소득 130% 이하까지 확대하는 정책을 포함하고 있다.

2006년 11월 10일 「영유아보육법 시행규칙」 개정으로 표준보육과정이 마련되었고, 2007년부터는 표준보육과정을 시행함으로써 영유아가 조화로운 사회 구성원으로 성장할 수 있도록 보육환경의 질적 성장을 도모하였다. 보육업무는 2008년 3월부터 주무부처가 여성가족부에서 다시 보건복지부로 이관되어 보육정책의 방향을 양적 성장에서 질적 수준 향상과 수요자 중심 정책으로 전환을 추구하였다.

7) 아이사랑플랜: 제1차 계획 수정 · 보완(2009~2012년)

2008년 3월 이후 보육업무가 여성가족부의 보육정책국에서 보건복지부의 보육정책관실로 이관되었다. 그동안 보육정책의 주요 성과로는 법 제도의 정비, 보육시설과 이용 영유아 증가, 보육예산의 증가, 보육서비스 수준의 향상 등으로 볼 수 있다(유희정, 2008). 2006년 보육정책은 공약과 국정철학에 부합하는 방향으로 재설정하여 '능동적 복지'를 구현하기 위해 보육에 대한 국가의 책임을 강화하고 수요자 중심의 정책으로 개편하였다. 이를 위해 제1차 중장기 보육계획(새싹플랜 2006~2010)을 보완·수정하여, 새로운 보육정책 「아이사랑플랜」

(2009~2012)을 추진하였다. 아이사랑플랜은 '아이와 부모가 행복한 세상'이란 비전을 설정하고, 부모, 어린이집, 정부가 함께 하는 전략이다. 참여정부의 공보육에서 진일보한 '국가책임보육'으로 발전한 것이다.

2009년 3월 보건복지부는 아이사랑카드(보육전자 바우처) 사업 1차 시범지역을 선정하여 4월 30일 아이사랑카드 1차 시범사업을 실시하였고, 9월부터 보육료를 아이사랑카드로 결제하는 것을 전국적으로 확대하였다. 또한 2009년 「영유아보육법」의 일부를 개정하여 양육수당제도 도입과 다문화가정 영유아에 대한 혜택이 있었다. 2010년에 아이사랑보육포털, 보육진흥원을 설립하였다. 2011년 6월 7일에는 「영유아보육법」 개정을 통해 '보육시설'을 '어린이집'으로, '시설장'을 '원장'으로, '보육시설종사자'를 '보육교직원'으로 명칭을 변경하였다. 2012년 3월부터는 만 5세 유아에게 통합과정인 '5세 누리과정'을 실시하게 되었고, 0~2세까지 보육지원을 하게 된다. 가정양육은 보육지원대상에서 제외되었는데 가정양육과 주로 어린이집에 다니는 3~4세가 보육지원대상에서 제외되어 형평성에 문제가 있다는 지적에 전면 무상보육 시기를 앞당기고, 양육수당 지원도 대폭 확대하였다.

8) 아이행복플랜: 제2차 중장기보육 기본계획(2013~2017년)

이 시기의 보육정책은 아이행복플랜으로 0~5세 전 연령을 대상으로 무상보육 도입과 함께 보육서비스의 질 강화에 중점을 두어 '아이는 행복하고 부모는 안심할 수 있는 세상'을 비전으로 설정하였다. 2013년부터는 보육료, 양육수당을 전 계층으로 확대하여 지원하고 유치원과 공통적으로 만 5세 누리과정을 실시하였던 것을 3~5세 유아들에게도 누리과정을 실시하였고, 제3차 어린이집 표준보육과정에 따라 만 0~2세 영아를 대상으로는 '표준보육과정'을 개편하여 실시하였다. 입소대기 시스템 전산화를 도입(2014년)하여 투명한 대기자 관리 기반을 마련하였고, 2014년 시간 선택제 근로자에게 어린이집 이용 편의를 위한 시간제 보육 도입 및 제공기관을 확대하였으며, 2015년에는 모든 어린이집에 'CCTV 설치 의무화'와 '아이사랑포털'을 도입하였다. 2016년 「영유아보육법」이 개정됨에 따라 영아어린이집 이용시간 조정을 골자로 하는 '맞춤형 보육'을 도입하여 시행하였다. 맞춤형 보육이란 맞벌이 가정 자녀가 이용하는 종일반(12시간)과 외벌이가정 자녀가 이용하는 맞춤반(6시간)으로 되어 있다. 또한 직장어린이집의 설치·운영 의무를 이행하지 아니한 사업장에 대해 이행강제금을 부과할 수 있도록 하였다(보건복지부, 2017). 아동학대 방지 등 영유아의 안전과 어린이집의 보안을 위해서 어린이집에 CCTV 설치를 의무화하고, 보육교직원의 처우 개선을 위하여 육아종합지원센터에 상담전문요원을 두었다(강란혜, 2020 재인용).

	제1차 중장기 보육기본계획 (새싹플랜, 2006~2008)	제1차 계획보완 (아이사랑플랜, 2009~2012)	제2차 중장기 (보육기본계획, 2013~2017)
비전	함께 키우는 건강한 아동	아이와 부모가 행복한 세상	아이는 행복하고 부모는 안심할 수 있는 세상
전략	보육의 공공성 강화 / 양질의 보육서비스	영유아 중심 / 국가책임제 보육 / 신뢰 회복	건강한 성장발달 / 국가책임 실현 / 참여와 신뢰증진
추진과제	1. 공보육 기반조성 2. 부모 육아부담 경감 3. 다양한 보육서비스 제공 4. 아동중심의 보육환경 조성 5. 보육서비스 관리체계 강화	1. 부모의 비용부담 완화 2. 수요자 맞춤 지원 3. 보육시설 질재고 및 균형배치 4. 보육인력 전문성 제고 5. 전달체계 효율화 6. 보육산업 지원체계 구축	1. 부모의 비용부담 완화 2. 수요자 맞춤 지원 3. 보육시설 질재고 및 균형배치 4. 보육인력 전문성 제고 5. 전달체계 효율화 6. 보육산업 지원체계 구축

그림 4-1 중장기보육의 비전과 전략 비교

출처: 보건복지부(2017). 제3차 중장기보육 기본계획.

표 4-2 중장기보육 기본계획 비교

구분	새싹플랜 제1차 중장기 보육기본계획 (2006~2008)	아이사랑플랜 제1차 계획 수정·보완 (2009~2012)	아이행복플랜 제2차 중장기 보육기본계획 (2013~2017)
기본 방향	• 국공립 보육시설 확대 • 정부 재정 분담 강화 • 부모의 육아 부담 경감 • 다양한 보육서비스 제공(수요 맞춤형) • 아동중심 보육환경 조성 • 보육서비스 관리체계 강화	• 국가책임 강화 강조 • 부모의 비용부담 완화 • 수요자 맞춤 지원(영유아중심) • 보육시설 질 제고 및 균형 배치 • 보육인력 전문성 제고 • 전달체계 효율화 • 공공형 어린이집 도입 • 보육사업 지원체계 구축	• 무상보육 도입 • 부모의 비용부담 간소화 • 수요자 맞춤 지원 중점 • 아이의 건강한 성장·발달 우선시 • 3~5세 '누리과정'도입(2013) • 보육 국가책임 실현 • 참여와 신뢰의 보육생태계 조성
보육료 지원	• 소득별 차등 보육료 지원 • 기본보조금제도 도입	• 보육료 지원 확대 • 양육수당 지원 • 국공립어린이집 확대 • 아이사랑카드 결제	• 0~5세 전 소득계층 보육료 및 양육수당 지원 실시(2013) • 보육료 적정화 표준보육비용 계측 • 아이행복카드 결제
일·가정 양립	• 입소 시 취업모 우선 배려 • 시간 연장 보육 확대 • 직장보육서비스 여성근로자 300인에서 500인 여성근로자 또는 여성근로자 200인 이상 확대	• 어린이집 입소 시 비정규직 근로자 차별 완화 • 시간 연장 보육 강화	• 맞벌이와 홑벌이 보육시간 차등화 • 맞춤형 보육 실시(2016)
주무 부서	보건복지부	여성가족부	보건복지부
실행	• 국가 자격증 제도 도입 • 보육담당 공무원 확충 및 보육행정 시스템 전산화	• 안전공제회 설립 • 인건비 지원과 연계한 서비스 계약제 도입 검토 • 보육진흥원 설립하여 보육교직원 자격 관리	• 육아종합지원센터 전국적 확산 • 어린이집 CCTV 설치 의무화 • 평가제도 개편: 등급제 방식, 현장중심 평가
한계점	• 맞벌이 부모가 충분히 시설 이용을 못하는 현상 초래 • 어린이집 서비스 질 제고 위한 투자 부족 • 양적·질적 측면의 낮은 어린이집 공공성		

출처: 여성가족부(2006). 새싹플랜—제1차 중장기 보육계획(2006~2010) 수정·보완.
보건복지가족부(2009). 아이사랑플랜 2009~2012.
보건복지부(2013). 제2차 중장기보육 기본계획.

9) 제3차 중장기보육 기본계획(2018~2022년)

제3차 중장기보육 기본계획은 '영유아의 행복한 성장을 위해 함께 하는 사회'를 만든다는 비전으로 보육의 공공성 강화, 효과적 보육서비스 제공을 위한 보육체계 개편, 보육서비스 품질향상, 부모양육지원 확대의 4가지 목표를 세우고 있다. 이전 중장기 보육 기본계획과 달라진 점은 2017년까지는 어린이집의 양적 확충, 부모의 경제적 부담 완화, 부모교육 등 국가책임 보육 기반 조성이었다면, 2018년부터 실시되고 있는 제3차 중장기보육 기본계획은 보육과 양육을 사회적 책임으로 확대하는 데 있다(보건복지부, 2017).

제3차 중장기보육 기본계획의 비전은 '영유아의 행복한 성장을 위해 함께하는 사회'이며, 국정과제인 '보육·양육에 대한 사회적 책임 강화'를 실현하기 위한 4개 분야 17개 과제로 구성되었다.

(1) 보육의 공공성 강화

- 국공립어린이집 확충 및 지역적 균형 확충을 통해 보육의 양적인 공공성 확충(2022년까지 40%로 확대)
- 국공립어린이집 위탁운영방식 개선, 취약보육운영 의무확대 등 국공립 운영의 공공성 강화
- 직장어린이집 설치의무 이행제도의 강화와 직접설치 지원확대로 근로자의 보육시설 이용 여건 개선
- 모든 어린이집이 '믿고 맡길 수 있는 어린이집'이 될 수 있도록 원장 자격 강화(유치원 원감과 같은 중간관리직 신설 방안) 및 공공형 관리 확대 등 운영의 건전성 제고

(2) 보육체계 개편

- 부모의 어린이집 적정 이용을 위해 보육서비스 이용 여부, 이용시간을 스스로 선택할 수 있도록 보육 지원체계 개선
- 적정 보육서비스 제공이 이루어지도록 표준보육비용 계측과 이에 따른 적정 보육료 지원
- 영유아 보육환경 변화와 누리과정 개편 등을 고려해 영유아의 연령과 발달 수준에 맞는 표준보육과정 개정 추진

(3) 보육서비스의 품질향상

- 유치원과의 교사자격, 시설환경 등의 격차 해소를 통해 어디에서든 동일한 수준의 교육·보육을 받을 수 있도록 보장
- 우수 보육교사 양성과 질 담보를 위해 보육교사 학과제(보육 관련 학과를 졸업하면 자격증을 부여하는 방식)를 도입하고 보육교사의 적정 처우도 보장
- 쾌적한 보육환경 조성을 위해 교사 1인당 영유아 수 개선과 함께 어린이집 시설기준 강화
- 모든 어린이집 대상 평가제도 전환, 지도점검 체계화, 어린이집 운영에서 부모 참여 보장 등을 통해 상시적 품질관리 강화

(4) 부모 양육지원확대

- 부모 상담 확대, 체계적인 부모교육 지원 등 부모의 양육역량 강화를 위한 가정 내 양육지원 확대
- 제공 기관 확대 및 지원기준 개선으로 시간제 보육 접근성 제고
- 보육이 취약한 모든 영유아를 위해 취약보육(영아보육, 장애아보육, 다문화아동보육, 시간연장형보육) 지원 개선

(5) 실행기반 강화

- 보육서비스 품질관리를 위한 기관의 기능 개편
- 민·관 협업 확대로 정책과제 추진 동력 제고
- 효율적인 어린이집 관리 및 지원을 위한 전산시스템 개편 추진

〈비전 및 정책과제 체계도〉

비전: 영유아의 행복한 성장을 위해 함께하는 사회

목표 및 전략

보육의 공공성 강화

1. 국공립 이용률 40%로 확대
2. 국공립 운영의 공공성 강화
3. 직장어린이집 활성화
4. 어린이집 운영의 건전성 제고

보육체계 개편

1. 어린이집 이용 및 지원체계 개선
2. 표준보육비용 산정 및 적정 보육료 지원
3. 보육과정 개편

보육서비스 품질향상

1. 보육교사 전문성 강화
2. 보육교사 적정 처우 보장
3. 영유아 보육환경 개선
4. 상시적 품질관리 강화

부모 양육지원 확대

1. 부모의 양육역량 강화 지원
2. 시간제 보육서비스 확대
3. 취약보육 지원 개선

실행 기반

- 지원기관 기능 개편
- 민·관 협업 확대
- 전산시스템 개편

그림 4-2 3차 중장기보육 기본계획 주요 개요

출처: 보건복지부(2017). 제3차 중장기보육 기본계획(2018~2022).

2. 영유아보육법

「영유아보육법」은 보육서비스를 실시하기 위한 법적 근거가 되는데, 국가가 아동의 복지를 실현하고 부모에게는 자녀를 건전하게 양육하도록 도움을 주는 공적인 차원에서 제정된 법이다. 여성의 사회참여 증가, 가족구조의 변화 등으로 보육 욕구가 증가해 왔는데, 이러한 욕구를 충족시키기 위한 근거가 되는 법으로서 1981년에 개정된 「아동복지법」이 있으나, 사회복지시설은 국가 또는 지방자치단체, 사회복지법인, 기타 비영리법인만이 설치되기는 어려운 형편이었다. 이에 정부는 어린이집을 공급, 확대, 체계화시켜 아동을 건전하게 보호, 교육하기 위해 「아동복지법」과 「사회복지사업법」에 대한 특별법으로서 1991년 1월 14일로 「영유아보육법」을 제정하였고, 여러 차례의 개정을 거치고, 2004년 1월 29일 전문개정과 함께 동년 12월에 보육업무가 보건복지부에서 여성가족부로 이관되었다가, 2008년 정부가 들어서면서 보육정책을 국가책임보육으로 방향을 재설정하면서 다시 여성가족부에서 보건복지부로 이관되었다. 「영유아보육법」의 제정 이후 우리나라 보육정책에는 많은 발전이 있었다. 2003년까지의 변화가 어린이집의 양적인 증가와 영유아보육에 대한 관심과 지지가 확장되는 시기였다면 2004년 이후 개정 「영유아보육법」은 보육서비스의 질 제고를 위한 발전기로 접어든 시기로 볼 수 있다.

사실 영유아보육법을 개정하기 위한 노력은 제정된 이후 꾸준히 있어 왔고, 그 노력의 결과 보육정책의 방향이 공공성의 강화와 전문성 향상을 위한 내용이 반영되었다. 보육에서의 공공성이란 국가 발전 목표 및 사회적 필요에 따라 모든 영유아에게 보육서비스에 접근할 수 있는 기회가 균등하게 주어져야 하는 한편, 안정적이고 질 높은 보육서비스 제공에 대해 국가가 책임지고 적극적이고 계획적으로 정책을 수립하고 시행하는 것을 의미한다. 2004년 법 개정을 계기로 이러한 문제들을 극복하기 위한 여러 방안이 각계에서 마련되어 무엇보다도 시행령, 시행규칙 등의 하위법령이 보다 현실적인 타당성에 기초하면서 미래 지향적인 내용으로 내실 있게 구성되어야 할 것이다.

개정된 「영유아보육법」 특성을 살펴보면 다음과 같다(이순형 외, 2005).

첫째, 「영유아보육법」의 개정된 법 제1조에서는 보육의 대상 범위를 전체 유아로 확대하였다. 이것은 보육이 보편적인 서비스로의 전환을 의미하는 것이다.

둘째, 제3조에서 보육의 이념 조항을 신설하여 보육에서 영유아의 이익을 최우선적으로 고려되어야 한다는 것과 보호자의 성, 연령, 종교, 사회적 신분, 재산, 장애 및 출생지역 등에 따라 어떠한 차별을 받지 않고 보육되어야 함을 표명하였다.

셋째, 보육을 관련 부처와의 협의를 바탕으로 이루어져야 함을 강조하여 보육을 범정부적인 정책과제로 설정하였다.

넷째, 개정된 법에서는 정부가 어린이집에 대한 감독을 강화하도록 하고 지방자치단체에서도 보육정책 수립에 적극적으로 임하도록 책임을 부과함으로써 보육의 공공성이 강화되었다.

다섯째, 보육에 대한 연구와 정보제공, 프로그램 개발, 보육교직원의 연수 등의 업무를 수행하도록 명시하고 보육교사의 국가 자격증제도 도입 및 표준보육과정 개발과 보급을 강조함으로써 보육의 전문성이 강화되었다.

여섯째, 보육수요자들인 부모들을 보육정책 및 운영에 적극 참여시킴으로써 보육수요자들의 욕구를 반영하고 이에 부응하는 현실적인 보육서비스를 실천해야 함을 강조하고 있다.

「영유아보육법」은 1997, 1999, 2001년에 일부 개정, 2004년에 전문개정, 2005, 2008, 2011년에 일부 개정을 통해 오늘에 이르고 있다. 영유아보육법의 주요 내용은 다음과 같다.

표 4-3 「영유아보육법」의 주요 내용

목적	• 영유아의 심신을 보호하고 건전하게 교육하여 건강한 사회구성원으로 육성함과 보호자의 경제적 사회적 활동이 원활하게 이루어지도록 하여 영유아 및 가정의 복지 증진에 이바지함을 목적으로 한다(제1조).

대상	• 취약보육 우선실시(제26조), 시간제보육서비스(제26조의2) • 보육이 필요한 영유아, 필요한 경우 만12세까지 연장하여 보육(제27조) • 국민기초생활보장법, 한부모가족지원법, 장애인복지법, 다문화가정지원법, 국가유공자 등 예우 및 지원에 관한 법률에 의한 해당 자녀, 제1형 당뇨를 가진 영유아, 보건복지부 장관이 정하는 그 밖의 자녀, 근로자의 자녀(직장어린이집의 경우)를 우선적으로 이용할 수 있도록 하여야 한다(제28조).
서비스 내용	• 보육과정(제29조): 영유아의 신체적·지적·정서적 및 사회적 발달 등을 도모하는 내용을 포함하여야 하며, 보건복지부 장관은 표준보육과정을 개발, 보급하여야 한다. • 어린이집 생활기록(제29조의2) • 어린이집 평가인증(제30조) • 건강관리 및 응급조치(제31조), 어린이집 안전공제사업 등(제31조의2), 예방접종 여부의 확인(제31조의3) • 치료 및 예방조치(제32조) • 급식관리(제33조), 어린이집 차량안전관리(제33조의2), 등·하원 시 영유아안전관리(제33조의3), 어린이집 위생관리(제33조의4)
서비스 인력	• 보육교직원의 배치, 직무 및 책무, 임면, 기준 등(제17조, 제18조, 제19조, 제20조, 제21조, 제22조) • 어린이집의 원장 및 보육교사의 보수교육(제23조, 제23조의2, 제23조의3) • 어린이집 원장 자격정지(제46조), 보육교사 자격정지(제47조), 자격취소(제48조) • 경력인정(제50조)
서비스 전달 조직	• 어린이집(제2조), 어린이집의 종류(제10조), 어린이집의 운영기준(제24조) 등 • 보육정책위원회(제6조) • 육아종합지원센터(제7조), 한국보육진흥원(제8조) • 어린이집운영위원회(제25조), 부모모니터링단(제25조의2)
재정	• 무상보육(제34조), 양육수당(제34조의2), 보육서비스 이용권(제34조의3) • 비용의 보조(제36조), 사업주의 비용부담(제37조) • 보육료의 수납(제38조), 세제지원(제39조) • 비용 및 보조금의 반환명령(제40조)
기타	• 보육실태조사(제9조), 보육통합정보시스템 운영(제9조의3) • 보육계획의 수립 및 시행(제11조) • 국·공립어린이집의 설치 등(제12조), 국·공립어린이집 외의 어린이집 설치(제13조), 직장어린이집의 설치 등(제14조) • 어린이집 설치기준(제15조), 놀이터 설치(제15조의2), 비상재해대비시설(제15조의3), CCTV설치(제15조의4) • 지도·감독(제41조, 제42조), 어린이집 폐쇄 등(제45조), 과징금(제45조의2), 행정체재처분(제45조의3), • 어린이집연합회(제53조) • 벌칙(제54조), 양벌규정(제55조), 과태료(제56조)

TIP

표 4-4 영유아보육법 제정되기까지의 연혁

영유아보육법 제정되기까지의 연혁

시행일	내용	관련근거	비고
1962~1981	보건복지부 주관으로 탁아사업 실시 (어린이집 691개소 설치·운영)	아동복리법	
1981. 4. 13.	「아동복리법」을 「아동복지법」으로 전문개정	아동복지법	법률 제3438호
1982. 이후	「어린이집」 691개소를 「새마을유아원」으로 흡수·운영 • 법제정·장학지도: 교육부 • 시설운영·행정지도: 내무부 • 보건의료: 보건사회부	유아교육진흥법	
1987. 12. 4.	「직장탁아제」 도입	남녀고용평등법	
1989. 9. 19.	탁아사업 실시근거 부활	아동복지법시행령	
1990. 1. 15.	탁아시설의 설치·운영 근거 마련	탁아시설의 설치· 운영규정	
1991. 1. 14.	「영유아보육법」 제정·공포(법률에 의한 보육사업 실시) • 보육사업을 보건복지부로 일원화 • 종전 단순 "탁아"에서 보호와 교육을 통합한 "보육"으로 기능 확대	영유아보육법	
1991. 8. 1.	「영유아보육법 시행령」 제정·공포	영유아보육법 시행령	
1991. 8. 8.	「영유아보육법 시행규칙」 제정·공포	영유아보육법 시행규칙	
1991. 8. 26.	「탁아시설의 설치·운영규정」 폐지	탁아시설의 설치· 운영·규정	

3. 보육서비스 전달체계

보육서비스의 전달체계는 보육서비스 공급자와 영유아 및 부모 사이의 구조 및 기능에 관한 장치이다. 즉 중앙정부에서 지방 일선 기관에 이르기까지의 보육 관련 행정조직과 어린이집, 그리고 이와 관련된 공적·사적 조직의 구조적 배열을 의미한다. 보육사업의 정책적 지침이 보육서비스 전달체계를 통해서 나타날 뿐만 아니라 전달체계가 어떻게 구성되어 있느냐에 따라서 보육서비스의 내용과 질에 차이가 난다. 그러므로 보육수혜자에게 적절한 보육서비스를 제공하기 위해서는 보육서비스 전달체계가 잘 마련되어야 한다. 전달체계는 좁은 의미에서 서비스 전달자와 수혜자와 일련의 공간에서 대면적인 상호관계를 통하여 직접 만나게 되는 집행체계이다. 그러나 집행 전달체계는 상부의 행정체계로부터 규제, 지원, 감독을 받기 때문에 넓은 의미에서의 전달체계는 행정체계가 포함된다(성규탁, 1992). 서비스 전달체계 성격에 따라서는 집행체계와 행정체계의 구분이 명확하지 않은 경우도 있고, 특정 전달체계의 경우 행정체계와 집행체계 중 하나로 분류하기는 어렵다(김연진 외, 2017 재인용).

1) 보육 행정 체계

현행 보육서비스의 행정체계는 보건복지부를 정점으로 시·도→시·군·구→읍·면·동의 수직적인 전달구조로 구성되어 있다. 보육서비스의 주관부서인 보건복지부의 조직도(www.mohw.go.kr)에서는 인구정책실에는 3개의 담당관(인구아동정책관, 노인정책관, 보육정책관)이 있고, 보육사업은 보육정책관에 보육정책과, 보육사업기획과, 보육기반과에서 각각 보육업무를 분담하여 수행한다. 보육서비스는 중앙정부, 시·도, 시·군·구의 관할하에 어린이집을 통해 영유아와 가족에 전달된다. 각 시·도 및 시·군·구에 따라 보육담당부서의 조직과 명칭은 다르다.

2) 보육 지원체계

(1) 한국보육진흥원

한국보육진흥원은 보육 관련 사업을 효과적으로 수행하여 보육의 질 향상을 도모하고, 체계적인 보육정책 지원을 통해 영유아와 부모, 보육교직원 등 수요자의 만족에 기여하고자 2009년 12월에 설립된 보육정책 집행공공기관이다. 비전은 미래세대를 책임지는 안심보육 선도기관이고, 주요 업무는 어린이집 평가, 보육교직원 자격증 교부, 보육교직원 역량강화, 시간제 보육, 국공립어린이집 확충·품질관리 전담사업, 공공형어린이집 품질관리, 중앙육아종합지원센터 운영 등이며, 관련 온·오프라인 교육과정을 시행하고 있다(한국보육진흥원 홈페이지).

한국보육진흥원의 추가되는 주요 사업 중 하나는 중앙육아종합지원센터의 운영이다. 대통령령으로 정한 공공기관을 중앙육아종합지원센터로 지정할 수 있는 영유아보육법 개정법률안이 시행됨에 따라, 2022년 6월 22일부터 한국보육진흥원과 중앙육아종합지원센터가 통합되어 운영되고 있다. 영유아보육법의 특정 조항이 개정되면서 보육과 육아로 대표되는 두 기관이 통합된 것이다. 통과된 일부개정법률안 내용은 아래와 같다.

표 4-5 통합 배경이 된 영유아보육법 개정 조항 내용

구분		주요개정사항
영유아보육법	제7조제4항	보건복지부장관은 업무의 효율적인 수행을 위하여 대통령령으로 정하는 공공기관 또는 민간기관·단체 등을 제1항에 따른 중앙센터로 지정할 수 있다. (신설)
영유아보육법 시행령	제16조의2	① 법 제7조제4항에 따라 보건복지부장관은 법 제8조에 따른 한국보육진흥원을 중앙센터로 지정한다. (신설)
		② 제1항에 따라 중앙육아종합지원센터로 지정된 한국보육진흥원의 장의 육아종합지원센터의 장으로서의 자격요건에 관하여는 제14조제1항을 적용하지 않는다. (신설)

한국보육진흥원과 중앙육아종합지원센터는 위탁관계로 보육·양육사업을 운영하고 있었으나 별도의 기관으로 각각 사업을 수행하여 부모와 보육교직원이 혼란을 겪는 문제점들이 있어 이런 상황을 해결하기 위해 두 기관이 통합된 것이다. 영유아보육법의 개정에 따라 앞으로는 보육과 육아를 아우르는 통합육아증진사업을 실행할 수 있게 된 것이다.

중앙육아종합지원센터는 전국 시도·시군구 육아종합지원센터의 운영 활성화를 위해 업무관리·지원, 정기적인 평가를 수행하고 국가의 보육정책 시행을 지원하는 포괄적 육아지원 전문기관이다.

(2) 육아정책연구소

육아정책연구소는 국가인적자원 육성을 위한 육아정책연구의 수행과 합리적인 정책방안을 제시함으로써 우리나라가 육아선진국으로 도약하는 데 기여하는 것을 목적으로 설립된 국무조정실 산하 국가정책 연구기관이다. 2005년 설립된 육아정책개발센터는 보육시설평가인증, 보육종사자관리 등의 업무를 수행하였고, 이후 2009년 센터의 명칭을 육아정책연구소로 개칭하였으며, 2014년에는 영유아교육·보육통합추진단 업무지원을 위한 '유보통합지원단'을 발족하는 등 변화하는 육아정책에 대응하여 왔다. 육아정책연구소는 국가 육아정책 수립에 필요한 보다 과학적이고 설명력 있는 자료를 제공하기 위하여 한국아동패널 연구를 수행하고 있다. 한국아동패널은 아동의 출생부터 성장과정을 장기적으로 조사하여, 각 시기의 아동 발달특성과 부모의 심리적 특성, 아동의 양육실태, 육아지원기관의 기능과 효과, 정책 등에 환경의 영향을 밝히기 위하여 수행되는 신생아 종단연구이다(이영환 외, 2020).

육아정책연구소의 연구사업 목표는 아래와 같다(육아정책연구소 홈페이지).

① 아동권리와 생애주기에 기반한 연구 영역 확장

- 아동학대 종합적 관리 체계 설계를 통한 아동권리 보호
- 태내기를 포함하는 아동의 생애주기별 건강 향상 도모

② 미래변화를 대비한 교육/보육/돌봄 운영체계 구축 및 선제적 대응

- 미래변화에 대비한 유아교육 및 보육 체제 개편방안 도출
- 코로나19 및 재난상황을 대비하는 통합적 돌봄 시스템 구축
- 장애 및 취약 영유아와 가족의 건강한 성장 지원 방안 수립을 위한 정책과제 추진

③ 육아친화적 고용환경 및 사회환경 구축

- 성평등적 관점의 가정양육 역량 제고
- 노동시간 및 고용환경 변화에 따른 육아지원정책 구축

④ 육아정책분야 데이터 통합을 통한 국내외 의제 대응

- 육아정책분야 데이터 통합을 통한 증거기반 정책수립 토대 마련
- 국내외 육아정책연구 공유·협력 플랫폼 구축

⑤ 공생·존중의 육아정책 의제 발굴 및 정책수요자 소통 역량 강화

- 학제 간 융합과 협력을 통한 육아정책생태계 구축
- 정책수요자와의 소통 강화 및 성과공유 다각화
- 연구기획 및 질 관리를 위한 정보화 관리체계 구축

Chapter

05 보육실천의 다양화

Contents

1. 장애위험 영유아/장애영유아 보육서비스
2. 다문화 영유아 보육서비스
3. 방과후 돌봄서비스

주요내용

- 장애위험 영유아의 개념, 장애영유아 어린이집의 운영 이해
- 다문화 보육서비스의 개념, 필요성, 보육내용 이해
- 방과후아동 돌봄서비스의 개념, 현황, 내용 이해

장애위험이란 아무런 교육적인 서비스를 제공받지 못하고 방치되어 장애를 일으킬 수 있는 상황을 의미하며 이러한 상황에 놓여 있는 영유아를 장애위험 영유아라고 한다. 장애위험 영유아나 장애영유아의 경우 발달 수준에 적절한 지원 없이 하위 연령반으로 편성될 수 있다. 조기에 발견, 선발하고 위험요소를 확인하고 체계적이고 지속적인 사후관리를 통해 장애정도를 낮추는 방안이 필요하다. 다문화 보육서비스란 다양한 문화적 세계에서 영유아들이 공동의 목표를 달성하기 위해 상호교류하고 협력할 수 있도록 준비하는 보육활동이다. 미래를 살아갈 영유아들을 대상으로 세계화에 대한 교육적 방향과 내용, 방법 등에 관심이 제기되고 있다. 부모의 맞벌이로 발생한 양육공백에 영유아와 학령기 아동을 중심으로 돌봄서비스를 제공하여 부모의 양육부담을 경감하고 기관보육의 사각지대를 보완하고 있다. 이 장에서는 보육실천의 다양한 환경으로 장애위험/장애 영유아 보육서비스, 다문화 보육서비스, 학령기아동의 방과후 돌봄서비스 등의 내용을 살펴본다.

생각해보세요

어린이날도 '집콕' 장애아동… "함께 뛰놀 놀이터 만들어 주세요"

서울 양천구에 사는 김주옥(37) 씨는 집 앞 놀이터에 아이를 데리고 나가도 딸이 할 수 있는 거라곤 휠체어에 앉아 다른 아이가 노는 모습을 지켜보는 것밖에 없었다고 했다. 한 번은 딸을 휠체어에서 내려 미끄럼틀을 태우려고 했다가 경비원으로부터 "다른 아이가 위험하니 휠체어부터 치우라"는 말을 듣기도 했다. 그러다 2018년 집에서 도보로 10분 거리인 양천공원에 장애아동과 비장애아동이 함께 이용할 수 있는 '통합놀이터' (무장애놀이터)가 생기면서 딸이 마음껏 놀 수 있게 됐다. 김씨는 5일 "딸이 신체 활동이 늘면서 감정 표현도 더 자연스러워졌다"고 말했다.
어린이날 100주년을 맞았지만 장애아동이 뛰놀 수 있는 통합놀이터는 전국에 22개다. 통합놀이터는 일반놀이터와 달리 놀이터 기구와 진출입로에 턱이 없는 등 '무장애 설계'를 적용한 놀이터를 뜻한다. 비장애아동 중심으로 놀이터가 만들어져 있다 보니 어린이가 주인공인 어린이날에도 장애아동은 밖으로 나가지 못하고 '집콕'을 택한다.
시민단체 무장애연대가 자체 조사한 통계를 보면 서울에는 11곳의 통합놀이터가 있다. 경기 3곳, 인천 2곳 등 수도권에 주로 몰려 있고 지방에는 통합놀이터가 6개뿐이다. 행정안전부가 파악한 전국 7만 8469개 놀이터 중 통합 놀이터 비율은 0.03%에 그친다.

출처: 서울신문(2022. 5. 6. 1면).
https://www.seoul.co.kr/news/newsView.php?id=20220506001012&wlog_tag3

1. 장애위험 영유아/장애영유아 보육서비스

1) 장애위험 영유아의 개념

장애위험이란 현재 형성된 장애를 지니고 있지는 않지만 아무런 교육적인 서비스를 제공받지 못하고 방치될 경우, 장애를 일으킬 수 있는 상황을 의미하며, 이러한 상황에 놓여 있는 영유아를 장애위험 영유아라고 한다(경기도가족여성연구원, 2020). 장애위험 영유아에 대한 정확한 임상적 진단과 배치에 합의된 정의가 존재하지 않고 있어(박현옥· 이정은, 2007) 전형적인 발달 특성을 보이지 않거나 발달에 어려움을 보이는 영유아들이 다양한 방식으로 불리고 있다. 교육분야에서는 연령대에 기대하는 행동을 하지 않거나 발달수준이 연령보다 낮은 경우로 지적 능력의 저하로 인해 또래의 학업 향상이나 발전에 비해 그 정도가 열등하며, 학업성적이 뒤떨어지는 영유아를 의미한다(경기도가족여성연구원, 2020). 장애위험 영유아는 별도의 필요한 관심이나 발달 수준에 적절한 지원 없이 하위 연령반으로 편성되어 어린이집에 다니고 있거나, 또래와 비슷한 발달수준에 도달하지 못하고 또래관계에서 소외되거나 어린이집에 적응하는 데 어려움을 경험하고 있다(정희정· 이재연, 2008).

어린이집에는 장애위험 영유아가 입학하여 어린이집에서 보육하고 있다. 장애위험 영유아를 조기에 발견, 선별하고 위험요소를 확인하여 적절한 지원과 교육을 통한 체계적이고 지속적인 사후관리를 통해 장애 예방과 장애 정도를 낮출 수 있는 방안이 필요하다. 조기에 발견하고 중재함으로써 전형적인 발달을 촉진할 뿐만 아니라 2차 장애를 예방할 수 있다. 따라서, 발달의 장애나 지연이 의심되는 경우 관련 병원이나 아동발달센터를 찾아가도록 안내해야 한다.

2) 장애영유아 어린이집

장애영유아를 위한 어린이집은 장애아전문어린이집과 장애아통합어린이집이 있다. 장애영유아는 장애아보육료를 지원받기 위해서는 장애인 등록증(장애인복지카드), 장애 소견 의사진단서(만 5세 이하 장애인 복지카드 미소지자) 및 「장애인 등에 대한 특수교육법」 제15조에 따라 특수교육대상자로 선정된 만 3~5세 아동이 특수교육대상자 진단·평가 결과 통지서를 제출한 경우 중 1부를 제출할 경우이다. 장애영유아 대 보육교사의 비율은 1:3명을 원칙으로 하되, 장애아 6명당 1명은 특수교사 자격소지자로 한다.

장애아전문 어린이집은 「장애아동복지지원법」 제32조에 따라 요건을 갖추고, 상시 12명 이상의 장애아(단, 미취학장애아 9명 이상 포함)를 보육하는 시설이다. 장애통합보육을 위하여 정원의 40% 범위 내에서 비장애아를 보육할 수 있다.

장애아통합 어린이집은 3명 이상의 장애영유아를 보육하는 어린이집이다. 장애영유아와 비장애영유아를 통합하여 보육서비스를 제공하는 것으로, 분리교육의 단점을 극복하고자 하는 의도에서 운영된다. 일반적으로 통합보육이 장애아와 비장애 모두에게 긍정적 효과가 있다. 특히 장애아들에게 또래와의 사회적 접촉 기회를 제공함으로써 사회적응을 도와주는 데 도움이 된다. 비장애아에게도 역시 타인을 배려하고 도와주는 태도와 방법을 배울 수 있게 함으로써 유용한 학습경험을 제공해 준다. 장애통합 어린이집의 장애아동(미취학, 취학장애아 포함)은 시·도지사의 승인을 받은 경우 30%까지 허용하여 더 많은 장애아동이 어린이집을 이용할 수 있다(2022. 4. 15.~2023. 2. 28. 한시 적용).

3) 장애영유아 어린이집의 운영

장애영유아를 함께 보육하는 경우는 실내 시설 및 설비를 「장애인차별금지 및 권리구제 등에 관한 법률」 제14조(정당한 편의제공 의무) 및 동법 제18조(시설물 접근·이용의 차별금지)와 「장애인·노인·임산부 등의 편의증진보장에 관한 법률 시행령」 [별표 2] 적용에 적합하도록 설치하여 장애인에 대한 어린이집의 차별금지 및 정당한 편의를 제공해야 한다.

어린이집에서는 장애영유아가 장애로 인한 학습 참여의 불이익 해소 및 시

·청각 장애인의 교육에 필요한 각종 장애인 보조기구를 지원한다. 이동·접근에 불이익이 없도록 각종 이동용 보조기구, 어린이집 내 학습시설, 화장실, 식당 등 모든 공간에서 이동·접근에 필요한 보조기구 및 이동수단과 학습참여 지원기구(확대독서기, 보청기기, 높낮이 조절용 책상, 각종 보완·대체 의사소통도구), 의사소통 지원기구(수화통역, 문자통역(속기), 점자자료, 자막, 큰 문자 자료, 화면낭독·확대프로그램, 보청기기, 무지점자단말기, 인쇄물음성 변환출력기 등)와 기타 원활한 학습 수행 및 안전 확보를 위한 측정검사도구 및 치료 지도자료, 안전용품 등을 준비하여 어린이집에서 보육, 교육에 어려움이 없도록 한다.

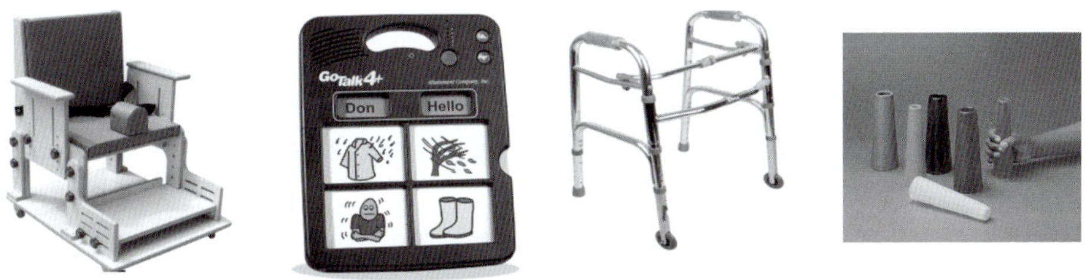

자세교정의자 | 보완대체 의사소통 (ACC) 보조기기 | 바퀴 워커 | 촉각컵

그림 5-1 장애영유아 학습 보조기구

출처: 아이소리몰 https://www.isorimall.com

장애통합, 전문어린이집인 경우 장애영유아를 개별적으로 교육진단과 발달평가를 위한 진단·평가 도구 및 참고자료를 구비하여 활용하여야 한다.

장애영유아 교육진단·발달평가 도구 및 자료

구분		종류
발달평가 도구		영·유아 캐롤라이나 교육과정, 영유아를 위한 사정, 평가 및 프로그램 체계(AEPS), 한국판 아동발달검사(K-CDI), 한국 영·유아발달검사(K-DIP) 등
참고 자료	일과 내 진단	일화 관찰 기록, 수행활동자료(활동결과물 등), 일과수행 평가 등
	가족 및 기타 정보	영유아 정보조사서, 가정방문일지, 부모상담일지, 전문가 협력 관련 문서(예: 발달재활서비스) 등

출처: 보건복지부(2022). 어린이집 평가 매뉴얼.

장애통합, 전문어린이집인 경우 장애영유아를 위한 관련 서비스(치료지원 포함)를 계획하고 제공해야 한다. 또한 장애유형, 장애 정도, 발달수준에 따라 개별화보육계획안(IEP)을 마련하여 장·단기 보육목표, 평가계획을 수립하여 장애영유아의 개별적인 요구에 적합한 보육, 교육이 이루어지도록 한다.

2. 다문화 영유아 보육서비스

1) 다문화 보육서비스의 개념 및 필요성

다문화 보육서비스란 다른 인종, 성, 사회계층, 언어 및 문화적 배경을 가진 사람들을 이해하고 존중하도록 함으로써 다양한 문화적 세계에서 영유아들이 공동의 목표를 달성하기 위해 상호 교류하고 협력할 수 있도록 준비하는 보육활동이다. 기존의 선입견, 고정관념 및 편견에 도전하는 보다 능동적이고 적극적인 접근 방식으로 편견이나 불공정에 대한 대처방식을 다루는 것도 포함한다.

보육현장에서는 다문화 보육보다는 다문화 교육이라는 표현으로 사용되고 있다. 다문화 교육이 다양한 문화, 민족, 성, 사회계층의 배경을 가진 유아들이 다문화의 이질감이 주는 억압에서 벗어나 공평한 교육적 기회를 교육과정 내에서 갖도록 하자는 개념이라면, 그 방법론에 있어 보다 적극적이고 포괄적인 수단으로서 제시할 수 있는 것이 반편견 교육이라고 할 수 있다(정순영, 2003). 현재 다문화교육(multicultural education), 세계화교육(global education), 반편견교육(anti-bias education), 다민족교육(multiethnic education) 등 다양한 개념이 소개되고 있으며, 이러한 경향은 세계화라는 공통의 관심을 반영하고 있다.

미래를 살아갈 유아들을 대상으로 세계화에 대한 교육적 방향과 내용, 방법 등에 대한 관심이 제기되고 있다. 아동보육현장에서 다문화 보육프로그램의 필요성이 강조되는 것은 아주 어린 유아들조차도 타인을 탐색하는 과정을 통해 인종, 민족성, 성역할, 사회적 계층에 대한 편견이나 고정관념을 접하게 되고 이것은 유아들의 자아정체감 형성에 큰 영향을 미치기 때문이다(김연진 외, 2017). 유아는 2세경부터 성, 인종에 관한 차이점을 인식하고 3, 4세경이 되면 자신이 속한 가족, 문화 등에 근거한 문화적 정체성을 이해하기 시작하여 편견을 인식하고 영향을 받게 된다. 따라서 반편견 보육프로그램은 연령별 발달 수준에 맞추어 영유아 시기부터 시작되어야 한다. 또한 유아기에 습득한 편견이나 고정관념은 변화되기가 어려우므로 보다 정확하고 다양한 정보와 지식을 제공해주는 다문화 보육프로그램이 요구된다(정순영, 2003).

세계화라는 물결을 마음으로 수용하고 주체성과 함께 개방성을 갖춘 인간으로 보육하고자 하는 필요성이 강조되고 있으며, 특히 유아기는 이러한 보육을 시작할 수 있는 최적의 시기라는 인식이 확산되고 있다(장영희, 1997). 이러한 추세 속에서 세계화라는 단어에는 익숙하지만 이를 뒷받침할 수 있는 이론적인 체계나 보육적 적용이 이루어져야 한다. 특히 우리나라는 단일민족이라는 강한 자부심으로 다른 나라나 민족에 대하여 매우 편견적인 태도와 사고가 짙다. 다문화 보육에 대한 관심과 연구들이 대개 다민족 국가들을 중심으로 활발하게 전개되어 왔다. 그러나 세계화라는 새로운 흐름 속에서 다른 민족, 다른 나라, 다른 문화에 대한 개방적이고 반편견적인 이해와 태도가 필요하며 단일민족으로서 우리나라는 더욱 이러한 보육적 접근이 필요하다.

2) 다문화 보육활동의 목적

다문화 보육활동의 가장 기본적인 목적은 '자유의 연습(practice of freedom)'이라 할 수 있다(Derman-Sparks & ABC Task Force, 1989). 즉 개인이 서로를 존중하는 진정한 자유를 누릴 수 있는 능력을 길러 주는 것이다. 이는 유아들이 다른 민족이나 인종, 성에 대한 올바른 지식을 구성하도록 하고, 모든 유아가 긍정적인 자아정체감을 확립하도록 돕고, 다른 사람의 감정을 공감하며 수용하고 다양한 차이를 편안하게 느끼도록 하며, 자신과 타인에게 직면한 불의를 타파할 수 있는 비판적 사고를 기르는 것이다.

다문화 보육의 목표를 구체적으로 정리해 보면 다음과 같다(정순영, 2003).

① 아동들이 자신의 문화와 가치를 존중하는 것과 마찬가지로 다른 사람의 문화와 가치도 존중할 수 있게 양육한다.

② 다문화적 사회에서 성공적으로 살아갈 수 있는 태도와 능력을 기른다.

③ 인종주의 등에 의해 가장 영향을 많이 받는 유색인종의 아동들이 긍정적인 자아개념을 형성할 수 있도록 도와준다.

④ 문화적인 다양성과 인간으로서의 공통성을 모두 긍정적으로 경험하도록 돕는다.

⑤ 다문화적인 전체의 공동체 사회에서 서로 독특한 역할을 맡아 수행할 수 있도록 격려한다.

이처럼 다문화 보육활동의 목적은 유아들이 아주 어린 시기부터 다른 사람의 문화와 가치를 이해하고 수용하는 태도를 연습하게 함으로써 궁극적으로 다문화적인 공동체 사회에서의 반응력을 신장시켜 주는 데 있다.

그런데 다문화 보육활동은 문화적인 다양성과 차이의 이해를 중요한 목적으로 보는 동시에 공동체 의식을 강조한다. 이 두 가지 목적 중에서 차이를 인식시키는 목적에 더 비중을 두는 경향이 있는데, 다문화 보육활동이 의도하는 진정한 목적은 서로 다른 각각의 사람들의 모습 속에서 다양성과 구심점을 발견하고 이것을 하나의 공동체로 발전시키는 것이다(정순영, 2003).

다문화 보육활동은 서로 상반되는 두 가지 가치를 지향하고 있어서 때때로 많은 갈등과 혼란을 가져오기도 한다. 그럼에도 불구하고 다문화 보육활동이 이렇게 상반되는 듯한 가치를 지향하는 것은 다문화적인 사회에서는 어떤 하나의 동질성에 의존하기보다는 여러 개의 동질적인 집단—각자의 집단은 이질적—과 함께 살아가야 하는 법을 배워야 하기 때문이다. 또 다문화 보육활동은 주류문화 속에서 성장하는 유아에게는 다양한 문화와 생활방식이 존재한다는 것을 이해하게 하고, 반대로 비주류 문화 속에서 성장하는 유아에게는 자기 문화를 존중하고 인정할 수 있어야 한다. 사람들 간의 차이를 인식할 수 있는 환경을 제공해 주는 것이며, 조정되어야 하는 단점이기보다는 보육프로그램에 있어서 문화적 차이를 인식하고 차이와 예외성의 모든 것들이 다 중요하다는 것을 보다 강조한다(김연진 외, 2017, 재인용).

3) 다문화 보육의 내용

다문화 보육의 개념을 이해하고 그 보육목적을 성취하기 위해서는 구체적이고 객관적인 보육과정과 내용이 준비되고 실행되어야 한다.

유아가 사회화되어 가는 과정에서 영향받기 쉬운 편견의 영역으로 능력(ability), 연령(age), 외모(appearance), 신념(belief), 계층(class), 문화(culture), 가족구성(family), 성(gender), 인종(race), 성적 관심(sexuality)을 제시하면서 이러한 영역의 편견을 극복하기 위한 보육과정에 상호존중을 위한 기술, 적극적 경청을 위한 기술, 정의적 기술, 행동으로 옮기는 기술 등의 내용을 포함시킬 수 있다(정순영, 2003).

이를 토대로 우리나라 보육 상황에서 적용될 수 있는 적절한 주제는 민족의 차이점과 공통점, 능력, 성 정체성, 문화적 유사점과 차이점, 고정관념과 차별적 행동 등이다. 이 주제들에서 다루어질 수 있는 하위범주와 내용은 표 5-1과 같다(이경우 · 이은화, 1999).

표 5-1 다문화 보육의 주제와 하위범주

보육주체	하위범주	범주설명
민족의 차이점과 공통점	인종, 긍정적 자아 (민족적 정체성)	민족의 차이점/공통점 인식과 피부색, 머리카락 형태, 얼굴 및 눈색 등과 같이 유전적인 신체적 특징, 그리고 자아 정체성과 관련된 것을 포함
능력	재능, 장애, 편견에 대응하기, 다른 사람 이해, 의사전달하는 방법(수화)	재능, 무능력, 그리고 장애를 포함한 포괄적인 개념인 능력으로서 편견에 대응하는 것과 자신과 타인에 대한 존중 및 가치를 포함
성 정체성	성 역할, 성 행동, 양성성	정형화되지 않은 성 역할과 행동 그리고 양성성의 개념도 포함
문화적 유사점과 차이점	다문화, 문화 간 유사점과 차이점	다양한 문화의 독특성과 유사점/차이점, 삶의 방식으로서 특별한 날들, 기념일, 습관, 언어 등을 포함
고정관념과 차별적 행동	가족, 계층, 신념, 지역, 편견, 연령, 외모	다양한 가족구조와 역할, 사회·경제적 계층, 종교, 연령 및 세대 간의 차이, 외모에 대한 고정관념과 차별적 행동
기타	갈등, 협동	문제해결, 협동

출처: 이경우·이은화(1999: 284).

이러한 보육내용들을 살펴보면 다문화 보육활동은 이제 소수민족이나 인종을 위한 주류문화 집단과의 평등화와 정체성 유지를 위한 교육이 아니라, 미래를 살아갈 모든 아동이 다양성과 상호관련성이 필연이 되는 세계에서 성공적인 삶을 살 수 있도록 하는 필수적인 교육이라는 점을 알게 한다.

4) 다문화 보육활동의 교수방법

다문화 보육내용을 아동에게 적용시킬 수 있는 교수방법은 무엇인가? 문화의 다양성을 이해하고 조화시킬 수 있는 능력이란 단순한 사실과 지식을 통해서 획득되는 것이 아니며, 단지 다른 문화를 배우는 것으로 성취할 수 없다. 따라서 다문화, 세계화 교수방법은 크게 과정 중심, 통합적인 방법을 통한 이해와 태도의 변화를 추구하는 것이다.

다문화 보육활동의 교수방법을 정리하면 다음과 같다(장영희, 1997).

첫째, 다문화 교육은 결과 중심적인 교육이 아니라 과정 중심적인 교육이어야 한다. 다양성을 이해하고 조화시킬 수 있는 능력이란 단순한 사실과 지식을 통해서 획득되는 것이 아니며, 단지 다른 문화를 배우는 것으로는 성취할 수 없다. 그보다는 다양한 삶의 가치, 방식, 신념 등을 경험하고 그것을 표현해 볼 수 있는 기회를 필요로 하기 때문에 과정 중심적인 접근이 필요하다.

둘째, 단편적인 소재나 활동보다는 포괄적이며 통합적인 방법이어야 한다. 실제로 다른 나라를 소개할 때 가장 많이 사용하는 방법은 그 나라의 특징을 단편적으로 소개하는 것이다. 즉 이 나라는 이러한 집에서 살고, 이러한 옷을 입으며, 민속춤과 노래에는 이러한 것이 있다는 것을 알려 주는 것이다. 이러한 방법은 삶의 겉모습만을 소개할 수 있을 뿐이며 이러한 방법은 관광식 교수방법이라 하여 비판을 받고 있다.

셋째, 문화란 고정되어 있는 것이 아니라 항상 변화하고 발전하는 것이다. 문화란 유기체와 같이 끊임없이 새로움을 추구하고 옛것을 버리기도 하며 끊임없이 변화되고 있다. 따라서 고정화되고 정형화된 문화에 대한 접근방식은 가장 지양되어야 할 방법이다.

세계화의 흐름 속에서 각 문화의 다양성과 차별성이 더욱 심화될 것으로 보고 있는데, 이러한 측면에서 "가장 한국적인 것이 가장 세계적인 것이다"라는 표현이 가장 적절한 의미를 가진다. 한국인으로서의 자아동일시와 한국문화에 대한 이해를 영유아기의 보육단계에서부터 적용하여야 한다. 그러나 문화란 끊임없이 움직이는 유기체와 같은 것이라고 볼 때 박물관이나 책에 있는 문화가 아니라 생활 속에서 호흡하고 느끼고 이해할 수 있는 교수방법적 접근이 요청된다.

세계화가 다원화된 가치체계를 전제로 한다면 그동안 우리나라는 단일민족이라는 강한 자부심으로 다른 나라나 다른 민족에 대하여 매우 편견적인 사고를 해온 것이 사실이며, 그만큼 다른 문화를 접하고 이해하고 수용해야 할 기회와 필요가 적었던 것도 사실이다.

특히 아동보육 현장에서는 다문화 보육활동을 각 나라의 의상, 춤, 공예품,

노래 등을 소개하거나 각 나라의 특징을 단편적으로 소개하는 방법 등을 가장 많이 사용하고 있다. 그러나 이러한 내용이나 방법은 관광식 교수방법이라 하여 비판받고 있으며 이해나 태도를 중심으로 하는 새로운 교수방법이 다른 나라에서 활발히 적용되고 있으므로 이에 대한 연구가 시급하다. 따라서 다른 민족, 다른 나라, 다른 문화 등에 대한 포괄적이고 반편견적인 이해와 태도를 형성시켜 주기 위한 교수방법이 필요하며 단일민족으로서의 우리나라는 더욱더 이러한 접근이 필요하다.

다양한 주제의 다문화 보육활동을 전개할 때는 다른 어떤 보육 프로그램보다 교사의 태도나 역할이 특히 중요하다. 왜냐하면 교사의 태도나 행동을 통해 아동들은 나와 다른 사람을 어떻게 이해하고 협력해야 하는지를 배우기도 하고, 반대로 다른 사람에 대해 편견이나 고정관념을 갖게 될 수도 있기 때문이다. 따라서 교사들은 자신의 행동이나 태도가 부지불식간에 아동들에게 큰 영향을 미친다는 것을 깨닫고 계속해서 자신을 돌아볼 수 있어야 한다(정순영, 2003).

다문화 보육을 하기 위해서는 무엇보다도 그러한 역할을 수행하기 위한 교사의 자질 함양을 위한 방안을 모색해야 할 것이며, 교사 자신도 역량강화를 위해 적극적인 교육의 기회에 참여하고자 하는 노력이 필요하다.

3. 방과후 돌봄서비스

방과후 돌봄서비스는 아동을 아동 자신의 집이나 친척, 돌보미의 집, 혹은 어린이집 같은 시설에서 돌보는 것을 뜻한다. 부모의 맞벌이 등으로 양육공백이 발생한 가정의 만 12세 이하 아동을 대상으로 아이돌보미가 찾아가는 돌봄서비스를 제공하여 부모의 양육부담을 경감하고 기관보육의 사각지대를 보완하고자 만들어졌다.

돌봄의 주요 대상은 영유아와 학령기 아동을 중심으로 서비스가 제공되고 있다. 영유아기 돌봄서비스는 어린이집 돌봄과 가정 돌봄으로 나눌 수 있으며, 어린이집과 유치원에 다니는 영유아에게 보육료와 유아학비를 지원하고 가정에서 돌보는 아동에게 양육수당과 아이돌봄서비스를 지원한다. 학령기 돌봄서비스는 다함께돌봄센터, 지역아동센터, 청소년방과후아카데미, 초등돌봄교실을 통한 서비스가 있다. 우리나라 아동돌봄서비스의 지원체계를 그림으로 나타내면 그림 5-2와 같다.

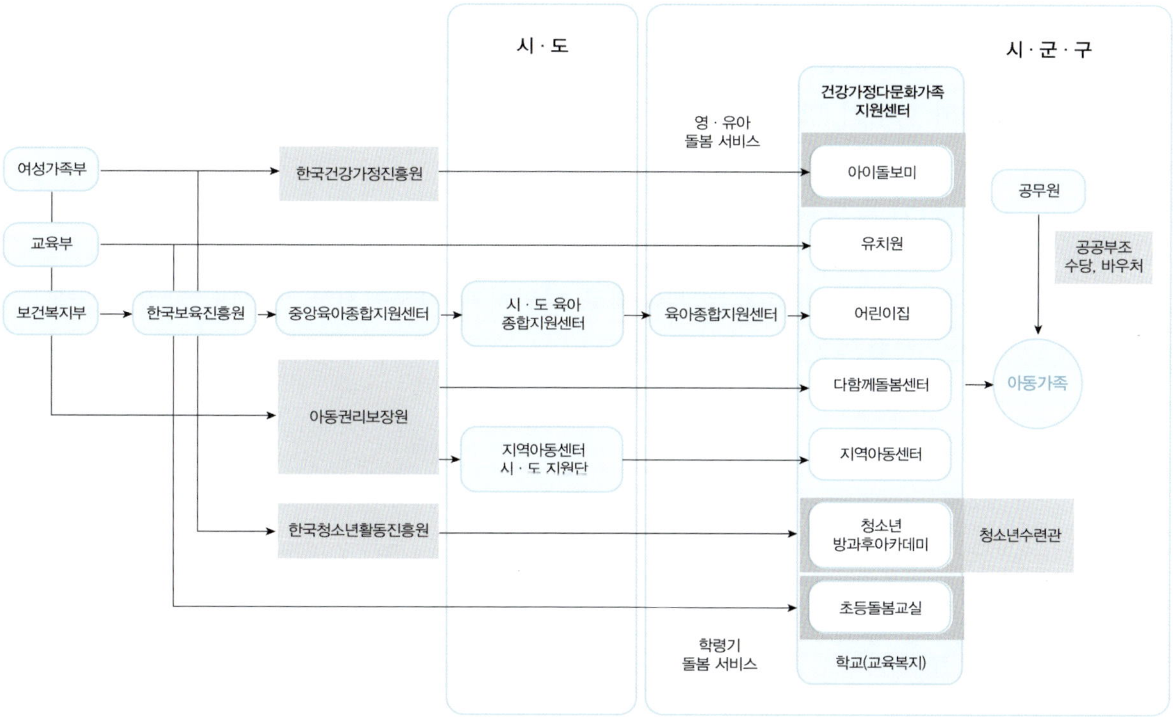

그림 5-2 우리나라 아동돌봄서비스 체계(2021년 기준)

출처: 노혜련·김미원·조소연(2021). 예방과 통합의 관점에서 본 아동복지론. p.316 재인용.

우리나라 아동돌봄서비스는 다양한 중앙부처와 공공기관에서 총괄·관리한다. 아이돌봄서비스와 청소년방과후아카데미는 여성가족부에서 총괄하며, 아이돌봄서비스는 가족센터에서 제공하고, 청소년방과후아카데미는 청소년수련원과 청소년문화의집 등 청소년수련시설에서 제공한다. 유치원과 초등돌봄교실은 교육부에서 총괄하고 초등돌봄교실은 학교 안에 설치한다. 보건복지부에서 총괄하는 서비스는 어린이집과 다함께돌봄센터, 지역아동센터의 돌봄서비스이다(노혜련 외, 2021 재인용).

넓은 의미에서의 아동돌봄서비스는 직접 아동을 돌보는 것뿐만 아니라 아동을 돌보는 데 필요한 아동수당과 조세혜택, 유급 출산휴가, 육아휴직 등을 보장해 아동돌봄을 지원하는 것을 포함하지만 이 절에서는 좁은 의미의 개념을 적용해 학령기 방과후 돌봄서비스에 관한 내용만을 다루고자 한다.

1) 학령기 돌봄서비스의 현황

우리나라 돌봄서비스는 부처별로 다양하게 이루어지고 있으며, 학령기 돌봄서비스 현황은 〈표 5-2〉와 같다.

표 5-2 부처별 돌봄서비스 현황

구분	교육부		보건복지부		여성가족부	
돌봄서비스	방과후학교	초등돌봄교실	지역아동센터	다함께돌봄	청소년방과후 아카데미	공동육아 나눔터
시행시기	1995	2004	2004	2017	2005	2010
지원근거	초·중등교육 과정총론 교육부 고시	초·중등교육 과정총론 교육부 고시	아동복지법	아동복지법	청소년기본법	아이돌봄 지원법
지원대상	초 1~ 고 3학년	초 1~6학년	만 18세 미만	만 12세 미만	초 4~ 중 3학년	18세 미만
운영규모	11,775개교 365만 명 (초등 176만 명)	11,920실 (초등 24만 명)	4,107개소 총 11만 명 (초등 8만 명)	10개소 총 140명*	250개소 총 1만 명 (초등 6천 명)	120개소 51만 명 (이용 연인원)
운영형태	자율적 선택 일시 돌봄형태	맞벌이 가정 중심 상시 돌봄	취약계층 중심 상시 돌봄	맞벌이 가정 중심 상시·일시 돌봄	취약계층 중심 상시 돌봄	영·유아 중심 상시·일시 돌봄
지원형태	유상	무상 (프로그램, 간식비 등 일부 자부담)	무상 (소득별 이용료 5만 원 이내 부담)	이용료 자부담	무상	무상

* (다함께돌봄사업) '17년 시범사업: 18년 1월 현재 개원 추진 중

출처: 저출산고령사회위원회(2018). 온종일돌봄체계 구축·운영계획 재구성.

2) 학령기 돌봄서비스의 내용

(1) 학교돌봄서비스

학교돌봄서비스에는 방과후학교와 초등돌봄교실이 있다(노혜련 외, 2021).

① 방과후학교

방과후학교는 초등학교 1학년부터 고등학교 3학년까지 모든 학생과 학부모의 요구와 선택을 반영해 정규 수업 외 학교계획에 따라 일정 기간 지속해서 운영하는 프로그램으로, 교과 중심의 특기·적성, 교과, 돌봄 등 다양한 프로그램을 제공한다(이희현 외, 2019). 방과후학교는 돌봄을 중심으로 하는 프로그램은 아니지만 아동이 방과 후 시간 동안 프로그램에 참여하기에 돌봄서비스의 부분적 대안으로 볼 수 있다.

② 초등돌봄교실

초등돌봄교실은 방과 후에 학교 내 별도 공간에서 아동을 돌보는 서비스이다. 학교에서 직접 운영해 대상자 폭이 넓고, 학교의 유휴 공간을 활용할 수 있으며, 부모와 아동의 접근성, 신뢰도가 높으며, 단순한 돌봄 기능을 넘어 학교의 풍부한 인적·물적 자원을 활용한 교육과 돌봄 기능을 제공할 수 있는 강점이 있다. 그러나 같은 이유로 아동의 정서적·육체적 휴식 공간을 확보할 수 없다는 한계도 있다.

(2) 지역돌봄서비스

지역돌봄서비스에는 지역아동센터와 청소년방과후아카데미, 다함께돌봄센터 서비스가 있다.

① 지역아동센터

지역아동센터는 방과후 돌봄이 필요한 지역사회 아동의 건전육성을 위하여 보호·교육, 건전한 놀이와 오락의 제공, 보호자와 지역사회의 연계 등 종합적인 복지서비스를 제공함을 목적으로 한다. 기본 운영시간은 8시간으로 학기 중에는 오후 2시부터 7시까지, 방학 중에는 12시부터 오후 5시까지 필수 운영한다. 소득 기준과 가구특성 기준, 연령 기준을 고려한 돌봄취약아동을 우선 이용하게 하고 있으며, 시설별 신고 정원의 80% 이상은 돌봄취약아동이어야 하고 일반 아동은 20% 범위에서 등록할 수 있다(보건복지부, 2020). 센터의 주요 프로그램은 아동 보호와 교육, 정서지원, 문화서비스 제공, 지역사회 연계한 역할을 담당하고 있다.

② 청소년방과후아카데미

청소년방과후아카데미는 돌봄이 필요한 취약계층 청소년을 대상으로 하는 서비스이다. 이용대상은 초등학교 4학년부터 중학교 3학년까지이며, 기초생활수급자와 차상위 계층, 한부모·조손·다문화·장애가정, 2자녀 이상 가정, 맞벌이 가정을 우선으로 하고, 방과후 돌봄이 필요한 청소년의 학교(교장, 교사)와 지역사회(주민센터 동장, 사회복지사 등)의 추천을 받아 지원대상을 선정한다. 운영시간은 방과 후부터 저녁 9시까지이며, 주중에는 급식과 기관별 자율 프로그램을 운영하고, 주말에는 급식을 포함해 1일 5시간 운영한다. 참여를 원하는 청소년이나 보호자는 거주지역 운영기관을 직접 방문하거나 전화면담 후 서비스를 이용할 수 있으며, 서비스 이용료는 모두 무료이다(여성가족부, 2020).

③ 다함께돌봄센터

다함께돌봄은 4대 복합·혁신 국정과제 중 하나인 '인구절벽 해소'의 일부로 추진한 사업이다. 2017년 5월 사업의 다양한 모델을 마련하기 위하여 전국 지방자치단체를 대상으로 사업을 공모해 행정안전부와 보건복지부 공동으로 10개 지역에서 시범사업을 했으며, 2019년 12월 다함께돌봄센터 17개소를 설치·운영한 것을 시작으로(이희현 외, 2019), 2020년에 424개소를 운영하였고, 2022년까지 1,800개소 설립을 추진 예정이다(보건복지부, 2021).

다함께돌봄은 돌봄서비스 공백이 큰 초등학생을 중심으로 지역 내 방과 후 돌봄의 거점 기능을 수행한다. 초등 돌봄을 위한 공공과 민간 차원 연계를 통해 지역사회가 '다 함께' 아동을 키우는 자율적이고 유연한 체계 마련을 모색한다. 이를 위해 지역 내 돌봄 수요와 자원을 고려해 상시·일시돌봄을 제공하고 아동 욕구에 맞는 다양한 프로그램을 운영하며, 급·간식지원, 자녀돌봄 관련 상담 등을 제공한다. 또한 학습활동(특기·적성) 프로그램은 가용할 수 있는 외부 자원과 방과후 프로그램을 연계해 수행한다. 이용대상은 만 6~12세 미만 초등학생이며, 소득수준과 무관하게 지방자치단체 지역 여건에 따라 다함께돌봄센터 수요자 입소 우선순위를 정할 수 있으며, 다른 공적 돌봄서비스를 이용하더라도 다함께돌봄센터 돌봄이 필요할 경우 이용이 가능하다.

Chapter

06 어린이집의 설치와 운영

Contents

주요내용

- 어린이집의 설치와 유형
- 어린이집의 설치기준과 구조 및 일반기준
- 어린이집 유형의 특징 이해
- 어린이집의 다양한 운영시간 이해

어린이집의 설치와 유형 및 운영은 「영유아보육법」을 근거로 이루어지고 있다. 어린이집은 설치기준에 따라 다양한 형태로 운영되고 있으며 만 0세~만 5세까지의 비장애영유아와 만 12세까지의 장애영유아가 건강하고 안전하게 성장·발달하도록 돕는 기관으로, 실내·외 시설은 영유아들이 안전하게 지내고, 즐겁게 놀이하도록 설치되어야 한다. 어린이집의 유형은 설립주체와 비용부담자를 기준으로 7가지 유형으로 구분하며, 종일제 운영을 원칙으로 하고 기본보육시간, 연장보육시간, 그 밖의 연장보육, 시간제 보육, 방과후 보육 등 다양한 운영시간으로 운영하고 있다. 이 장에서는 어린이집의 설치기준과 구조 및 일반기준, 어린이집의 유형별 특징, 다양한 운영시간에 대해 살펴본다.

생각해보세요

어린이집 교사당 아동 수 줄이니 보육의 질이 달라졌다!

서울시가 광역지자체 최초로 '보육 중장기 마스터플랜'을 통해 어린이집 교사 대 아동비율 축소에 나선 가운데, 올해 7월부터 시작한 시범사업 결과, 부모와 보육교사 모두 정책에 만족하는 것으로 나타났다.
어린이집 교사 대 아동비율 축소는 서울시가 '보육 중장기 마스터 플랜'을 통해 추진 중인 핵심 정책의 하나로, 보육교사 1명을 추가로 신규 채용할 수 있도록 인건비 전액을 시비로 지원하는 사업이다. 시는 지난 7월 우수 국공립어린이집 110곳을 선정해 보육교사를 추가 채용할 수 있도록 인건비를 지원, '만 0세반'은 교사 1명당 아동 3명에서 2명으로, '만 3세반'은 교사 1명당 아동 15명에서 10명 이하로 비율을 축소하는 시범사업을 실시했다.
출처: https://mediahub.seoul.go.kr/(내 손안에 서울)

◈ 어린이집에서 교사 대 아동비율 축소가 주는 효과에 대해 토의해보세요.

1. 어린이집의 설치

어린이집의 설치를 위해서는 입지조건(위치), 구조와 일반기준, 어린이집 내부 마감 재료 등에 관한 기준, 보육실의 공간구성, 화장실과 목욕실, 조리실, 놀이터 설치기준, 폐쇄회로텔레비전(CCTV: Closed Circuit Television)을 영유아보육법령 및 건축관계법령, 소방관계법령, 「장애인·노인·임산부 등의 편의증진 보장에 관한 법률」, 「장애인차별금지 및 권리구제 등에 관한 법률」, 「어린이놀이시설 안전관리법」, 「실내공기질 관리법」, 「환경보건법」 등 어린이집 인가 관련 법령 및 인가 절차를 고지하고, 법령 준수 여부를 확인 후 인가한다.

어린이집은 설치 주체 및 정원에 따라 국공립어린이집, 사회복지법인 어린이집, 법인·단체 등 어린이집, 민간어린이집, 직장어린이집, 가정어린이집, 협동어린이집으로 구분할 수 있다. 모든 어린이집은 인가를 받아야 운영할 수 있으며, 인가 절차는 국공립을 제외하고 어린이집 설치 희망 소재지의 시장·군수 또는 구청장의 인가를 받아야 한다(「영유아보육법」 제13조).

「영유아보육법」 개정·시행에 따라 2019년 9월 25일 이후 사용검사를 신청하는 500세대 이상 아파트 단지부터 국공립어린이집을 의무적으로 설치해야 한다. 단, 국공립어린이집 의무설치의 예외사항은 규정(제19조의2 제2항)에 따라 입주자의 과반수가 국공립어린이집 운영을 찬성하지 않거나, 보육수요 부족으로 국공립어린이집이 불필요하다고 지방보육정책위원회가 심의하는 경우에는 설치하지 않을 수 있다.

어린이집의 설치를 위한 기준, 유형, 운영의 내용(보육사업안내, 2022)은 다음과 같다.

1) 어린이집 입지조건(위치)

어린이집은 영유아의 신체적·사회적 안전에 위험하다고 판단되는 시설(폐기물처리시설, 유흥업소, 전염병원 등) 인근에 어린이집을 설치하지 않는다. 「주택건설기준 등에 관한 규정」에 의하여 위험 시설로부터 50m 이상 떨어진 곳에 배치하고, 보육수요·보건·위생·급수·안전·교통·환경 및 교통편의 등을 충분히 고려하여 쾌적한 환경을 갖춘 부지를 선정한다.

2) 어린이집 면적

어린이집 전용면적 산정방법은 영유아의 보육과 직간접적 관련이 있다고 인정되는 실내공간을 기준으로 산정한다. 산정 대상시설은 기본시설(보육실, 조리실, 목욕실, 화장실, 교사실), 기타 시설(사무실, 양호실, 식당, 자료실, 상담실, 강당 등), 정원 50인 미만 시설의 옥내놀이터, 어린이집만의 공간으로 사용하는 부분(건물 현관·복도·계단 등)이 포함된다.

어린이집 정원은 어린이집 전용으로 사용하는 시설(실내) 면적, 보육실 면적, 옥외놀이터 및 대체놀이터(정원 50인 이상) 면적을 기준으로 산정한 후 각 면적산정 인원 중 가장 적은 수 이하로 정한다(소수점 이하는 절사)(보건복지부, 2022).

면적기준 / 시설규모	어린이집 전용면적	보육실 면적	놀이터 면적	산정 기준
50인 미만 시설	영유아 1인당 4.29m²	영유아 1인당 2.64m²		각 면적산정 인원 중 가장 적은 수를 정원으로 함
50인 이상 시설			영유아 1인당 3.5m² 원칙	

그림 6-1 어린이집의 정원책정 방법

출처: 보건복지부(2022). 2022년 보육사업안내. p.36.

3) 어린이집 구조 및 일반기준

어린이집은 1층 또는 5층 이하의 건물 전체에 설치하며, 영유아의 안전과 이용에 편리하도록 설계·시공되어야 한다. 어린이집에서 갖추어야 할 기본시설은 보육실, 조리실, 목욕실, 화장실, 옥외놀이터(정원 50인 이상 시설의 경우), 급배수 시설, 비상재해대비시설(어린이집이 2층 이상인 경우)을 설치해야 하며, 시설 규모에 따라 사무실, 양호실, 식당, 자료실, 상담실, 강당, 놀이터 등 설치 가능하다. 원장 사무실은 보육실과 동일층 설치가 바람직하고, 정원이 21인 이상인 어린이집은 교사가 교육활동을 계획·준비하고 자료 제작 등을 할 수 있도록 구획된 교사실을 설치하여야 한다.

표 6-1 어린이집 기본시설 및 상세내용

기본시설	상세내용
보육실	• 보육실은 거실, 공동 놀이실 포함
조리실	• 조리실은 1층 이상에 설치 • 채광이 잘되도록 하고, 기계 환기 시설을 하여 청정한 실내 환경을 유지하도록 하며, 창문에는 방충망을 설치
화장실	• 유아용 변기 설치, 보육실과 같은 층의 인접한 공간에 설치 • 영유아용 수세식 변기는 가능한 한 10~15인당 1개 이상을 설치하는 것이 바람직함 • 만 3세 이상의 유아가 등원하는 어린이집은 남자용과 여자용이 구분되도록 따로 설치하는 것을 권장 • 남아용 소변기가 복수인 경우 소변기 간 가림막을 설치하는 것을 권장
목욕실	• 보육실과 인접한 공간에 위치(건물 외부 설치 불가)
놀이터	• 정원 50명 이상인 어린이집 설치 • 어린이집의 지하층(1층 아래에 있는 층)에는 놀이터 설치 불가
원장실/교사실	• 원장실은 어린이집의 개인정보가 있는 문서를 보관하고, 교사회의, 운영위원회 등 회의에 필요한 테이블이 필요함 • 교사실은 보육정원이 21명 이상인 어린이집은 교사가 교육활동을 계획·준비하고 자료 제작 등을 할 수 있도록 구획된 교사·교육활동 준비와 행정사무, 휴식 등에 필요한 설비실을 설치(교사실은 '18. 6. 13. 이후 신규인가 또는 변경인가(정원 감원은 제외) 시설부터 적용)
비상재해대비시설	• 비상시 양방향 대피가 가능해야 함
폐쇄회로텔레비전(CCTV)	• 60일 이상의 저장 용량을 갖춘 것으로 해야 함
전자출결 시스템(등하원 단말기)	• 연장반보육료 지원을 위한 17시 이후 하원한 아동을 대상으로, 매일 시·분 단위로 기록 및 매일 30분 단위로 보육료 생성
열감지기	• 코로나19로 인해 열 체크를 위한 열 감지기

현관

교사실

원장실

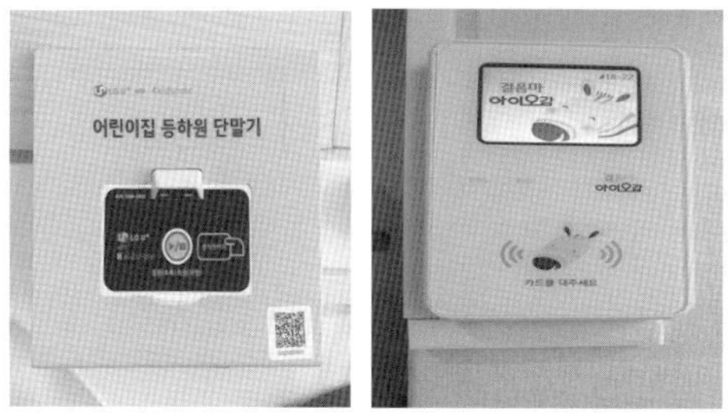

전자출결 시스템
(등하원 단말기)

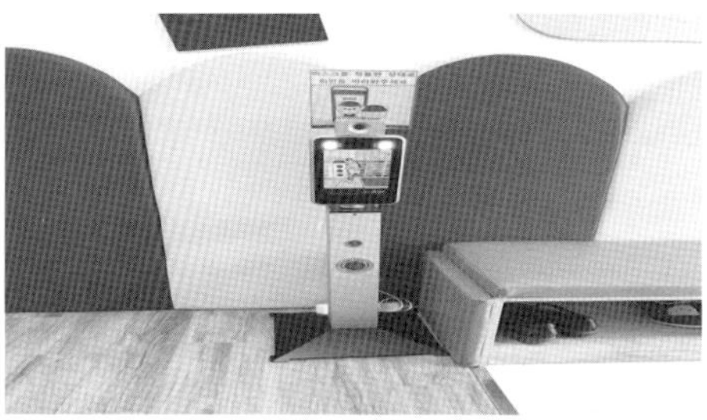

열감지기

신발장

교재교구 보관장

조리실

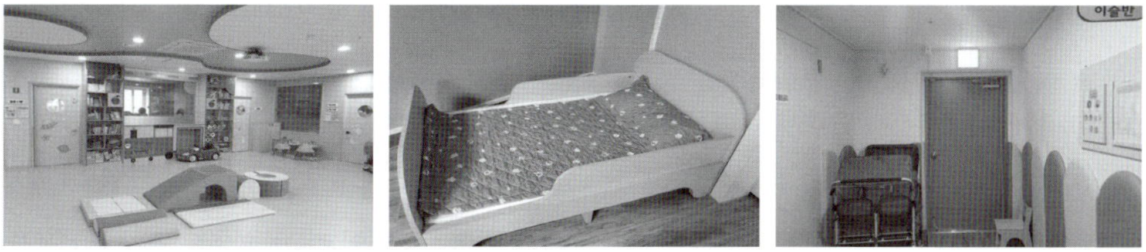

유희실 양호실 비상대피로

그림 6-2 어린이집 기본시설

4) 어린이집 내부 마감재료 등에 관한 기준

어린이집 내부의 마감재료는 「건축법 시행령」과 「건축물의 피난·방화구조 등의 기준에 관한 규칙」에 따라 방염으로 해야 하며, 「화재예방, 소방시설 설치·유지 및 안전관리에 관한 법률」의 규정을 준수하여 어린이 활동공간의 환경 안전관리 기준에 관한 세부적인 사항은 「환경보건법」과 「환경보건법 시행령」의 규정에 따라야 한다. 내부마감재료인 벽지, 장판, 블라인드 등은 방염으로 한다.

그림 6-3 방염필증

5) 보육실의 공간구성

보육실 공간은 영유아의 연령 및 발달 특성, 놀이에 따라 놀이영역으로 구성하며, 영유아의 일상생활, 놀이, 활동이 영유아의 주도적이고 자발적인 선택을 통한 탐구와 몰입, 학습을 지원한다. 등·하원, 낮잠, 급·간식과 같은 일상생활과 관련된 활동들이 편안하고 안정적으로 이루어지는 곳과 보육실 내 활동 자료장과 책상, 의자 등은 영유아의 수나 보육실의 크기 등을 고려하여 필요한 만큼 구비한다. 영유아의 요구를 충족하는 보육실 이외의 별도의 공간(유희실, 도서공간, 양호공간, 식당 등)이 필요하다.

※ 놀이영역이란?

어린이집의 보육프로그램 특성, 영유아의 흥미와 요구에 맞게 구성된 놀이공간임.

- 놀이영역 구성의 예: 물감놀이, 점토놀이, 팽이놀이, 가게놀이, 공룡테마파크놀이 등
  - ☞흥미영역으로도 구성 가능하나 영유아의 놀이가 반영되어 있는 놀이영역 구성이 우선되어야 함
  - ☞놀이영역의 수는 어린이집의 보육프로그램 특성, 영유아의 흥미와 요구에 따라 다를 수 있음
  - ☞보육실의 공간이나 여건이 충분하지 않은 경우, 유사한 성격의 놀이 및 활동이 이루어지는 영역을 통합하여 구성
  - ☞소규모 어린이집(정원 20인 이하)의 경우, 어린이집 전체 공간에 놀이영역을 배치할 수 있으며, 배치된 놀이영역은 영유아들이 일과 중 자유롭게 이용할 수 있음

6) 조리실 설치기준

조리실은 1층 이상에 설치하는 것을 원칙으로 하되 집단급식소인 경우 지하 1층에도 설치를 허용하나, 영유아들의 식사를 위한 테이블 등 식당시설을 설치할 수 없다.

※ 집단급식소란?

「식품위생법」에 따라 상시 1회 50인 이상(영유아 및 보육교직원 포함)에게 식사를 제공하는 어린이집의 경우는 시·군·구청 위생 관련 부서에 집단급식소로 신고·운영하고 조리사를 배치하여야 한다.

7) 화장실과 목욕실

어린이집의 화장실과 목욕실은 보육실과 동일한 층의 인접한 공간에 설치하며, 건물 외부에 설치할 수 없다. 화장실은 영유아들의 잦은 배변과 배변 훈련으로 인해 교실 가까이에 설치한다. 어린이집의 화장실 및 목욕실의 시설·설비 기준은 「영유아보육법 시행규칙」에 따라 '목욕실은 난방시설을 갖추어야 한다. 바닥은 미끄럼방지 시설을 하고, 샤워 설비, 세면 설비 및 냉·온수 공급을 위한 설비를 갖추어야 한다.

영유아용 수세식 변기는 가능한 한 10~15인당 1개 이상을 설치하는 것이 바람직하다. 다만, 정원 20인 이하 어린이집의 경우 성인용 변기에 디딤판 및 탈부착식 유아용 변기를 설치하고 이동식 어린이용 변기를 갖춘 경우 유아용 변기를 설치하지 아니할 수 있다. 만 3세 이상의 유아가 등원하는 어린이집은 남자용과 여자용이 구분되도록 따로 설치하는 것을 권장하며, 남아용 소변기가 복수인 경우 소변기 간 가림막을 설치하는 것을 권장한다.

그림 6-4 화장실

8) 놀이터 설치기준

놀이터는 「영유아보육법」, 「어린이놀이시설 안전관리법」, 「환경보건법」 등에서 정한 기준을 준수하여 설치한다. 어린이집 놀이터의 바닥은 모래밭, 천연 및 인공 잔디, 고무매트, 폐타이어 블록을 설치해야 한다.

※ 정원이 50인 이상인 어린이집은 옥외놀이터를 원칙적으로 설치해야 함(보건복지부, 2022)
- 영유아 1인당 3.5m² 이상 규모의 옥외놀이터
- 지하층에는 놀이터 설치 불가
- 2층 이상에 놀이터를 설치하는 경우, 비상재해대비시설을 설치
- 자연을 경험할 수 있는 바깥놀이 환경
  - 모래놀이터, 물놀이 공간, 동물관찰영역, 텃밭, 화단 등

(1) 놀이터의 종류(보건복지부, 2022)

① 옥외놀이터: 어린이집의 자체 부지에 부속하여 설치한 실외놀이터

② 옥내놀이터: 어린이집 건물 내부의 실내·외 공간에 설치한 놀이터
- 실내놀이터: 어린이집 내부의 방(이에 준하는 공간)에 설치한 놀이터
- 옥내중간놀이터: 어린이집의 중간층의 실외공간을 활용한 놀이터
  ※ 건물 내부 공간 중 외기와 직접 접하는 공간(중간옥상, 베란다 등)
- 옥상놀이터: 어린이집의 최상층 바닥면 공간에 설치하는 놀이터

③ 인근놀이터: 어린이집과 인접하여 설치한 실외놀이터

④ 대체놀이터: 옥외놀이터 부지확보가 어려운 특수성이 인정되는 경우 제한적으로 허용

※ 대체놀이터 종류: 옥내놀이터 및 인근놀이터

(2) 놀이기구 설치기준

놀이기구는 영아용과 유아용 또는 대상 연령별로 설치해야 하고, 놀이터에 대근육활동기구(고정식) 1종 이상을 포함하여 최소 3종 이상의 놀이기구를 설치한다. 모래 놀이터와 물놀이 공간은 놀이기구 3종에 포함되지 않는다(보건복지부, 2022).

그림 6-5 조합놀이대와 흔들놀이

놀이기구의 종류는 고정식 대근육활동 놀이기구, 영유아의 대근육 발달을 위한 놀이기구, 그네, 미끄럼틀, 정글짐, 회전놀이기구, 공중놀이기구, 흔들놀이기구, 오르는 기구, 건너는 기구, 또는 이를 두 가지 이상 결합한 조합놀이대, 고정식 수영장 등이 있다. 2종 이상의 대근육활동 놀이기구를 결합한 조합놀이대는 2종 이상 설치로 간주하며, 안전을 위해 영아용, 유아용으로 각각 구분하여 설치하여야 한다.

이동식 대근육활동 놀이기구는 영유아의 대근육 발달을 위한 놀이기구 중 이동 가능하거나 실내용으로 제작한 놀이기구이며, 놀이집, 널빤지와 안전 사다리, 삼각대, 뜀틀, 평균대, 점핑 바운서, 구르기용 매트, 헌 타이어, 대형 블록류, 이동식 농구대, 이동식 수영장 등이 포함된다.

모래놀이 기구는 영유아의 감각 및 정서 발달 등을 위한 모래놀이 기구, 모래밭, 모래 놀이대 등이 포함된다. 모래놀이 기구에는 물놀이 도구, 게임 놀이, 공놀이, 사회극적 놀이도구(역할 놀이) 등 놀이도구는 모래놀이 기구에 해당하지 않는다(보건복지부, 2022).

그림 6-6 시소와 흔들의자

9) 비상재해대비시설 설치기준

「영유아보육법」 제15조의3(비상재해대비시설)에 따라 어린이집이 건물 1층인 경우는 비상시 양방향 대피가 가능해야 하고, 주 출입구 외에 도로 등 안전한 외부 지상과 연결이 가능한 1개 이상의 출구가 있어야 하고, 어린이집이 2층과 3층인 경우에는 비상시 각층별로 양방향 대피가 가능해야 한다. 비상계단 또는 대피용 미끄럼대를 영유아용으로 설치해야 한다.

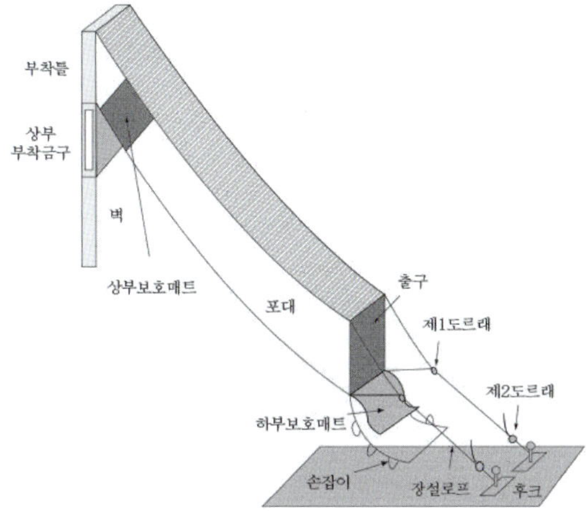

하강식 경사구조대 구조

하강식 경사구조대

그림 6-7 비상재해대비시설 하강식 경사구조대

출처: 보건복지부(2022). 2022년 보육사업안내.

10) 폐쇄회로텔레비전(CCTV: Closed Circuit Television) 설치기준

폐쇄회로텔레비전은 「영유아보육법」 제15조의4(폐쇄회로 텔레비전의 설치 등)에 따라 보육실 등을 촬영하고 모니터를 통하여 그 영상을 구현할 수 있으며, 그 영상정보를 녹화·저장할 수 있는 기능이 있어야 하고, 카메라는 보육실 등 일정한 장소에 일정한 방향을 지속적으로 촬영할 수 있도록 설치해야 하며, 사각지대를 최소화할 수 있도록 설치해야 한다.

"네트워크 카메라(Network Camera)"란 일정한 공간에 지속적으로 설치된 기기로 촬영한 영상정보를 그 기기를 설치·관리하는 자가 유·무선 인터넷을 통하여 어느 곳에서나 수집·저장 등의 처리를 할 수 있도록 하는 장치이며, 네트워크 카메라를 설치·운영하고자 할 경우에는 보호자 및 보육교직원 전원으로부터 서면동의를 받아야 한다.

각 보육실, 공동놀이실, 놀이터(인근 놀이터 제외) 및 식당, 강당 (단, 식당, 강당은 별도로 구획된 공간으로 마련되어 있는 경우에 한함)에 1대 이상씩 설치하여야 한다.

〔CCTV 안내판 기재사항〕
-영상정보처리기기 설치 목적 및 장소
-촬영범위 및 시간
-관리책임자의 성명 및 연락처

CCTV 설치안내(예시)	
목 적	어린이 안전, 화재예방 및 범죄예방 등
촬영시간	24시간 연속촬영 / 녹화
설치장소 (촬영범위)	보육실, 공동놀이실, 놀이터, 식당, 강당
담 당 자	책 임 자 : ○○어린이집 원장 ○○○ (연락처) 운 영 자 : ○○어린이집 원감 ○○○ (연락처) 위 탁 업 체 : 업체명 (연락처)

210mm
297mm

그림 6-8 폐쇄회로텔레비전

출처: 보건복지부(2022). 2022년 보육사업안내 부록.

생각해보세요

어린이집 CCTV 설치 의무화, 보육교사의 기본권을 침해하는 걸까요?

신규개원하는 어린이집은 CCTV를 설치하지 않으면 어린이집 인가를 받을 수 없습니다. 어린이집 CCTV 설치 의무화는 어린이집 원장 및 보육교사들의 기본권을 침해하는 걸까요? 영유아의 안전을 위해 필요한 설치일까요? 토의해보세요.

2. 어린이집의 유형

어린이집의 유형은 「영유아보육법」 제10조에 따라 설립 주체와 비용부담자를 기준으로 어린이집의 종류를 국·공립어린이집, 사회복지법인어린이집, 법인·단체 등 어린이집, 민간어린이집, 직장어린이집, 가정어린이집, 협동어린이집 등 7가지 유형으로 구분한다(보건복지부, 2022).

1) 국·공립어린이집

국·공립어린이집은 국가 또는 지방자치단체가 설치·운영(위탁운영 포함)하는 어린이집으로, 규모는 상시 영유아 11인 이상을 보육할 수 있어야 하고(「영유아보육법 시행규칙」 제9조), 명칭은 "○○어린이집"으로 하며(「영유아보육법 시행규칙」 제23조), 설치는 영유아보육법령상의 설치기준을 모두 갖추어야 하고(「영유아보육법」 제15조), 국가 및 지방자치단체의 장이 인가 절차 없이 직접 설치하되, 어린이집 수급계획 등을 포함한 보육계획을 사전에 수립하고, 지방자치단체의 경우 국공립어린이집 설치 시 지방보육정책위원회의 심의를 거치는 절차에 따라 설치한다.

2) 사회복지법인어린이집

사회복지법인어린이집은 「사회복지사업법」(「영유아보육법」 제10조)에 의한 사회복지법인이 설치·운영하는 어린이집이다. 사회복지법인어린이집은 보육통합정보시스템 등록 및 인가증 발급 시 대표자명에 법인대표의 성명 또는 '○○사회복지법인 대표이사'로 기재한다.

3) 법인 · 단체등 어린이집

각종 단체, 법인(사회복지법인제외) 등이 설치한 어린이집으로 법인·단체등 어린이집은 보육통합정보시스템 등록 및 인가증 발급 시 대표자명에 법인대표의 성명 또는 '○○법인 대표이사'로 기재한다.

4) 민간어린이집

민간어린이집은 국공립·사회복지법인·법인 단체 등·직장·가정·협동 어린이집이 아닌 개인이 설립한 어린이집이다.

5) 직장어린이집

직장어린이집은 사업주가 사업장의 근로자를 위하여 설치·운영하는 어린이집을 말하며, 국가 또는 지방자치단체의 장이 소속 공무원 및 근로계약을 체결한 자를 위하여 설치·운영하는 어린이집도 포함한다. 규모는 상시 영유아 5인 이상을 보육할 수 있으면 된다(「영유아보육법 시행규칙」 제9조). 직장어린이집은 영유아보육법상의 설치기준을 모두 갖추어야 하며, 사업주가 직장어린이집을 설치할 경우에는 안전사고 및 재난에 대비한 시설을 갖추어 건물 내 5층까지 보육실을 설치할 수 있다. 산업단지관리공단·입주기업협의체·한국산업단지공단이 산업단지 내에 해당기관 및 산업단지 입주기업체·지원기관의 근로자를 위해 공동직장 어린이집을 설치·운영할 경우 산업단지에 있는 건물의 5층까지 설치 가능하다.

상시 여성근로자 300명 이상 또는 근로자 500명 이상을 고용하고 있는 사업장"의 사업주는 직장어린이집을 설치해야 한다. 의무사업장의 사업주가 직장어린이집을 단독으로 설치하기 어려운 경우에는 사업주 공동으로 직장어린이집을 설치·운영하거나, 지역의 어린이집과 위탁계약을 체결하여 근로자 자녀의 보육을 지원해야 한다. 사업주 단독 또는 공동으로 직장어린이집을 설치하거나, 지역의 어린이집과 위탁계약을 체결한 경우, 사업주는 직장어린이집의 운영 및 수탁 보육 중인 영유아의 보육에 필요한 비용의 100분의 50 이상을 보조해야 한다.

6) 가정어린이집

가정어린이집은 개인이 가정 또는 그에 준하는 곳에 설치·운영하는 어린이집(「영유아보육법」 제10조)을 말하며, 규모는 상시 영유아 5인 이상 20인 이하를 보육하여야 한다. 명칭은 "○○어린이집"으로 하며, 명칭사용에 유치원, 학원 등 유사기관으로 오인할 수 있는 명칭은 사용할 수 없다. 관할 시장·군수 또는 구청장에게 사전에 인가를 신청하여야 한다. 지역 보육수요와 어린이집의 공급현황 등을 감안하여 지역별로 균형 있게 배치되도록 한다.

7) 협동 어린이집

협동어린이집은 보호자 또는 보호자와 보육교직원 11인 이상이 조합(영리를 목적으로 하지 아니하는 조합에 한정하며, 「민법」상 조합, 「협동조합기본법」상 사회적 협동조합 등 조합설립 형태 무관)을 결성하여 설치·운영하는 어린이집을 말한다. 규모는 상시 영유아 11인 이상을 보육할 수 있는 어린이집이다. 명칭은 "○○어린이집"으로 하며, 명칭 사용에 유치원, 학원 등 유사기관으로 오인할 수 있는 명칭은 사용할 수 없다. 설치는 관할 시장·군수 또는 구청장에게 사전에 인가 신청한다. 상시 영유아 20인 이하를 보육하는 협동어린이집은 가정어린이집을 설치할 수 있는 곳에도 설치할 수 있다. 운영방식은 보육아동을 둔 보호자 또는 보호자와 보육교직원 11인 이상이 상호 출자하여 공동으로 어린이집을 설치·운영할 것을 약정함으로써 그 효력이 발생한다.

3. 어린이집의 운영

1) 어린이집 운영시간

어린이집 운영시간은 주 6일 이상, 연중 계속 운영하는 것을 원칙으로 한다. 월~금요일: 12시간(07:30~19:30), 토요일: 8시간(07:30~15:30) 운영하며, 다만 지역 및 시설 여건 등을 고려하여 미리 보호자의 동의를 받은 후, 어린이집 운영위원회의 결정에 따라 토요일 휴무를 할 수 있다. 또한, 보호자의 근로시간 등을 고려하여 미리 보호자의 동의를 받은 경우에는 영유아 및 그 보호자에게 불편을 주지 않는 범위에서 어린이집 운영일 및 운영시간을 조정하여 야간연장보육, 휴일보육 등 운영 가능하다.

어린이집 운영시간 중 영유아의 외출 시 안전을 고려하여 부모와 협의하에 지정된 보호자에게 인계해야 하며, 어린이집 하원 이후 안정적 보육환경 조성 차원에서, 하원한 영유아가 학원 등을 다녀온 후 재등원하는 것은 불가하다. 다만, 영유아의 의료기관 진료와 같이 불가피한 경우에만 재등원 가능하다. 하원 시에는 영유아의 보호자가 원내로 들어와서 인계받는 것이 원칙이다.

근로자의 날(5월 1일)은 사전 보육수요 조사를 통해 보육에 지장을 주지 않는 범위 내에서 교사배치를 조정하여 운영하되, 근로자의 날 근무자에 대하여 관련법에 따라 휴일 근로수당을 지급해야 한다.

2) 보육시간

어린이집은 종일제 운영을 원칙으로 한다. 즉 공휴일을 제외하고 연중 계속 운영하여야 하며, 지역 및 어린이집 여건에 따라 보호자와 원장의 협의에 의해 공휴일에도 운영이 가능하다. 어린이집의 보육시간은 운영시간에 따라 다음과 같이 분류할 수 있다.

(1) 기본보육

기본보육시간은 09:00~16:00(7시간)이다. 기본보육시간은 매년 원아 전체 등·하원 시간 수요조사(서면)를 실시하여 결정한다. 단, 지역별·어린이집별 사정에 따라 보호자와 협의하여 9:00~16:00 전·후 30분 범위 내에서 보육시간 탄력조정 가능하다. 07:30~09:00±30분의 등원지도 시간과 16:00~17:00±30분의 하원지도 시간은 기본보육으로 간주한다. 대상아동은 어린이집을 이용하는 모든 영유아이며, 기본보육운영은 담임교사가 09시 출근교사 18시 퇴근(예시)하여 대면보육시간 7시간, 휴게 1시간, 기타업무 1시간으로 한다.

기본보육시간은 09:00~16:00(7시간) 전후에는 당초 편성된 반 유지를 원칙으로 하되, 이른 등원 및 늦은 하원 등으로 보육아동이 현저히 적을 경우 가장 낮은 연령대의 교사 대 아동 비율을 준수하는 범위 내에서 당초 편성된 반을 통합하고 담당교사를 지정하여 운영 가능하다. 단, 지역별·어린이집별 사정에 따라 보호자와 협의하여 9시~16시 전·후 30분 범위 내에서 보육시간 탄력 조정 가능하며, 낮잠 및 급·간식(급식 1회 및 간식 2회) 제공 시간은 기본보육 시간 내에서 아동의 발달 및 어린이집 운영상황 등을 고려하여 합리적으로 운영해야 한다.

(2) 연장보육

연장보육시간은 16:00~19:30이며, 연장보육은 연장보육을 사전에 신청한 영유아를 대상으로 한다. 연장보육 자격대상은 0~2세는 연장자격기준에 해당되는 경우이고, 3~5세 유아는 모두 해당된다. 연장보육을 위해서는 연장반교사를 배치해야 하며, 영아반의 경우 5명, 유아반의 경우 15명, 장애아 포함 시 3명을 원칙으로 한다. 연장보육 시간 내에 급·간식 제공은 의무가 아니나, 보호자와 협의를 통해 제공 여부를 결정할 수 있으며, 이 경우 급·간식비는 부모 자부담 사항이다. 연장보육을 하는 어린이집은 아동의 등·하원 시간을 자동으로 확인하는 장치(전자출결시스템)를 설치·운영하고, 법령 및 지침 위반으로 운영정지 중인 어린이집이 아닌 곳은 연장보육료를 지원받을 수 있다.

구분	0~2세 영아반	3~5세 유아반
자격 및 신청	'연장보육자격기준'에 해당되는 경우 행정복지센터, 읍·면사무소에 신청	별도의 신청기준 및 신청절차 없음
이용신청	연장보육자격 시군구 승인 후 해당 어린이집에 '연장보육신청서' 제출	연장보육 이용 희망 시 해당 어린이집에 '연장보육이용신청서' 제출

(3) 그 밖의 연장보육

그 밖의 연장보육에는 야간연장보육과 야간12시간 보육, 24시간 보육, 휴일보육이 포함된다. 야간연장 보육시간은 19:30~24:00이며, 야간 12시간 보육시간은 19:30~익일 07:30, 24시간 보육시간은 07:30~익일 07:30, 휴일보육시간은 일요일, 공휴일 07:30~19:30이다.

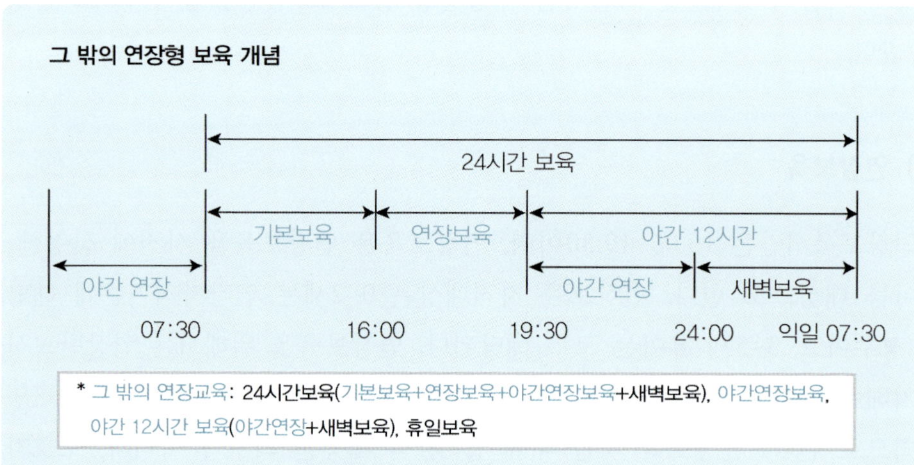

그림 6-9 그 밖의 연장보육 시간

출처: 보건복지부(2022). 2022년 보육사업안내.

야간연장보육은 기준보육시간(07:30~19:30)을 경과하여 최대 24:00까지 시간을 연장하여 보육한다. 기준 시간은 평일은 19:30~24:00, 토요일은 15:30~24:00로 한다. 주간 어린이집 이용 아동이 07:30분 이전부터 어린이집을 이용하는 경우 야간연장보육료 지원 가능하다. 야간연장보육은 시설의 연장보육 아동을 연장하여 보육하는 것이 원칙이나, 주간에 다른 어린이집 등을 이용한 경우에도 가능하다. 야간연장 보육의 교사 대 아동 비율은 매일 1:5를 원칙으로 하되, 장애아, 0세아는 보육교직원의 업무량을 고려하여 일부 달리 적용할 수 있으며, 유아로만 편성된 경우 1:7까지 조정할 수 있다.

24시간보육은 24시간 동안(07:30~익일 07:30) 보육서비스를 제공한다. 2010년 3월부터는 24시간 지정 어린이집에서만 야간12시간보육 및 24시간 보육 가능하다. 야간12시간보육은 야간시간대(19:30~익일 07:30)에 이루어지는 보육형태이고, 24시간 보육은 부모의 야간경제활동, 한부모 또는 조손가정 등의 사유로 불가피하게 주간보육(07:30~19:30)과 야간 12시간 보육(19:30~익일 07:30)을 모두 이용하는 보육형태이다. 단, 주간 이용 어린이집과 야간이용 어린이집이 동일한 경우에만 24시간 보육료 지원된다. 24시간 보육은 국공립·법인 등 정부지원시설 및 직장어린이집을 대상으로 지정해야 한다. 또한 24시간 어린이집은 보육아동이 수면하기에 적합한 시설(수면실 등)과 조·석식을 포함한 급·간식 제공 여건 및 자체 야간 보육프로그램을 구비해야 한다.

휴일보육은 일요일 및 공휴일(07:30~19:30)에 보육을 제공하며, 국공립·법인시설(사회복지시설, 학교·종교부설 설치비 지원 어린이집 포함) 및 직장어린이집 중 휴일 어린이집으로 지정받은 어린이집에서 운영가능하다. 휴일 보육의 교사 대 아동비율은 1:5를 원칙으로 하되, 장애아, 0세아는 보육교직원의 업무량을 고려하여 일부 달리 적용할 수 있으며, 유아로만 편성된 경우 1:7까지 조정할 수 있다.

(4) 시간제 보육

시간제 보육 운영시간은 월요일~금요일(09:00~18:00)로 주말 및 공휴일은 제외한다. 시간제 보육은 가정양육(6개월~36개월 미만의 양육수당을 지원받는 영아) 영아 대상이며, 부모의 개인적 요구에 따라 보육이 필요한 시간에 일시적 또는 비정기적으로 영아를 돌보아주는 형태이다. 시간제 보육은 육아종합지원센터나 지정 받은 어린이집에서 운영한다. 시간제 보육이 가능한 별도의 교실에서 교사 대 영아비율은 1:3으로 보육한다. 신청 방법은 온라인신청 [임신육아종합포털(PC/모바일)]과 전화신청(☎1661-9361)으로 가능하다.

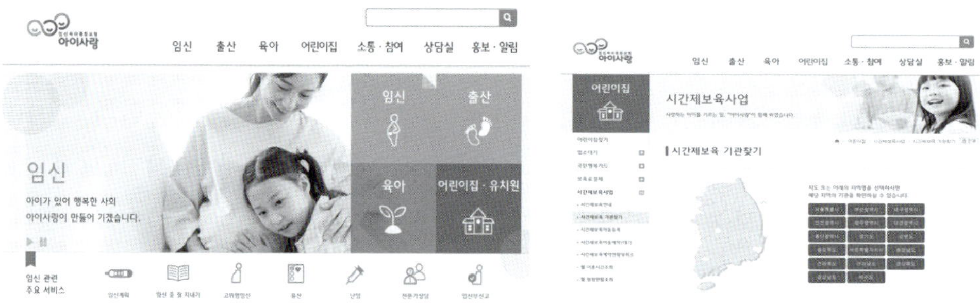

출처: 임신육아종합포털 아이사랑 https://www.childcare.go.kr/

TIP

경기도 0세아전용 어린이집

경기도 0세아전용 어린이집의 경우 입소기준은 입소일 기준 출생 후 18개월까지의 영아이고, 퇴소기준은 0세반, 1세반에 편성되지 않은 아동이고, 반편성 기준은 0세반은 교사 1 : 아동 2, 1세반은 교사 1 : 아동 3, 시간연장반 0세아 3명 이상 시이고, 기타 다른 운영기준 조건을 준수하여야 한다. 경기도는 0세아 보육의 특수성 및 부모의 다양한 보육요구에 부응하고, 출산율 제고 및 맞벌이, 취업여성의 보육문제 해소로 사회·경제활동의 활성화에 기여하기 위해 0세아전용 어린이집 운영을 지원하고 있다.

(5) 방과후 보육

방과후 보육은 만 12세 이하를 대상으로 하고, 장애아 방과후 보육은 만 12

세 이하 등록 장애아 또는 만 8세 이하 특수교육대상이다. 방과후 어린이집은 영유아보육의 연계선상에서 초등학생 저학년을 우선 대상으로 하는 것으로 맞벌이부부 등 아동을 맡길 곳이 없는 가정을 우선적으로 하여 시설 정원 범위 내에서 20%까지 보육할 수 있다. 교사 대 아동비율을 1:3으로 반을 편성하고, 방과후 및 장애아보육 보수교육 과정을 이수한 교사를 별도 배치하여 보육한다.

방과후 보육은 최근 들어 지역아동센터나 초등학교 돌봄교실에서 이루어지고 있으며, 어린이집에서는 방과후 보육이 이루어지고 있지 않다.

생각해보세요

https://www.childcare.go.kr/임신육아종합포털 아이사랑에서 우리동네 어린이집을 찾아보고, 정보공시 내용 보면서 어린이집의 유형 알아보세요.

Chapter 07

보육교직원의 역할과 자질

Contents

1. 보육교직원의 특성
2. 보육교직원의 자질 및 역할
3. 보육교직원의 윤리
4. 보육교직원의 전문성 향상

주요내용

- 보육교직원의 특성과 역할 이해
- 어린이집 원장과 보육교사의 자격요건 및 양성과정 이해
- 어린이집 원장의 역할 및 자질 이해
- 보육교사의 역할 및 자질 이해
- 보육교직원의 윤리강령 인식
- 보육교사의 전문성 향상 방안 모색

보육의 질은 보육교사의 수준을 넘을 수 없다고 하여 교사에게 집중되었으나 이제는 보육교직원 전체의 윤리의식과 공동체 의식 및 협력의 과정이 보육의 질을 나타낸다고 볼 수 있다. 보육교직원은 법적인 배치기준과 직무, 책무, 임면 등에 대해 규제를 받고 있다. 어린이집을 운영하기 위해서는 영유아가 있어야겠지만 이들을 책임지고 보호하고 교육할 원장과 교사가 있어야 하며, 법적으로도 그 책임과 자격기준 등이 명시되어 있다. 또한 보육교직원에게는 인성적인 자질뿐 아니라 여러 가지 역할에 대한 전문성과 윤리의식이 요구된다. 이 장에서는 보육교직원의 특성과 역할, 자격요건, 자질 및 역할, 윤리, 전문성 향상을 위한 방안을 모색한다.

생각해보세요

내가 알고 있는 보육교사의 이미지와 내가 바라는 보육교사의 이미지를 그림으로 표현하고 소개해 보아요.

1. 보육교직원의 특성

1) 보육교직원의 개념

보육교직원은 법적인 배치기준과 직무, 책무, 임면 등에 대해 규제를 받고 있는 대상이다. 어린이집에서 근무하는 직원들은 보육종사자로 구분하였으며, 「영유아보육법」 제2조에 '보육시설에서 영유아의 보육, 건강관리 및 보호자와의 상담, 그 밖에 보육시설의 관리·운영 등의 업무를 담당하는 자로서 보육시설의 장 및 보육교사와 그 밖의 종사자를 말한다.'라고 정의되어 있었다. 하지만 「영유아보육법」 개정(2011.6.7.) 이후 '보육교직원이란 어린이집 영유아의 보육, 건강관리 및 보호자와의 상담, 그 밖에 어린이집의 관리·운영 등의 업무를 담당하는 자로서 어린이집의 원장 및 보육교사와 그 밖의 직원을 말한다.'로 재정의되었다.

2) 보육교직원의 법적 책임

어린이집을 운영하기 위해서는 영유아를 책임지고 보호하며, 교육할 교사가 있어야 한다. 또한 영유아의 등·하원과 식·간식을 위해 건강과 안전 등을 책임질 직원이 있어야 한다. 결국 어린이집 원장은 영유아의 보육과 건강 및 안전 등의 총체적 책임을 맡게 된다. 이는 법적으로도 그 책임이 명시되어 있다.

보육교직원은 어린이집 운영을 위해 꼭 필요한 구성원으로 「영유아보육법」 제17조에서 어린이집 원장과 보육교사, 그 밖의 인력배치가 필수임을 명시하고 있다. 또한 동법 제18조에서는 보육교직원의 직무와 책무를 명시하고 있다.

(1) 보육교직원의 직무

직무는 직책이나 직업상에서 책임을 지고 담당하여 맡은 사무(표준국어대사전, 2022)를 말하며, 보육교직원의 직무는 「영유아보육법」 제18조에 명시되어 있다.

① 어린이집의 원장은 어린이집을 총괄하고 보육교사와 그 밖의 직원을 지도·감독하며 영유아를 보육한다.

② 보육교사는 영유아를 보육하고 어린이집의 원장이 불가피한 사유로 직무를 수행할 수 없을 때는 그 직무를 대행한다.

(2) 보육교직원의 책무

책무는 직무에 따른 책임이나 임무(표준국어대사전, 2022)를 말하며, 보육교직원의 책무는 「영유아보육법」 제18조의 2에 다음과 같이 명시되어 있다.

① 보육교직원은 영유아를 보육함에 있어 영유아에게 신체적 고통이나 고성·폭언 등의 정신적 고통을 가하여서는 아니 된다.

② 보육교직원은 업무를 수행함에 있어 영유아의 생명·안전보호 및 위험방지를 위하여 주의의무를 다하여야 한다.

3) 보육교직원의 자격

원장, 보육교사, 특수교사, 조리원(조리사) 등은 어린이집에 채용조건의 자격을 갖춘 자로서 임면보고에 필요한 서류를 반드시 제출해야 한다. 즉 인사기록카드, 주민등록등본, 채용신체검사서, 성범죄 경력 및 아동학대 범죄전력 조회 회신서, 개인정보제공 및 고유식별정보 처리 동의서, 보수교육 수료증 등을 제출하여 어린이집에서 시·군·구청에 임면 보고를 하며, 교직원의 자격조건의 적격성이 확인되면 경력관리시스템에 교직원의 임면 사항이 입력되는 절차를 거치게 된다.

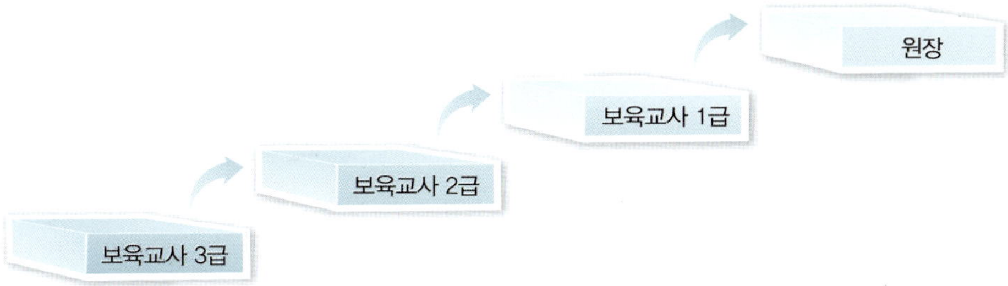

그림 7-1 보육교사의 자격증 취득 단계

(1) 원장의 자격기준

어린이집 원장 자격기준(「영유아보육법 시행령」 제21조 [별표 1])에 의거하여 국가자격증을 취득하여야 원장이 될 수 있다. 이를 표로 정리하면 표 7-1과 같다.

표 7-1 원장의 자격기준

구분	자격기준
일반기준	• 보육교사 1급 자격을 취득한 후 3년 이상의 보육 등 아동복지업무 경력이 있는 사람 • 「유아교육법」에 따른 유치원 정교사 1급 자격 또는 같은 법에 따른 특수학교(유치원과정을 말한다)의 정교사 자격을 취득한 후 3년 이상의 아동복지업무 경력이 있는 사람 • 유치원 원장의 자격을 가진 사람 • 「초·중등교육법」에 따른 초등학교 정교사 자격 또는 같은 법에 따른 특수학교(초등학교과정을 말한다)의 정교사 자격을 취득한 후 5년 이상의 보육 등 아동복지업무 경력이 있는 사람 • 「사회복지사업법」에 따른 사회복지사 1급 자격을 취득한 후 5년 이상의 보육 등 아동복지업무 경력이 있는 사람 • 「의료법」에 따른 간호사 면허를 취득한 후 7년 이상의 보육 등 아동복지업무 경력이 있는 사람 • 국가 또는 지방자치단체에서 7급 이상의 공무원으로 보육 등 아동복지업무에 5년 이상 근무한 경력이 있는 사람
가정 어린이집	• 일반기준에 정한 자격을 갖춘 사람 • 보육교사 1급 이상 자격을 취득한 후 1년 이상의 보육업무 경력이 있는 사람
영아전담 어린이집	• 일반기준에서 정한 자격을 갖춘 사람 • 간호사 면허를 취득한 후 5년 이상의 아동간호업무 경력이 있는 사람

구분	자격기준
장애아전문 어린이집	• 일반기준에서 정한 자격을 갖춘 사람으로서 다음의 어느 하나에 해당하는 사람 - 대학(전문대학을 포함)에서 장애인복지 및 재활관련학과를 전공한 사람 - 장애영유아 어린이집에서 2년 이상의 보육업무 경력이 있는 사람
대학 또는 교육훈련 시설운영 어린이집	• 일반기준에서 정한 자격을 갖춘 사람 • 어린이집을 운영하는 대학의 조교수 또는 교육훈련시설의 전임교수 이상으로서 보육관련 교과목에 대하여 3년 이상의 교육경력이 있는 사람

출처: 보건복지부(2022). 2022 보육사업안내. p.163~166 재구성.

(2) 보육교사의 자격기준

보육교사는 표 7-2에 제시한 자격기준(「영유아보육법 시행령」 제21조 [별표 1])에 의거하여 국가자격증을 취득하여야 보육교사로 근무할 수 있다.

표 7-2 보육교사의 자격기준

등급	자격기준
보육교사 1급	• 보육교사 2급 자격을 취득한 후 3년 이상의 보육업무 경력이 있는 사람으로서 보건복지부 장관이 정하는 승급교육을 받은 사람 • 보육교사 2급 자격을 취득한 후 보육관련 대학원에서 석사학위 이상을 취득하고 1년 이상의 보육업무 경력이 있는 사람으로서 보건복지부장관이 정하는 승급교육을 받은 사람
보육교사 2급	• 전문대학 또는 이와 같은 수준 이상의 학교에서 보건복지부령으로 정하는 보육 관련 교과목 및 학점을 이수하고 졸업한 사람 • 보육교사 3급 자격을 취득한 후 2년 이상의 보육업무 경력이 있는 사람으로서 보건복지부 장관이 정하는 승급교육을 받은 사람
보육교사 3급	• 고등학교 또는 이와 같은 수준 이상의 학교를 졸업한 사람으로서 보건복지부령으로 정하는 교육훈련시설에서 정해진 교육과정을 수료한 사람

4) 보육교직원의 배치기준

보육교직원은 어린이집을 운영하는 원장이 임의대로 채용하는 것이 아니고 「영유아보육법」에 근거하여 채용할 수 있다. 즉 원장, 보육교사, 간호사, 영양사, 조리원(조리사)을 구성하여야 한다는 배치기준(「영유아보육법」 제17조 및 「영유아보육법 시행규칙」 제10조)에 의거하여 채용하게 되며, 어린이집에 배치 시 법적 기준에 제시된 영유아의 인원과 연령에 따라 적용된다. 보육교직원 배치의 일반 기준(보건복지부, 2022)을 간략히 제시하면 다음과 같다.

표 7-3 보육교직원의 배치기준

구분	배치기준
원장	어린이집별 1인 * 다만, 영유아 20인 이하를 보육하는 어린이집은 어린이집의 원장이 보육교사를 겸임할 수 있음
보육교사	• 만 1세 미만: 영아 3인당 1인 • 만 2세 이상 만 2세 미만: 영아 5인당 1인 • 만 2세 이상 만 3세 미만: 영아 7인당 1인 • 만 3세 이상 만 4세 미만: 유아 15인당 1인 • 만 4세 이상 미취학 유아: 유아 20인당 1인 * 유아 40인당 1인은 보육교사 1급 자격자여야 함 • 취학아동: 20인당 1인 • 장애아: 3인당 1인 * 장애아 9인당 보육교사 1인은 특수교사 자격소지자여야 함 • 연장반 만 3세 미만: 영아 5인당 1인 • 연장반 만 3세 이상: 유아 15인당 1인 * 연장반의 만 1세 미만 및 장애아: 3인당 1인
간호사	• 영유아 100인 이상을 보육하는 어린이집
영양사	• 영유아 100인 이상을 보육하는 어린이집
조리원	• 영유아 40인 이상을 보육하는 어린이집

출처: 보건복지부(2022). 2022 보육사업안내. p.210.

어린이집에서는 이 외에도 그 밖의 보육교직원이라 하여 「영유아보육법」 제17조 및 「영유아보육법 시행규칙」 제10조에 '어린이집의 규모와 특성에 따라 의사, 사회복지사, 사무원, 관리인, 위생원, 운전기사, 치료사 등의 교직원을 둘 수 있으며, 원장이 간호사 또는 영양사 자격이 있는 경우에는 겸직이 가능하며, 원장은 정원을 기준으로 한다고 명시되어 있다.

토론하기

- 보육교직원의 역할은 무엇이며, 어떤 자질을 갖고 있어야 하는지 각자가 알고 있는 범위 내에서 나누어 보세요.

2. 보육교직원의 자질 및 역할

어린이집은 아동복지서비스 조직이며 조직체로서 기관에서 일하는 교직원의 역할은 매우 중요하다. 더구나 어린이집은 대규모의 조직에 비해 그 규모가 작기 때문에 어린이집의 성공적인 운영은 보육교직원의 역할과 협력에 의해 결정된다고 할 수 있다.

어린이집에는 영유아의 보육을 담당하는 보육교사와 원장, 영유아의 건강과 영양을 담당하는 조리사, 영유아의 안전한 이동을 담당하는 기사 등 다양한 업무를 담당하는 분들로 구성하고 있다. 그중에서도 보육을 전적으로 책임져야 하는 교사와 원장의 자질과 역할이 매우 중요하다. 보육을 할 수 있는 자격은 갖추었어도 보육인으로서 인성적 측면이 강조되는 자질과 이를 바탕으로 보육의 역할을 수행할 능력이 요구된다.

1) 원장 및 보육교사의 자질

최명희(2021)는 보육교사의 자질을 신체와 정신의 건강, 직업에 대한 소명의식, 영유아에 대한 인내심과 이해심, 인간에 대한 애정과 신뢰감, 원만한 대인관계 능력으로 설명하고 있다. 또한 나종혜 등(2018)은 개인적 자질로 영유아를 사랑하고 존중하는 마음, 신체 및 정신적 건강, 원만한 성격을 구분하였으며, 전문적 자질로는 영유아발달에 대한 지식, 교수·학습방법에 대한 지식과 기술, 보육교사윤리, 자발적 자기계발능력으로 구분하여 설명하였다. 조성자 등(2008)은 교사의 개인적 자질로 영유아에 대한 사랑과 사명감, 신체적·정신적 건강, 인내심과 이해심, 원만한 인간관계로 구분하여 설명하였다. 이 절에서는 원장과 교사의 자질은 동일하다는 측면에서 인성적 측면에서 강조해야 할 내용을 영유아에 대한 사랑과 인내심, 보육에 대한 사명감과 인성, 대인관계능력과 심신의 건강관리 능력으로 구분하여 설명하고자 한다.

(1) 영유아에 대한 사랑과 인내심

보육교사의 직업을 선택할 때에는 아이들을 좋아하고, 아이들이 본인을 좋아하기 때문에 적성에 맞는다고 판단하여 결정하는 경우가 많다. 그렇지만 제한된 공간에서 하루 종일 영유아와 생활을 하다 보면, 교육자로서의 정체성이 모호하게 느껴질 때가 있다. 하지만, 발달하는 과정에 있고 기질이 다르고 성격이 형성되어 가는 영유아의 발달특성을 알고 보육을 한다면 그들의 욕구를 충족시켜 주고 싶은 사랑의 마음과 인내심이 생겨날 수 있다.

교사가 열심히 준비한 활동에 무반응이거나 깨물고, 할퀴는 등 영유아들의 갈등으로 인해 학부모와 선임교사 또는 원장에게 무능한 교사로 낙인찍히는 것에 대한 염려로 직업에 대한 회의를 느낄 수 있으나 보육상황에서 발생하는 다양한 문제들을 긍정적인 방향으로 이끌어가도록 사랑의 마음으로 인내심을 갖고 수용하는 자세가 중요하다.

(2) 보육에 대한 사명감과 인성

사명감은 주어진 임무를 잘 수행하려는 마음가짐(네이버사전)으로 특히 영아와 유아를 보육하는 보육교사는 영유아를 보호하고 가르쳐야 하는 임무에 대한 사명감이 있어야 한다. 이를 위해서는 원장과 교사가 보육과정의 운영과 인성

함양에 대한 지속적인 노력이 요구된다.

교사는 영유아의 목소리에 귀 기울이며, 영유아의 의견을 존중하고 반영하는 보육과정을 구성하고 운영하는 것이 필요하며(보건복지부, 2020), 최소한 법적인 의무사항은 준수해야 한다. 「영유아보육법」 제23조에는 어린이집 원장도 보수교육을 이수해야 하며, 그 내용으로는 성폭력 및 아동학대 예방, 실종·유괴의 예방과 방지, 감염병 및 약물의 오남용 예방 등 보건위생 관리, 재난대비 안전, 교통안전, 어린이집 원장의 인성함양(영유아의 인권보호 교육을 포함한다)이 명시되어 있다. 보육교사 역시 「영유아보육법」 제23조의 2에 직무교육과 승급교육의 보수교육을 이수하도록 명시되어 있으며, 그 내용은 원장의 보수교육 내용과 동일하고 인성함양의 내용을 포함하고 있다.

(3) 심신의 건강관리 능력

교사는 영유아가 크고 작은 어려움을 스스로 해결해 가는 모습을 격려하고, 자신의 경험과 생각을 자유롭게 표현할 수 있도록 도와줌으로써 영유아의 자율성과 창의성 신장을 지원한다(보건복지부, 2020).

보육교사는 신체와 정신적인 건강이 중요하다. 교사의 건강한 신체 리듬은 영유아의 하루 일상생활을 활기차게 시작할 수 있는 원동력이 되기도 한다. 교사 자신이 보육에 대한 열정과 능력을 충분히 발휘하기 위해서는 신체적인 강인함이 뒷받침되어야 한다.

보육교사가 자신의 건강을 스스로 관리하지 못하면 과로와 실내 환경의 먼지 등으로 기관지 질환이나 근골격계 질환, 소화기 질환, 만성피로 등의 어려움을 겪을 수 있다. 교사에게 이러한 신체적 문제가 생기면 영유아를 안전하게 돌볼 수 없다(최명희, 2021).

보육교사가 정신적인 건강함을 유지한다는 것은 어린이집 내에서의 어떠한 상황에 직면하더라도 감정의 조절과 긍정적인 수용으로 감당할 수 있는 기본 자질이 갖추었다고 볼 수 있다. 교사의 행복감이 교사효능감, 직무만족도와 긍정적인 상관관계를 가지고 있다는 연구결과(김시연, 2014; 황해인 외, 2013)로 알 수 있듯이 교사가 정신적으로 건강하지 못하면 교사로서의 역할을 제대로 수행하기 어려워진다.

따라서 교사는 심신의 건강을 관리하기 위해 나름의 스트레스 해소방법 및 규칙적인 운동시간의 안배 등 자기관리를 위한 노력을 중요하게 여기며 실천해야 하며, 원장은 교사들과 함께 노력하며 긍정의 공동체가 되도록 지원하고 격려할 수 있어야 한다.

> **생각해보세요**
>
> 보육교사의 일상 브이로그: '보육교사의 일상' 어린이집 교사
> https://www.youtube.com/watch?v=CNffGOzjuPE

2) 보육교사의 역할

보육교사는 영유아에 대한 사랑과 인내심, 사명감을 갖고 심신을 건강관리를 통해 영유아의 욕구와 배움의 기회를 제공해야 한다. 교사의 역할은 영아보육과 유아보육에서의 역할로 나누어 살펴볼 수 있다.

(1) 영아보육에서 교사의 역할

영아반의 교사는 영아 개개인의 욕구를 충족시켜 주며 놀이상황에서 관심을 보여주며 영아와 신뢰감을 형성하여 영아가 안정감을 느끼도록 하는 역할을 해야 한다. 영아보육에서 교사의 역할을 양육자의 역할, 놀이환경제공자의 역할, 상호작용자의 역할로 살펴보고자 한다.

① 양육자의 역할

가. 수유 및 이유식 제공

0세 반의 영아들은 교사에 의해 일정 시간마다 우유를 먹으며, 이유식을 먹는다. 수유와 이유식을 제공받는 영아들은 교사와의 신체적인 접촉과 다정한 눈빛 및 목소리로 따뜻한 보살핌을 경험한다. 따라서 교사는 영아를 안전하게 안고 수유하고 트림시키는 모든 과정에서 돌봄의 양육자로서의 역할을 충실히 할 수 있어야 한다.

나. 점심 및 간식 제공

1~2세반 영아들은 교사가 제공하는 자리에 앉아 먹으며, 먹는 과정에서 교사와 이야기를 하게 된다. 영아가 스스로 먹을 수 있도록 하기 위해서는 천천히 먹도록 기다리고, 맛에 대한 다양한 반응을 수용하며, 흘린 음식을 치워주는 등 함께 있어 좋은 양육자의 역할을 할 수 있어야 한다.

다. 손 씻기 및 이 닦기 지도

영아들은 교사의 도움을 받아 손 씻기와 이 닦기를 하다가 점차 스스로 하려는 노력을 하게 된다. 따라서 교사는 자율성이 발달하는 영아들의 변화를 존중하여 스스로 하도록 기다려주며, 손 씻기와 이 닦기의 마무리 과정에 도움을 주고 알려주어야 한다.

라. 낮잠 및 휴식 제공

영아들은 어린이집에 1회 또는 2회의 낮잠을 잘 수 있도록 개별 침구류를 준비해 주고 안정되고 편안한 분위기를 조성해 주어야 한다. 이때 교사는 영아가 안심할 수 있도록 곁에서 가볍게 토닥여 주며, 잠자는 상황을 지키고 있어야 한다.

마. 기저귀 갈기 및 배변훈련

기저귀를 착용하는 영아는 일정 시간 간격을 두고 수시로 확인하며, 영아가 배변에 대한 신호를 보낼 때 즉시 반응하여 살펴주어야 한다. 개별적인 영아들의 배변훈련이 원활히 진행되도록 기저귀의 착용과 관련된 영아들의 행동을 유심히 관찰하여 지원할 수 있어야 한다.

토론하기

'돌도 안 된' 아이를 발로… 어린이집 CCTV 영상 속 학대

50대 보육교사 A씨가 생후 11개월 된 아이 목을 잡아 바닥으로 던지듯이 팽개칩니다. 얼굴을 잡아 온몸을 끌어올리기도 합니다…
(https://news.jtbc.joins.com/article/article.aspx?news_id=NB12045818)

☞ 영아를 제대로 보육하지 않은 교사의 실태를 보면서 양육자의 역할이 무엇인지를 생각해보고 나눠보자.

② 놀이환경제공자의 역할

영아에게 교사는 중요한 인적 놀이환경자로서 친밀감을 느끼며 안정적인 놀이를 시작하면서 점차 또래 영아와 놀잇감에 관심을 갖고 조금씩 놀이에 집중하는 시간이 길어지고 다양한 놀잇감을 다루며 즐거움을 알아간다. 영아기는 1차 성장 급등기로서 두드러진 신체적인 발달이 나타나는 시기이다. 따라서 충분히 즐겁게 놀면서 대소근육의 협응력이 발달하도록 관찰하며, 놀잇감을 제공해 주어야 한다.

교사의 놀이 지원 유형 중 어떤 것이 영아에게 더 긍정적이거나 부정적인 것이라고 단정할 수 없지만, 주제에 대한 깊이 있는 경험을 가능하게 하는 다양한 매체들을 일상적 환경에 제공함으로써 영아들이 놀이를 통해 자발적으로 주제를 확장, 심화시킬 수 있도록 도울 수 있다. 교사는 교실의 다양한 놀이 맥락과 영아의 개별성을 고려하면서 가장 낮은 수준의 주도성을 갖는 개입부터 높은 수준의 주도성을 갖는 개입까지 놀이 지원을 다양하게 할 필요가 있다(김현자 외, 2019).

③ 상호작용자의 역할

영아반 교사는 일상생활 속에서 영아에게 끊임없이 말소리를 들려준다. 돌봄의 역할을 할 때나 놀이를 할 때 언어적·비언어적 상호작용을 하게 된다. 영아는 어린이집에서 매일 만나는 교사와 친밀해질 수밖에 없으며, 교사와 영아는 서로에게 점차 애착이 형성된다.

영아기 애착 형성은 우선 어린이집에서 안정적으로 생활하기 위한 기초이며, 이후 영아가 또래와 그리고 더 넓은 사회적 관계를 하는 데 있어서 아주 중요한 요인이 되므로 교사는 영아와 애착 형성을 위한 노력을 해야 한다. 영아를 계속 지켜보고, 영아를 많이 안아주며, 영아의 이름을 다정하게 불러 주고, 영아와 신체적 접촉을 많이 하는 등의 상호작용자로서의 역할을 통해 교사는 영아와 안정애착을 형성할 수 있을 것이다(김현자 외, 2019).

(2) 유아보육에서 교사의 역할

유아교사의 역할에 대해서는 양육역할, 교수역할, 관련자 역할(Spodek, 1985), 반성적 사고를 하는 실천인, 영유아의 권리옹호자, 아동발달 전문가, 학습의 촉진자, 학습환경의 구성자, 교육과정 개발자, 교육활동 계획자, 평가자, 역할모델 등의 역할(Jalongo & Isenberg, 2000)로 구분하기도 한다.

유아교사는 유아가 일상생활과 놀이상황에서 주도적이고 긍정적이며 즐겁게 생활할 수 있도록 안전하고 안정적인 물리적인 환경을 제공하며, 교육과정을 운영해야 한다. 또한 유아의 갈등과 문제상황에서 효과적으로 대처할 수 있는 능력을 갖추어야 하며, 학급의 운영 및 부모상담을 할 수 있어야 한다. 따라서 유아보육에서 교사의 역할을 양육자의 역할, 교수자의 역할, 놀이 환경 제공자의 역할, 가정과 협력자의 역할로 살펴보고자 한다.

① 양육자의 역할

유아가 어린 시기에 일상적인 행위에서 따뜻하고 허용적인 보살핌을 받는 것은 정서발달에 중요한 영향을 끼치고 성장한 후에도 자아존중감의 근간이 된다는 점을 인식하고 돌봄의 가치를 실천해야 한다(최명희, 2021). 놀이중심교육과정의 운영으로 유아들의 주도성과 창의성의 발달에 집중이 되고 있지만, 하루 종일 어린이집에서 생활하는 유아들에게 교사의 따뜻한 돌봄의 표현은 유아들이 안정적으로 놀이를 하며 배움의 시간을 즐기도록 하는 데 영향을 주게 된다. 가르치는 사람이기 전에 유아의 머리를 빗겨주고 로션도 발라주고, 간식 및 식사습관에 관심을 두고 이야기해 주는 등 양육자의 역할도 중요함을 생각해야 한다.

② 교수자의 역할

교사가 교육과정을 계획하고 수행하고 평가하는 것은 당연한 일이며, 이를 위해 교재·교구를 준비하여 유아를 개별적 또는 집단으로 활동을 진행할 수 있어야 한다. 또한 유아들의 놀이를 관찰하고 지원하면서 유아의 흥미와 관심, 놀이특성, 또래관계, 자료의 활용 등을 파악할 수 있어야 한다. 따라서 교사는 유아의 발달특성을 알고, 유아들의 놀이를 관찰하면서 놀이를 통한 배움의 과정을 기록하며, 놀이를 지원하며, 놀이 주제에 관련된 수업으로 이야기 나누기, 동화, 새 노래, 게임, 신체표현 등을 계획하여 진행하고 동료교사 및 학급에 파트너 교사와 공유하며 효과적인 교수법을 모색해 나아가야 한다.

③ 놀이환경제공자의 역할

유아는 자유롭게 탐색하고 표현할 수 있는 공간과 다양한 자료가 제공될 때 주도적으로 놀이하며 즐거운 놀이가 지속적으로 활성화될 수 있다. 따라서 교사는 유아의 관심과 흥미, 요구에 따라 새로운 영역구성 및 환경을 제공함으로써 유아의 놀이를 통한 배움의 기회를 지원해 줄 수 있어야 한다.

놀이환경제공자라 함은 유아들이 자유롭고 활기차게 놀이할 수 있는 분위기를 제공하여 유아 간의 다양한 상호작용을 격려해 주는 역할과 신체운동·건강, 의사소통, 사회관계, 자연탐구, 예술경험 영역의 내용을 경험하도록 지원하는 역할을 포함한다. 뿐만 아니라 안전사고가 발생하지 않도록 물리적 환경이 안전한지 상시 점검하며, 실내의 청결과 환경을 고려하는 것도 놀이환경제공자로서의 책임 있는 역할이 된다.

④ 가정과 협력자의 역할

교사는 유아가 어린이집에 잘 적응하도록 부모와 지속적인 소통을 통해 협력관계를 유지할 수 있어야 한다. 이를 위해서는 부모의 양육태도에 대해 존중하며, 부모 개인의 성향을 파악해서 효과적인 자녀 양육 등의 부모역할에 최선을 다하도록 도울 수 있는 긍정의 마음과 상담의 기술을 갖추어야 한다.

교사가 유아의 가정에 도움이 되기 위해서는 유아의 성장과 발달에 대해 명확히 알고 있어야 하며, 교육과정 변화에 따른 놀이 중심 유아교육과정에 대해서도 충분히 설명할 수 있도록 적극적으로 이해와 적용의 노력을 해야 한다. 뿐만 아니라 가정의 상황에 따라 상담 및 복지 분야에 대한 정보도 제공해 줄 수 있도록 이에 대한 관심도 갖고 있어야 한다.

3. 보육교직원의 윤리

윤리란 사회적 의식의 한 형태로 인간이라면 당연히 따라야 할 행위규범의 총체를 의미하며, 인간이 타인과 더불어 사는 사회 속에서 인간관계 및 사회관계의 유지를 위해 기대되는 사회적 규범이다(강기수, 2000). 모든 직업에는 직업의 특성에 따라 마땅히 지켜야 할 도덕적 규범이라는 직업윤리가 존재한다. 특히 보육교직원은 영유아를 대상으로 보육하는 전문가이며, 영유아의 권리를 존중하는 모습을 보여주어 부모나 사회에 영향력을 끼쳐야 하는 직업군이기에 보육교직원의 전문성과 공공성에 대한 가이드라인으로써 직업윤리는 매우 중요할 수밖에 없다.

한국보육진흥원에서는 영유아의 건강한 성장과 발달을 위해 어린이집에서 영유아보육 시 지켜야 할 직업윤리와 실천지침을 담은 윤리강령을 보육교직원, 영유아 인권존중 의식 제고 및 직업윤리 등 소양 증진과 권익 존중 문화 조성 도모를 위한 교육현장에서 활용해 줄 것(한국보육진흥원, 2022)을 권장하고 있다. 어린이집 윤리강령은 영유아에 대한 윤리, 동료에 대한 윤리, 가족에 대한 윤리, 나와 사회에 대한 윤리로 총 4개의 영역으로 구성되었다.

1) 영유아에 대한 윤리

① 영유아를 독립된 인격체로 존중하고 건강하고 행복한 사회구성원으로 성장하도록 돕는다.

② 영유아를 성별, 종교, 문화, 장애, 가정배경 등에 따라 차별하지 않고 평등하게 대한다.

③ 영유아의 신체적·심리적 발달에 부정적인 영향을 주는 행위를 하지 않고 안전하게 보호한다.

④ 영유아의 발달 특성을 이해하고 영유아 개인의 흥미와 요구, 의견을 존중

한다.

⑤ 놀이가 영유아의 권리임을 인식하고 충분히 놀이할 수 있도록 지원한다.
⑥ 영유아가 학대나 방임에 노출되어 있는지 민감하게 관찰하고 필요한 조치를 한다.
⑦ 특별한 보호와 지원이 필요한 영유아에게 관심을 가지고 적절한 서비스를 받도록 한다.
⑧ 영유아의 사생활을 존중하고, 개인정보에 관한 비밀을 보장한다.

2) 동료에 대한 윤리

〈보육교직원〉

① 서로의 자율성과 다양성을 인정하고 존중과 신뢰를 바탕으로 협력한다.
② 갈등이나 의견 차이를 개방적이고 수용적인 태도로 해결한다.
③ 어린이집의 철학과 신념을 공유하여 프로그램을 지속적으로 개선시킨다.
④ 서로의 지식과 경험, 자원을 공유하고 전문성 향상을 위해 노력한다.

〈원장〉

⑤ 보육교직원의 업무를 명확히 안내하고 업무기준을 준수한다.
⑥ 근로여건을 보장하고 최적의 인적, 물적 업무환경을 조성한다.
⑦ 민주적으로 의견을 개진하고 상호 협력하는 조직문화를 조성한다.
⑧ 원내외 교육, 학습공동체, 코칭 등으로 보육교직원의 전문성 향상을 지원한다.

3) 가족에 대한 윤리

① 양육의 1차적 책임이 부모에게 있음을 인식하고, 그들과 협력적 관계에

서 보육을 수행한다.

② 개별가족의 양육가치와 신념, 가족의 사회문화적 다양성과 고유성을 이해하고 존중한다.

③ 어린이집의 보육철학, 프로그램 특성을 가족과 공유함으로써 보육에 대한 이해를 돕는다.

④ 영유아의 보육경험과 발달 특성, 건강 및 안전 상황에 관한 정보를 가족과 공유한다.

⑤ 어린이집을 가족에게 개방하고, 보육에 대한 가족의 참여를 보장한다.

⑥ 가족의 사생활과 비밀보장에 대한 권리를 존중한다.

4) 나와 사회에 대한 윤리

① 보육의 사회적 책임을 인식하고 질 높은 보육을 제공한다.

② 영유아와 보육교직원의 권익을 위한 제도의 수립과 개선에 적극 참여한다.

③ 아동친화적인 양육환경 조성을 위해 지역사회 관련 기관들과 협력한다.

④ 보육교직원으로서 사명감을 갖고 사회적 위상을 높이기 위해 노력한다.

어린이집 윤리강령 전문

모든 영유아는 불가침의 인권을 가진 존재임을 확인하고,
보호의 대상이기 이전에 한 사람의 사회구성원으로서
헌법이 정한 인간의 존엄과 가치를 가지고 있음을 인식하여,
유엔아동권리협약의 이념에 따라 보육의 윤리원칙을 정하고,
이에 준거한 보육교직원 윤리강령을 준수할 것을 다짐한다.

- 하나. 영유아 한 사람 한 사람을 독립된 인격체로 존중한다.
- 하나. 보육의 과정에서 영유아의 이익을 최우선으로 고려한다.
- 하나. 영유아를 어떠한 이유로도 차별하지 않고 평등하게 대한다.
- 하나. 영유아의 바람과 감정이 무엇인지 항상 귀 기울인다.
- 하나. 영유아가 보육경험을 통해 세상에 대한 신뢰를 형성하도록 돕는다.
- 하나. 부모가 자신의 양육책임을 잘 수행하도록 협력적 관계에서 보육을 수행한다.
- 하나. 동료를 공정하고 포용적인 태도로 존중하고 민주적인 조직문화를 조성한다.
- 하나. 보육업무의 가치에 자긍심을 가지고 보육철학, 지식, 기술을 지속적으로 키워나간다.

출처: 한국보육진흥원(2022). https://www.kcpi.or.kr/kcpi/cyberpr/noti/detail.do?colContentsSeq=63861

과제

보육교사 또는 원장과 짧은 인터뷰를 통해 교사 역할의 궁금증에 대한 해답을 찾아보세요.

4. 보육교직원의 전문성 향상

보육교직원인 원장과 교사는 보육에 관한 전문적인 이론적 지식과 기술을 갖추고 일의 수행에서의 자율성이 인정되는 전문직이다. 따라서 직업에 대한 자긍심과 신념을 가지고 자신의 전문성 신장을 위해 열심히 노력해야 할 의무가 있다고 할 수 있다.

교사의 전문성은 교사로서 갖추어야 할 자질과 능력이라고 할 수 있는데 전문성은 장기간에 걸쳐 필요한 내용을 교육받아야 하고, 폭넓은 자율성을 필요로 하지만 그에 따른 책임을 져야 하고, 자율적인 조직 체계와 전문적 지식을 갖추어야 한다(Spodek, 1975). 이는 어린이집을 운영하는 책임자로서 원장에게도 동일하게 적용되는 책임이다.

또한 보육교직원은 직무에 대한 만족과 보육에 대한 소명의식에 기초하여 전문성을 위한 역량을 개발하는 노력을 해야 한다. 김현자·김진선·조미영·고선영(2021)은 보육교사의 전문성 향상을 위해 교사학습공동체운영, 인성·적성관리, 반성적 사고의 훈련이 필요하다고 보았다. 이 절에서는 어린이집 내부교육과 외부교육의 차원에서 전문성 향상을 위한 방법을 정리하였다.

1) 어린이집 내부교육

보육교직원이 전문성 향상을 위해서는 어린이집 내에서 수행하는 여러 가지 노력이 있는데, 그 중에서 세 가지의 방법을 살펴볼 수 있다.

(1) 교사학습공동체 운영

교사학습공동체는 2010년 초반에 경기도의 혁신학교를 중심으로 시작되다가 현재는 경기도의 일반학교는 물론 다른 지역까지 확산되어 전문적 학습공동체로 진화하여 활발하게 운영되고 있다(김민조 외, 2016). 교사학습공동체는 교사들의 상호 신뢰를 바탕으로 서로의 지식, 경험, 실천 등을 공유하고, 교사들의 실천을 비판적으로 반성하고 개선하며 협력적으로 학습하며, 학생들의 학습 증진을 위해 협력적으로 실천하는 집단이다(Sergovanni & Starratt, 2007; 정보람, 2015).

어린이집에서는 원내 행사나 학부모 상담, 유아의 문제행동, 교수법, 놀이중심교육과정 등과 관련된 다양한 주제의 현안에 대해 서로 논의하고 배움의 시간을 가지며 전문성을 향상시키기 위한 노력을 하고 있다.

(2) 인성·적성관리

최근 들어 교사의 전문성 발달을 위한 교사교육 연구는 학습의 사회적 성격에 주목하여 학습공동체에 대한 논의가 활발하게 진행되고 있다. 교사의 전문성을 신장시키기 위해서는 동료와의 협력과 소통이 필요하며(차가현, 2014), 전문성을 지닌 교사들이 서로의 교수방법을 공유하고 협력적으로 반성하는 활동을 통해 교사의 전문성이 발달한다(정보람, 2015). 이와 같이 전문성을 발달시키기 위해서는 교사 개인의 인성과 적성의 관리가 전제되어야 한다.

교사를 채용하려는 어린이집이나 유치원에서 '인성은 실력이다'(조벽, 2016)는 말을 한다고 해도 전혀 이상하지 않다. 실력 있는 교사를 선발한다고 해도 결국에는 교사의 갖춰진 인성으로 판가름되기 때문이다. 조벽(2016)은 '인성은 몸에 체화되어야 하며, 꾸준히 시행되고 습관화되어야 한다. 특히 긍정심은 내면화되어야 하기 때문에 머리로 깨닫는 것만으로는 부족하다'고 하였다. 따라서 교사는 교직에 대한 적성에 확신을 갖고 동료교사와 다양한 취미생활과 모임 등을 통해 긍정적인 삶의 태도를 가꾸어 가는 노력을 하고 있다.

2) 어린이집 외부교육

보육교직원은 어린이집 내에서 이루어지는 교육 외에도 어린이집의 전문성 향상을 위해 보수교육을 받아야 하며, 개인의 전문적 자질 향상을 위해 관심 있는 영역과 관련하여 개별연수교육을 이수하거나 상급학교 및 대학원 진학을 하고 있다.

(1) 보수교육

보수교육은 보육교직원의 자질향상을 위해 실시하는 교육으로서, 보육에 필요한 지식과 능력을 유지·개발하기 위하여 보육교직원이 정기적으로 받는 직무교육과 보육교사가 상위 등급의 자격(3급→2급, 2급→1급)을 취득하기 위해 받아야 하는 승급교육 및 어린이집 원장의 자격을 갖추기 위하여 받아야 하는 사전직무교육을 말한다(보건복지부 2022: 229). 이는 「영유아보육법」 제23조에 명시되어 있다.

어린이집 원장과 보육교사의 보수교육은 표 7-4에서 알 수 있듯이 일반직무교육과 특별직무교육의 내용이 동일하며, 어린이집원장은 사전직무교육을 받으며, 보육교사는 승급교육을 받는 차이가 있을 뿐이다. 보수교육은 집합교육이 원칙이며, 특별직무교육에 한해 온라인 교육 이수를 인정받는다.

표 7-4 어린이집 원장과 보육교사의 보수교육

<table>
<tr><th colspan="5">직무교육</th><th>사전직무교육</th><th colspan="2">승급교육</th></tr>
<tr><td colspan="2">일반직무교육</td><td colspan="3">특별직무교육</td><td rowspan="2">어린이집 원장 사전직무교육</td><td rowspan="2">2급 보육교사 승급교육</td><td rowspan="2">1급 보육교사 승급교육</td></tr>
<tr><td>기본교육/ 심화교육</td><td>장기 미종사자 교육</td><td>영아보육 직무교육</td><td>장애아보육 직무교육</td><td>방과후보육 직무교육</td></tr>
</table>

(2) 개별연수교육

교사들은 대학의 평생교육원 또는 민간자격증 협회 등을 통해 개인적인 취미생활을 하거나 교사의 전문성 향상을 위한 연수를 받는다. 그 내용으로는 힐링원예 프로그램, 꽃꽂이, 건강프로그램 등의 취미생활에 해당하는 연수가 있으며, 몬테소리프로그램이나 12성품, MBTI 등 교사로서 전문성 향상을 위한 연수가 있다. 이러한 개별연수교육은 5일제 근무를 마치고 주말을 이용하여 현장교육 또는 온라인 교육에 참여로 이루어지고 있다.

(3) 진학

유아교육과, 보육과 등 3년제 학과를 졸업한 교사들은 이미 보육교사 2급, 유치원정교사 2급의 자격증을 취득하였지만, 1년의 전공심화과정을 통해 학사학위를 받고자 진학을 하여 야간과 주말에 유아교육전공 및 관련 전공 이수를 통해 전문성을 향상시키기 위한 노력을 하고 있다. 또한 유아교육학과, 아동학과 등 4년제 학과를 졸업한 교사들은 대학원에 진학하여 교육 또는 상담분야 등의 전공을 통해 전문성 향상을 위한 노력을 하고 있다.

Chapter

08 어린이집과 부모 및 지역사회의 협력

Contents

주요내용

- 어린이집과 부모 협력의 개념과 중요성
- 부모의 자녀양육자로서, 보육 파트너로서의 역할과 중요성 이해
- 어린이집과 부모와 협력 방법 이해
- 어린이집과 지역사회와의 관계의 중요성 인식
- 지역사회 자원 인사와의 교류 및 참여 방법 파악

영유아의 건강한 성장발달을 위해서는 부모와 협력 그리고 지역사회와의 협력이 중요하다. 이는 생태학적 이론을 통해서도 알 수 있듯이 영유아를 중심으로 가정과 지역의 모든 기관과 시설은 유기적일 수밖에 없다. 어린이집과 부모 협력의 중요성은 당연하다고 여겨질 수 있지만 법적인 측면, 이론적 측면, 보육과정 운영측면에서 살펴보면 그 중요성이 더 명확하게 되고 다양한 협력의 방법을 모색하게 된다. 어린이집에서 지역사회와 긴밀한 협력을 함으로써 다양한 정보를 공유하고 함께 발전해 가는 모습은 영유아들에게도 소중한 가치를 배우는 경험이 될 것이다. 이 장에서는 어린이집을 중심으로 이루어지는 부모와의 협력의 개념과 중요성, 지역사회와의 협력적인 관계의 중요성 및 방법에 대해서 살펴본다.

생각해보세요

부모가 자녀의 건강하고 즐거운 어린이집 생활을 위해 할 수 있는 일은 무엇인지, 인적·물리적 자원의 측면에서 생각해 보아요.

1. 어린이집과 부모의 협력

영유아의 건강한 성장발달을 위해서는 정서적으로 안정된 가정에서의 양육과 어린이집의 물리적 안전 및 교육적 지원이 기본적으로 뒷받침되어야 한다. 특히 영유아의 심신의 건강과 교육적 효과를 위해서는 어린이집과 부모의 협력이 매우 중요하다.

1) 어린이집과 부모협력의 중요성

어린이집과 부모의 협력이 중요하다는 것은 당연하다고 여겨지고 있지만, 법적인 측면, 이론적 측면, 보육과정운영의 측면에서 그 이유를 좀 더 구체적으로 이해할 수 있다.

첫째, 법적인 측면에서 볼 때 어린이집과 부모의 협력은 매우 중요하다.

어린이집은 영유아를 대상으로 보육을 하는 곳으로 보육교직원뿐만 아니라 부모를 포함한 어린이집 운영위원과 부모 모니터링단을 구성하여 운영하도록 「영유아보육법」 제25조에 명시되어 있다. 어린이집은 이러한 법적인 근거에 의하여 영유아의 건강한 발달과 안정적인 가정의 환경을 유지 및 개선하도록 지원을 해야 하는 책무성을 나타내고 있다.

둘째, 이론적인 측면에서 볼 때 어린이집과 부모의 협력은 매우 중요하다.

브론펜브레너(Bronfenbrenner)의 생태학적 이론에서는 유전적 요소뿐만 아니라 가정 및 학교환경, 또래환경, 사회의 문화, 관습, 정치적·사회적·경제적 체계 등 다양한 요인들이 유아의 발달에 영향을 주는 요인이며, 이러한 환경적 요인과의 상호작용을 통해 발달한다고 보았다. 영유아가 소속된 가정은 최초의 사회화가 이루어지는 가장 작은 공동체이고, 어린이집은 가족 외의 사회구성원을 접할 수 있는 공동체이다. 이러한 미시체계(microsystem)들 간의 관계는 중간체계(mesosystem)를 이루어 영유아가 건강하고 안전하게 잘 성장하며 발달할 수 있다.

셋째, 보육과정의 주체로서 어린이집과 부모의 협력은 매우 중요하다.

영유아가 속해 있는 가정, 기관, 지역사회 등은 모두 보육과정의 주체이므로, 상호 연계하고 협력해야 한다. 영유아·놀이중심보육과정을 운영하기 위해서는 무엇보다 부모의 역할이 중요하다. 부모는 영유아의 놀 권리와 즐겁게 놀이하며 배우는 놀이의 가치를 이해하여 가정에서 영유아의 놀이를 지원해야 한다. 이를 위해 어린이집에서는 부모 참여, 간담회, 워크숍, 상담 등 다양한 기회를 마련하여 부모의 역할을 지원할 필요가 있다(교육부·보건복지부, 2019).

2) 어린이집과 부모 협력의 방법

어린이집이 유아의 건강한 성장과 발달을 위해서 부모와 협력하는 과정은 매우 중요하다. 이러한 과정에는 어린이집 내에서 자체적으로 교육하는 부모교육프로그램이 있으며, 부모가 보육에 관심을 갖고 적극적으로 참여하도록 하는 부모 모니터링단이 있다. 또한 어린이집을 언제든지 개방하여 부모에게 보육과정의 운영 및 양육방법에 대한 이해를 높이는 열린어린이집의 운영과 클로버부모교육이 있다.

(1) 어린이집 부모교육

어린이집에서는 부모참여수업, 부모참관수업, 부모 일일교사 참여, 전문가 특강 참여 등 다양한 형태로 부모교육 프로그램을 운영하고 있다. 부모교육은 부모들이 어린이집에 방문하여 참여하는 다양한 형태도 있지만, 지역 내 어린이급식관리지원센터를 통한 자녀 영양교육에 참여하는 방법을 통해서도 운영되고 있다. 그 외에도 가정통신문이나 키즈노트, 어린이집 홈페이지, 밴드 등을 활용하여 직장인 부모들에게 교육과 관련하여 협조할 사항을 공유하거나 육아의 정보 및 가족의 건강한 생활을 위한 상식 등 일반적인 생활정보를 제공하기도 한다.

어린이집이 부모와 협력하여 교육하였을 때 부모-자녀 상호작용과 태도의 패턴을 변화시키고(Eyberg & Robinson, 1982; Huebner, 2000), 부모 자신의 자아 존중감을 향상시킴으로써 부모-자녀 관계의 장기적 개선에 효율적인 성과를 가져오며(Fine & Henry, 1989), 어린이집의 운영에도 지속적인 관심과 협조가 이루어진다.

(2) 부모 모니터링단

부모 모니터링단의 목적과 기능은 부모와 보육·보건 전문가가 직접 어린이집의 급식, 위생, 건강 및 안전관리 등 운영상황을 모니터링하여 수요자인 부모의 어린이집 운영 참여를 도모하고, 어린이집에 대해서는 컨설팅을 제공하여 보육서비스의 질을 향상함으로써 부모가 믿고 맡길 수 있는 보육환경을 조성하는 것이다(보건복지부, 2022: 145).

부모 모니터링단은 보육전문가, 보건전문가, 부모로 구성한다. 보육전문가는 보육교사 1급자격 소지자로서 보육현장 근무경력 3년 이상인 자, 전직 육아종합지원센터 보육전문요원 또는 컨설턴트로서 경력 1년 이상인 자, 영유아보육 관련학과 대학(교) 전임강사 이상 등으로 선정요건을 제한하고 있다. 보건전문가는 근무경력 3년 이상인 영양사(임상영양사 포함), 간호사, 의사(한의사, 치과의사 포함), 보건 관련학과 대학(교) 전임강사 이상 등으로 선정요건을 제한하고 있다. 실제적으로 가장 중요한 부모는 현재 어린이집을 이용하는 영유아를 둔 부모가 해당된다.

모니터링단은 모니터링 및 컨설팅에 필요한 현장 및 이론교육을 반드시 1회 이상 실시 후 참여하도록 하고 있으며, 연 2회 이상 교육을 받으며 1회 이상의 보수교육을 받도록 되어 있다, 또한 모니터링 결과는 어린이집 부모에게 공지하고, 아동학대 등 법 위반 행위가 의심될 경우 지자체에 통보하며 컨설팅을 위한 기초자료로 활용하고 있다. 모니터링의 분야는 다음과 같다.

표 8-1 주요 모니터링 분야

구분	내용
건강관리	감염병 예방, 응급조치 체계
안전관리	물리적·인적 환경 안전관리, 차량 안전관리, 아동권리존중 실천
급식관리	식단 및 영양 관리, 조리 관리, 식재료 관리
위생관리	급식 위생관리, 조리실 청결, 시설·비품 위생

출처: 보건복지부(2022). 2022년 보육사업안내.

(3) 열린어린이집 운영

열린어린이집이란 어린이집의 물리적 구조·프로그램 운영에서 개방적이고 부모의 일상적 참여가 이루어지는 어린이집으로 지방자치단체의 장이 선정한 어린이집(보건복지부, 2022: 148)을 말한다. 어린이집의 물리적 공간 개방성과 함께 보안프로그램, 어린이집 운영에 이르기까지 부모의 일상적 참여가 이루어지는 어린이집 운영형태로 부모, 어린이집, 지역사회가 건강한 양육환경을 조성하고 영유아와 그 가족의 행복을 증진하기 위함이다(경기도육아종합지원센터, 2022). 열린어린이집은 보건복지부와 시·도 및 시·군·구가 계획하여 선정위원을 구성하고 선정 심의절차를 거쳐 선정하였으며, 현재는 지자체와 함께 육아종합지원센터에서 모든 과정을 담당하고 있다.

열린어린이집은 무엇보다 부모가 어린이집의 운영에 많은 관심을 두고 보육과정 운영에 방해가 되지 않는 범위 내에서 언제든지 방문하여 관찰하며, 적극적으로 다양한 부모교육의 형태에 참여하였는지를 지자체에서 심의하여 '열린어린이집'으로 선정하게 된다. 즉 부모가 참관할 수 있는 물리적 환경으로 공간의 개방성을 평가하며, 신입원아의 부모 오리엔테이션, 부모개별상담, 부모교육, 부모참여프로그램, 부모 만족도 조사 등의 참여성을 평가한다. 그 외에도 부모참여활동에 대한 지속가능성과 부모가 참여하는 활동의 균형적인 운영, 지역사회와 연계 등에 부모가 얼마나 참여했는지 등을 평가하는 다양성의 항목이 있다. 이러한 네 가지 영역의 평가지표에 대해 심의를 받아서 선정된 어린이집은 공공형어린이집 신규 선정이나 국공립어린이집 재위탁 심사 시 가산점을 부여받게 된다.

(4) 육아종합지원센터 부모교육

한국보육진흥원에서 지자체별로 위탁운영하는 육아종합지원센터에서는 클로버부모교육, 아동학대예방교육, 영유아 성행동이해, 자녀 권리존중 교육 등을 온라인과 오프라인교육으로 실시하고 있다. 클로버부모교육의 경우 2020년부터는 비대면으로 진행하여 왔으며, 어린이집의 부모들에게 홍보하여 자발적인 참여의 형태로 운영하고 있다. 클로버부모교육의 프로그램은 부모가 자신을 이해하는 과정부터 시작하여 자녀를 소중히 여기고 긍정의 가족이 되도록 하기 위해 필요한 부모의 노력 등을 안내하여 실천하도록 하고 있다. 이 프로그램은 이론과 체험을 병행하고 있어 부모들에게 좋은 부모됨에 대한 자신감을 갖게 한다.

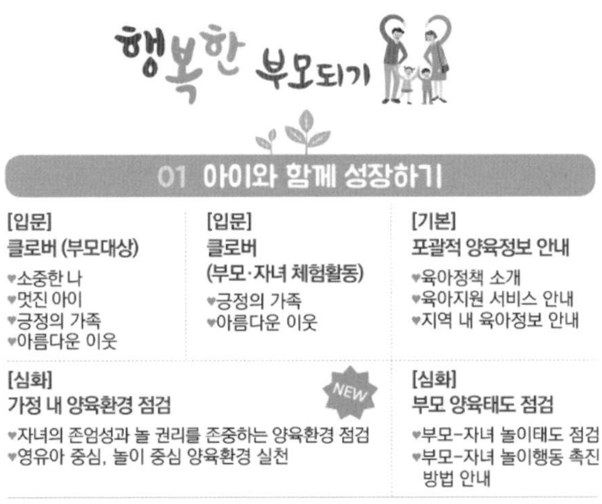

출처: http://central.childcare.go.kr/lcentral/d1_40000/d1_600061/600221.jsp

2. 어린이집과 지역사회의 협력

영유아는 가정과 어린이집뿐만 아니라 영유아가 거주하는 지역사회의 협조로 안전한 환경 속에서 더불어 살아가는 삶의 가치를 배우며 성장한다. 따라서 어린이집에서 지역사회와 긴밀한 협력을 함으로써 다양한 정보를 공유하고, 함께 살아가며 발전하는 모습은 영유아들에게도 소중한 가치를 배우는 경험이 될 것이다.

1) 어린이집과 지역사회 협력의 중요성

지역사회는 영유아의 다양한 경험을 지원하는 풍부한 자원이다. 따라서 어린이집에서는 영유아들이 지역사회의 여러 기관이나 장소를 직접 경험하면서 지역사회에 관심을 가질 수 있도록 지원해야 한다. 예를 들어, 어린이집에서는 기관이 위치한 지역사회 특성에 따라 지역사회 문화예술단체와 시설, 공공기관 및 지역 인사 등을 활용하여 영유아의 경험을 확장할 수 있는 기회를 마련하고 지원할 수 있다. 또한 어린이집을 지원하는 공공기관과의 상호 협의를 통해 표준보육과정 운영이 원활히 이루어질 수 있도록 한다(교육부·보건복지부, 2019).

어린이집은 모든 원아가 등원부터 귀가할 때까지 안전하게 생활하고 지낼 수 있도록 주변환경이 물리적·인적으로 안전해야 한다. 이를 위해서는 어린이집과 근접한 곳의 공공시설뿐만 아니라 음식점, 문구점 등과도 긍정적이고 적극적인 교류가 필요하다. 이와 같이 어린이집은 지역사회와 부모를 연결시켜 주는 가교역할을 하기도 한다.

아프리카 속담에 한 아이를 키우려면 온 마을이 필요하다는 말이 있듯이 영유아가 성인들의 모습을 보고 배우며, 성인들을 믿고 어린이집에 다닐 수 있는 협력적인 상생의 노력이 중요하다. 어린이집의 영유아가 지역사회를 탐방하며, 도움을 받은 곳, 친절을 베풀어 준 곳에 대해서는 긍정적인 이미지를 갖고 그러한 곳들과 적극적인 교류를 할 수 있기 때문이다.

2) 어린이집과 지역사회 협력의 방법

어린이집과 지역사회의 협력은 어린이집이 부모와 협력하는 것 못지않게 중요하다. 영유아의 발달과 놀이를 최선으로 지원하기 위해서는 지역사회에 속한 공공시설이나 자연환경 및 문화환경과의 교류를 통한 활용이 필요하다. 이를 위해 육아종합지원센터, 공유어린이집, 급식관리센터는 어린이집과 교류하며 협력하고 있다.

(1) 육아종합지원센터의 기능

국가에서는 각 지방자치단체별로 육아종합지원센터를 통해 어린이집이 지역사회와 연계하여 보육과정을 효과적으로 운영하도록 지원하고 있다. 이를 위해 전국 공통사업의 강사를 양성하고, 매뉴얼 제작 및 관리와 보육 관련 정보의 수집 및 DB구축, 원격교육 등 온라인 서비스 수행 및 지원을 하도록 하고 있다.

육아종합지원센터에서는 어린이집 보육컨설팅, 보육교직원에 대한 건강·영양·안전교육, 열린어린이집 운영 등 어린이집 지원사업을 하며, 부모·자녀 체험프로그램, 도서·장난감 등 대여프로그램, 부모에 대한 영유아학대예방 교육 및 상담 등 가정양육지원 사업을 운영하고 있다.

열린어린이집 운영의 경우 어린이집에 자녀를 보내는 부모들이 지역사회의 견학 및 봉사활동, 교육에 참여할 수 있도록 권면하여 어린이집이 유아의 성장 발달을 위해 가정 및 지역사회와 협력하는 대표적인 예가 되고 있다. 또한 글로버부모교육을 운영함으로써 부모들이 자녀양육의 어려움에 관한 구체적인 해결책을 찾고 실천하는 데 도움을 주며, 어린이집 운영에 대한 부모들의 협조적인 태도 변화에 효과성을 나타내고 있다.

육아종합지원센터의 이러한 역할은 어린이집이 가정 및 지역사회와 친밀해지며, 서로 협력하여 지역발전에 기여할 수 있도록 하는 허브역할을 하고 있다.

시·군·구 육아종합지원센터의 역할
• 지역의 보육·양육 관련 정보의 수집 및 제공 • 지역 특성을 고려한 보육 프로그램 및 콘텐츠의 개발·보급 • 지자체 특수사업 수행 • 어린이집 보육컨설팅, 보육교직원 교육·상담 등 어린이집 지원 • 영유아·보호자에 대한 양육정보 제공, 교육, 상담 등 가정양육 지원 • 시·도센터 교육, 회의 등 참여 및 지원, 컨설팅 협력 • 이용자 만족도 조사 등 프로그램 개선을 위한 정보 수집 • 지역의 전문인력, 유관기관 등 지역사회와의 네트워크 구축

출처: 보건복지부(2022). 2022년 보육사업안내. p.490.

출처: http://central.childcare.go.kr/ccef/main.jsp

(2) 공유어린이집의 기능

최근에는 어린이집 간에 공동체가 결성되어 지역사회 내에서 서로 협력하는 보육사업이 시작되었다. 어린이집이 양적으로 팽창하였고, 보육의 질을 저하가 우려되어 평가인증제, 우수프로그램 개발 등을 통한 보육의 질적 향상을 위해 노력하고, 저출산으로 인해 원아 모집이 어려운 현실 속에서 경쟁보다는 협력을 통한 상생의 발전 기회가 있다는 것은 매우 고무적인 일이다, '서울형 공유

어린이집'이 그 좋은 선례가 되고 있다.

서울시에서 시작된 '서울형 공유어린이집'은 동일한 지역 내에 있는 어린이집이 서로 정보를 공유하며 시너지의 효과를 창출하는 새로운 보육사업이다. 가까운 거리에 있는 3~5개 국공립·민간·가정 어린이집을 하나의 공동체로 묶어 아이들을 함께 키우는 보육 모델이다. 서울시에 따르면 '서울형 공유어린이집'은 지난 1월 24일부터 이달 8일까지 15일간 공개 모집한 결과, 316개 어린이집(79개 공동체)이 신청해 지난해(1.7대 1)보다 2배가량 높은 3.2대 1의 경쟁률을 보였다. '생태친화 프로그램', '다함께 프로그램'의 보육모델을 필수적으로 적용하고, 공동체별로 원하는 놀이중심프로그램 등 다양한 프로그램을 실행할 수 있도록 지원한다(JTBC, 2022. 2. 23.)고 보도된 바 있다. 서울시에서는 '서울형 공유어린이집'을 2025년까지 100개 공동체로 확대할 계획으로 어린이집 간 상생 협력의 분위기를 조성하고자 하는 데 목적을 두고 시작하였다. 이는 보육교사, 부모, 아동, 지역사회를 하나로 모으고, 별도로 운영되던 서울시 '다함께 보육', '생태친환경보육' 프로그램을 하나로 모아 운영한다는 의미로 '모아 어린이집'으로 명칭을 변경하였다(NEWSIS, 2022. 3. 22.).

'작은 어린이집 뭉치는 '다가치 보육' 발대식…148곳 30그룹 참여'

소규모 어린이집 4~5개를 가정형·민간형·혼합형·국공립 거점형 등 유형별 그룹으로 묶어 그룹별로 공동으로 원아를 모집하고 교재와 교구를 공유하며 교사들을 공동 교육하는 협력 모델이다. 복지부는 지난해 6~11월 육아정책연구소에 의뢰해 3개 지역에서 57개 어린이집이 참여하는 14그룹을 대상으로 '다가치 보육 협력 모델'을 개발했다. 시범 운영 당시 어린이집 간 정보와 자원을 공유하면서 규모의 경제가 실현되고 부모와 교직원의 만족도가 높아졌으며, 원아도 늘어나는 효과가 확인됐다. 올해는 경기, 인천, 울산, 강원, 충남, 충북 등 6개 시·도에서 148개 어린이집이 총 30개 그룹을 형성해 이 사업에 참여한다.

출처: 연합뉴스(2022. 5. 30.)
https://www.yna.co.kr/view/AKR20220530130700530?input=1195m

(3) 어린이급식관리지원센터의 기능

식품의약품안전처는 어린이집, 유치원, 지역아동센터 등 어린이에게 단체급식을 제공하는 집단급식소를 대상으로 체계적이고 철저한 위생관리 및 영양관리를 지원하기 위하여 어린이급식관리지원센터를 설립하였다(https://ccfsm.foodnara.go.kr). 2008년에 「어린이식생활안전관리 특별법」이 제정됨에 따라 어린이급식관리지원센터의 설치 및 운영에 대한 법적 근거가 확보되어 전국에 234개소가 설립되어 운영되고 있다. 이는 어린이집의 단체급식을 체계화하고 영유아의 균형 있는 영양관리를 제공함으로써 학부모들이 어린이집에 대한 신뢰를 갖는 데 중요한 요인이 된다.

어린이급식관리센터는 어린이, 조리사, 교사, 학부모 대상으로 식생활 변화를 위한 교육, 식중독 예방 및 냉장고의 올바른 보관법, 식품알레르기 등을 교육함으로써 어린이집과 지역사회가 교류하여 안전하고 건강한 사회를 만들어 가는 데 기여하고 있다. 교육은 어린이급식관리센터에서 어린이집으로 파견 가거나 교육대상이 센터를 방문하여 안전한 식생활을 위한 체험 또는 특강의 형식으로 이루어지고 있다. 따라서 어린이급식관리지원센터는 지역사회의 어린이들에게 위생 및 영양의 측면에서 많은 도움을 주는 전문적인 협력체가 된다고 할 수 있다.

출처: 어린이급식관리지원센터 https://ccfsm.foodnara.go.kr/

Chapter 09

보육과정의 특성 및 운영

Contents

주요내용

- 보육과정의 개념 및 특성 이해
- 보육과정의 구성 시 고려해야 할 원리 이해
- 보육과정 운영방법 이해
- 보육과정 운영 시 고려되어야 할 다양한 인적, 물적 자원 파악

영유아는 안정적인 물리적·정서적 환경 속에서 건강하게 자라기 때문에 보육철학에 맞게 계획하고 운영할 수 있는 체계가 필요하다. 보육과정은 어린이집의 보육계획과 운영에 관한 설계도를 의미하며, 각 어린이집은 보육철학에 기초하여 보육목적과 목표를 설정하고 보육내용과 방법을 선정하여 보육과정의 기본적인 원리에 따라 운영되어야 한다. 영유아에게 제공되는 보육과정은 영유아가 건강한 사회구성원으로 성장하는 기초적 경험이 되므로 보육교사는 보육과정 운영에 대한 전반적인 체계를 이해해야 한다. 이 장에서는 보육과정의 개념 및 원리를 알아보고 영아반 및 유아반의 운영체계를 고찰하며 실제 보육과정 작성을 연습해본다.

생각해보세요

어린이 '놀 권리' 법으로 보장한다…정부, 아동기본법 추진

현재 아동의 권리는 아동복지법, 아동학대방지법, 영유아보육법이나 유아교육법 등 각종 교육 관련 법에서 개별적으로 규정하고 있다. 그러나 이들 법은 아동을 보호의 대상, 보육의 대상, 교육의 대상으로 보는 측면이 있다. 반면 아동기본법은 아동 관련 개별 법률과 유기적인 체계를 갖는 포괄법으로, 아동이 주체가 돼서 구체적인 권리를 선언한다는 점이 다르다. 아동기본법에서 아동은 '놀 권리'를 보장받는다. 아동이 일상에서 놀 수 있는 환경을 제공받아야 한다는 것이다. 아동의 교육 환경뿐 아니라 놀이 환경도 중요하다는 점을 인지하자는 취지다. 이밖에 아동기본법은 의료서비스를 받을 권리, 발달권, 생존권, 참여권, 환경권 등 아동이 누려야 하는 구체적인 권리들을 선언한다. 국가는 아동을 위해 건강한 성장환경을 조성해야 할 책임이 있다는 점도 명시한다.

아동기본법 제정은 '지구촌 아동의 인권법'이라 불리는 유엔아동권리협약의 권고 사항이기도 하다. 복지부 관계자는 "유엔아동권리협약의 권고도 있지만 우리나라에서도 아동의 권리를 구체화하고 보장해야 한다는 필요성이 제기돼 아동기본법 제정을 추진하는 것"이라고 설명했다.

출처: 연합뉴스(2022. 5. 5.).
https://www.yna.co.kr/view/AKR20220504121500530?input=1195m

1. 보육과정의 특성

영유아가 어린이집에서 놀며 배우고 성장하기 위해서는 이에 필요한 요소가 보호하고 교육하는 과정의 체계 속에 포함되어 운영되어야 한다. 따라서 보육과정의 개념과 원리에 대한 기초적인 이해가 필요하다.

1) 보육과정의 개념

보육과정은 어린이집의 보육계획과 운영에 관한 설계도를 의미하며 각 어린이집은 보육철학을 바탕을 보육목적과 목표를 설정하고 이를 이룰 수 있는 보육내용과 방법을 선정하여 보육에 관한 큰 그림을 그린다(박찬옥 외, 2014). 보육과정은 영유아를 심리적·신체적으로 잘 키우기 위한 보육의 방향과 방법을 제시하는 것으로 건강한 사회구성원이 되어가는 기초적 경험이라고 할 수 있다. 따라서 보육과정은 어린이집의 보육철학과 보육목표에 따라 영유아에게 제공되는 보육내용이며 방법이다. 또한 어린이집에 다니는 0~5세 영유아의 보육목적을 달성하기 위하여 영유아의 발달적 특성을 고려하여 제시하는 보육프로그램의 형태를 말한다. 이는 영유아 시기에 경험해야 할 공통적이고 일반적인 기준을 제시한 국가수준의 보육과정인 표준보육과정으로 운영하고 있다.

영유아를 위한 보육과정은 영아와 유아의 건강한 심신의 발달을 도울 수 있는 다양한 경험을 일상생활과 놀이를 통해 이루어지도록 제공하고 있으며, 이를 위해 교사들은 영유아가 스스로 놀이를 선택하고 놀면서 배워가는 과정에서 즐거움과 배움을 갖도록 놀이를 지원하기 위한 다양한 노력을 하고 있다.

보육과정은 「영유아보육법」 제29조에 '영유아의 신체·정서·언어·사회성 및 인지적 발달을 도모할 수 있는 내용을 포함하여야 한다.'고 명시되어 있으며, '어린이집 원장은 표준보육과정에 따라 영유아를 보육하도록 노력하여야 한다.'고 명시되어 있다. 또한 '보육과정 외에 어린이집 내외에서 이루어지는 특별활동프로그램을 실시할 수 있으며, 특별활동에 참여하지 아니하는 영유아를 위하여 특별활동을 대체할 수 있는 프로그램을 함께 마련하여야 한다.'고 명시되어 있다. 이와 같이 어린이집에서는 영유아의 전인적인 성장·발달을 위해 기본적인 보육과정으로 표준보육과정을 운영해야 하는 책임이 있을 뿐만 아니라 특별 프로그램도 허용되고 있음을 알 수 있다. 물론, 사교육의 일환으로서 특별활동은 지양해야 할 것이다. 영유아의 발달단계에 따라 교육, 영양, 건강, 안전 등의 체계적인 계획 속에 영유아의 일상생활과 놀이가 충분히 즐겁게 제공된다면 영유아에게 유익한 보육과정이라고 할 수 있을 것이다.

2) 보육과정의 원리

보육과정은 운영의 중심이 누구에게 있는지에 따라 그 성격에는 차이가 있다. 즉 교사 중심의 보육과정과 영유아 중심의 보육과정은 영유아의 심신의 건강과 사회·정서적인 발달, 창의적인 발달 등의 측면에서 차이가 있을 것이다. 또한 어린이집에서 보육철학의 근간을 어디에 두는지에 따라 전반적인 보육과정의 운영에 차이가 있을 것이다.

보육과정은 영유아를 잘 키워 내기 위한 하나의 틀로서 작용하며, 이러한 기본적인 틀은 어린이집의 위치, 여건, 지역사회의 자원활용, 부모의 협력 정도, 보육교사의 질에 따라 다르게 운영될 수 있다(유구종·조희정, 2021). 따라서 영유아가 행복하게 성장발달할 수 있도록 하기 위해 필요한 보육과정의 원리가 있다는 것이 보육과정의 특성이라 하겠다.

보육과정이 영유아를 안전하고 건강하게 보호하며, 전인적인 성장과 발달을 할 수 있도록 운영되기 위해서는 영유아를 능동적인 존재로 인정해야 하고, 영유아가 주도적으로 참여할 수 있는 보육과정의 운영이 되어야 한다.

(1) 영유아를 능동적 존재로 인정하고 존중하는 보육과정

영유아의 성장은 영유아와 환경의 상호작용이라는 능동적 활동을 통해 이루어지기 때문에 각 발달단계에 맞는 적절한 환경이 제공되어야 한다. 영유아는 사회적·물리적 환경과의 상호작용을 통해 스스로 자신의 경험을 구성하고 재구조화하고 확장해 나갈 수 있는 존재이므로 영유아가 능동적으로 활동할 수 있는 보육과정을 구성하여야 한다(서영숙 외, 2018).

영유아는 호기심이 많고 흥미 있는 대상과 환경을 탐색하며 능동적인 자기 경험을 하게 된다. 이를 통해 삶에 필요한 지식을 구성해 나가고, 자아를 발견하며 공동체 속에서 자신의 존재감과 역할을 배워 나간다.

(2) 영유아가 주도적으로 참여할 수 있는 보육과정

어린이집에서 영유아에게 필요한 지식, 기능, 태도 및 가치를 영유아가 경험을 통해 배울 수 있는 방식으로 조직하여 영유아가 주도적으로 참여하여 스스로 즐겁게 배울 수 있도록 구성하여야 한다(최명희, 2021).

영유아의 기질, 환경, 문화 등을 고려하고 개별 영유아의 특성과 개인차를 반영한 보육과정의 구성은 영유아가 흥미를 갖고 적극적으로 참여하며 그러한 과정 속에서 자신의 유능감을 발견하며 일상생활에서의 주도적인 삶의 태도를 배워 나간다.

(3) 어린이집과 가정 및 지역사회가 연계된 보육과정

영유아가 속해 있는 가정, 기관, 지역사회 등은 모두 보육과정의 주체이므로 상호 연계하고 협력해야 한다(보건복지부, 2020). 특히 영유아에 대해서 가장 많이 알고 있고 양육의 책임이 있는 가정과의 원활한 의사소통이 가장 중요하다.

지역사회는 영유아의 다양한 경험을 지원하는 풍부한 자원으로 영유아들이 지역사회의 여러 기관이나 장소를 직접 경험하면서 지역사회에 관심을 가질 수 있도록 지원하게 된다(보건복지부, 2020). 어린이집이 소재하고 있는 지역사회는 각 가정의 거주지이기도 하고 영유아가 살기 좋은 환경이 되도록 하기 위한 생태체계가 된다.

따라서 어린이집과 가정, 어린이집과 지역사회가 연계할 수 있는 보육과정의 구성은 영유아가 사회구성원으로서 안전하게 성장할 수 있으며 지역사회 속에 더불어 살아가는 삶을 배워 나간다.

(4) 놀이 중심의 보육과정

놀이는 영유아가 살아가는 방식이자 세상을 탐색하고 도전하는 행동의 유형이다. 유아는 놀이하면서 자신의 감각과 정서, 상상을 사용하여 새로운 배움을 얻고 그 과정 전체를 즐거움으로 받아들인다(최명희, 2021).

영유아는 놀면서 배우고 자라는 특성이 있기 때문에 보육과정이 놀이 중심으로 이루어져야 한다. 놀이 중심이라는 것은 영유아 중심이라는 것이고 결국 영유아가 능동적이고 주도적일 수 있는 보육과정을 통해 배우며 성장한다는 것이다.

개정된 국가수준의 보육과정은 미래사회의 변화에 부응하는 방향을 반영하여 지식이 많은 사람보다는 지식을 잘 활용할 수 있는 역량을 갖춘 사람을 강조한다. 이전의 국가수준 보육과정과 비교하여 전체적인 내용을 간략화하고 영유아가 주도하는 놀이를 통해 배움이 구현될 수 있도록 영유아·놀이중심보육과정으로 나아가고자 하였다(교육부·보건복지부, 2019).

2. 보육과정의 운영

영유아는 어린이집에서 교사와 또래와의 만남을 통해 놀며, 배우고 성장해 간다. 부모들은 영유아가 어린이집에서의 시간을 즐거워하고 건강히 잘 자랄 때 안심을 하고 믿으며 보육과정의 운영에 협조하게 된다. 어린이집의 보육과정 운영은 영아와 유아로 나누어 살펴볼 수 있다.

1) 영아반의 보육과정 운영

어린이집에서는 제4차 표준보육과정을 통해 영아주도적인 놀이가 충분히 이루어질 수 있도록 계획하고 지원하고 관찰하며 기록하는 과정을 통해 건강한 성장발달을 돕고 있다. 보육과정의 운영은 놀이계획과 놀이기록으로 일일, 주간, 월간, 연간이 운영되는 것을 말한다.

보육과정은 영아의 놀이경험에 따라 시기와 기간에 변경이 있을 수 있으나 영아의 어린이집 적응, 계절 등을 포함하여 1년 동안 영아들에게 중요한 경험을 충분히 제공할 수 있도록 연간보육계획, 월간·주간보육계획, 일일보육계획을 수립한다.

영아들은 수시로 관심사가 달라지고 짧은 탐색과 놀이를 반복한다. 이러한 영아의 특성과 경험을 이해하고 지원할 수 있도록 사전계획은 최소화하고 공간, 자료, 일과, 상호작용, 안전에서 어떻게 지원할 것인가를 추가하여 만들어 가는 계획을 수립하도록 한다(중앙육아종합지원센터, 2020a).

(1) 연간보육계획

영아를 위한 연간보육계획은 영아에게서 발현되는 놀이경험이 즉각적으로 반영될 수 있도록 여지를 남기며 계획해야 하며, 영아의 놀이경험에 따라 시기와 기간 등이 변경될 수 있어야 한다(중앙육아종합지원센터, 2020a).

연간보육계획안에는 1년간 진행 예정인 어린이집 행사와 영아의 주요경험을 포함한다. 영아의 주요경험은 영아의 어린이집에 적응, 계절의 변화, 특별한 날의 경험 등을 포함한다.

표 9-1 연간보육계획안 예시

월	어린이집 행사	영아의 주요 경험
3	입학식 소방 대피훈련 운영위원회	엄마, 아빠와 잘 헤어지기 불이야! 외치며 대피해요 산책하기
4	봄나들이 생일잔치 부모개별상담	계절의 변화 경험하기 선생님, 친구와 친숙해지기 꽃가게 방문하기
5	어린이날 행사 부모참여수업	부모님과 함께 놀이하기 우리 반 환경과 일과에 익숙해지기

그룹활동

6월~2월까지 어린이집 행사와 영아의 주요경험을 계획해 보세요.

(2) 월간, 주간보육계획

월간, 주간 보육계획안의 양식과 내용이나 작성 주기는 교사가 자율적으로 결정하여 진행하며, 영아의 흥미와 요구, 놀이, 사전경험, 계절 등을 고려하여 수립한다. 중앙육아종합지원센터(2020a)에서는 월간보육계획안에 주간의 내용을 포함하여 놀이, 일상생활, 놀이자료로 구분하여 제시하고 있다. '놀이'에서는 영아의 주요경험을 고려하여 계획을 세우고 관련 자료를 제공하도록 하고 있으며, '일상생활'에서는 일상에서 경험하는 탐색과 놀이를 포함하고 있다. '놀이자료'에서는 예상놀이 및 영아관심으로 새롭게 추가된 놀이에 따라 제공한 열린 형태의 놀이자료를 제시하고 있다.

표 9-2 월간보육계획안 예시

<table>
<tr><th colspan="2">월</th><td colspan="4">7월</td></tr>
<tr><th colspan="2">주요경험</th><td colspan="4">더운 날씨와 놀이</td></tr>
<tr><th colspan="2">주</th><th>1주</th><th>2주</th><th>3주</th><th>4주</th></tr>
<tr><th rowspan="2">놀이
(바깥
놀이
포함)</th><th rowspan="2">더운
날씨와
놀이</th><td>더운 날씨</td><td colspan="2">즐거운 물놀이</td><td>깨끗이 씻기</td></tr>
<tr><td>날씨에 따라
달라지는 것</td><td colspan="2">물을 이용한 놀이</td><td>인형 목욕놀이</td></tr>
<tr><th colspan="2">일상생활</th><td colspan="4">비누거품으로 손을 문질러 닦아보아요 / 손 씻은 후 물기를 닦아보아요
내 기저귀를 꺼내 보아요 / 기저귀 갈기 전 변기에 앉아 보아요</td></tr>
<tr><th colspan="2">놀이자료</th><td colspan="4">산책·여행사진, 여행 용품(모자, 가방 등), 비닐매트, 물놀이 용품(비치볼, 튜브 등), 인형, 목욕용품, 수건</td></tr>
<tr><th colspan="2">계획 및 일정</th><td colspan="4">10일 - 방역의 날 / 20일 - 소방대피훈련</td></tr>
</table>

출처: 중앙육아종합지원센터(2020a). 영아(0~2세)보육과정. p.79.

중앙육아종합지원센터(2020a)에서는 주간보육계획안을 주간보육일지로 작성하여 '추구하는 인간상'을 중심으로 한 주에 영아가 어떻게 지냈으면 하는지를 기술하는 칸으로 '이번 주 교사의 기대'를 기술할 수 있으며, 오전 실내놀이와 바깥놀이는 충분한 놀이시간을 확보하여 실시하고 놀이가 진행되는 흐름에 따른 각 놀이의 변화를 놀이명 수준으로 간단히 기록할 수 있다고 예시로 소개하였다. 또한 낮잠 후에 진행하는 놀이를 실내외 구분 없이 기록하며, 마지막으로 '놀이 평가 및 다음날 지원계획'에서는 실행된 놀이에 대한 간단한 평가, 일과 계획에서 그날 변동된 시간, 운영의 특이사항을 기록할 수 있다고 예시로 소개하였다. 이러한 내용을 표로 나타내면 표 9-3과 같다.

표 9-3　주간보육일지 작성 예시

<table>
<tr><td>기간</td><td colspan="5">년　월　일　~　월　일</td></tr>
<tr><td>이번 주
교사의 기대</td><td colspan="5">영아들의 배변훈련 과정이 편안하고 기분 좋게 진행되었으면 함</td></tr>
<tr><td>요일 일과</td><td>월</td><td>화</td><td>수</td><td>목</td><td>금</td></tr>
<tr><td>등원 및 통합보육
(07:30~09:00)</td><td colspan="5"></td></tr>
<tr><td>오전 간식
(09:00~09:20)</td><td colspan="5"></td></tr>
<tr><td rowspan="3">오전 실내놀이
(09:20~10:50)</td><td colspan="5">화장실을 둘러보아요 --></td></tr>
<tr><td>---------------></td><td colspan="2">모형 변기에 앉아 '응가' 하는 흉내 내 보아요 ------------------------ ></td><td colspan="2">아기인형 '쉬' 하고 팬티 입혀 주어요 ----------------------------------></td></tr>
<tr><td colspan="3">밀가루 반죽놀이 -------------------></td><td></td><td></td></tr>
<tr><td>바깥놀이(대체)
(10:50~11:20)</td><td colspan="2">젖은 모래 뭉쳐보아요 --------></td><td colspan="3">선생님 손잡고 달려보아요(노래 들으며 몸을 움직여요) ---></td></tr>
<tr><td>점심 식사
(11:20~12:20)</td><td colspan="5"></td></tr>
<tr><td>낮잠 및 휴식
(12:20~14:40)</td><td colspan="5"></td></tr>
<tr><td>오후 놀이
(14:40~15:40)</td><td colspan="5">오전에 진행되었던 자유놀이 확장하여 놀이하기</td></tr>
<tr><td>오후 간식
(15:40~16:00)</td><td colspan="5"></td></tr>
<tr><td>귀가 및 통합보육
(16:00~17:00)</td><td colspan="5"></td></tr>
<tr><td>놀이평가 및
다음날 지원계획</td><td colspan="5">화요일 예시)
코로나19 등 감염병 예방을 위해 24개월 이상 영아들은 마스크 착용 후 생활하는 중임, 오늘은 미세먼지 농도가 '나쁨'이어서 바깥놀이 대체 놀이를 진행하였다. 그에 따라 바깥놀이를 대체한 실내놀이시간을 10분 늘리는 것으로 조정 후 진행하였다. 내일은 오전부터 미세먼지 수치를 확인해 가능한 상황이며 바깥놀이 시간을 충분히 제공해 주어야겠다.</td></tr>
<tr><td>반 운영 기록사항</td><td colspan="5">안전사고: ㅇㅇㅇ화장실에서 넘어져 타박상으로 소독 후 처치함</td></tr>
</table>

출처: 중앙육아종합지원센터(2020a). 영아(0~2세)보육과정. p.82.

그룹활동

〈표 9-3〉의 빈칸을 채워보세요.

(3) 일일보육계획

일일보육계획은 영아의 흥미와 요구, 놀이, 사전경험, 계절 등을 고려하여 수립하는데, 교사가 예상하는 주요 경험에 맞추어 계획을 하더라도 영아의 흥미와 요구, 놀이상황에 따라 놀이계획이 변경될 수 있다. 따라서 제4차 어린이집 표준보육과정 운영에서는 계획을 포함한 보육일지의 형식으로 기록하고 있다.

보육일지는 '놀이(실내놀이, 바깥놀이)', '일상생활'로 구성된 일과 중 의미 있는 내용을 중심으로 기록한다. 어린이집 평가에서는 모든 '하루일과'를 시간순으로 기재할 필요는 없으나, 실내 놀이시간, 바깥놀이시간, 낮잠시간(만 3세 이하) 등은 기재하여야 한다(중앙육아종합지원센터, 2020a)고 명시하고 있다. 하루일과를 일상생활, 놀이, 활동으로 구분하여 작성한 예시를 소개하면 다음과 같다.

표 9-4 일일보육일지 예시

기간	20 년 월 일( ) 날씨:	
통합보육	등원(7:30~9:00)	하원(16:00~17:00)
일과(시간)	계획 및 실행	
일상생활	간식 (9:00~9:20) (15:40~16:00)	
	점심식사 (11:20~12:20)	밥과 반찬 골고루 먹어봐요
	낮잠 및 휴식 (12:20~14:40)	
놀이	실내놀이 (9:20~10:50) (14:40~15:40)	• 놀이상황: 바나나 향 밀가루 반죽으로 음식 만드는 놀이에 흥미 지속됨. 반죽 위에 소금 뿌리는 흉내를 내거나 반쪽 음식 모형을 붙이며 꾸며보기를 즐김 • 놀이지원: 자른 빨대를 추가로 제공해 주어 반죽놀이를 지원함
	바깥놀이 (10:50~11:20)	• 놀이상황: 연근 탐색놀이를 더하고 싶어 하는 영아들을 위해 바깥놀이터로 가지고 와서 놀이함. 모래와 연근으로 음식을 만들거나 모래 속에 연근을 숨겨보기도 함

놀이평가 및 다음날 지원계획	밀가루 반죽놀이에 어떤 재료를 추가해 주는가에 따라 영아들이 연상하는 음식 모형이 달라지는 것을 볼 수 있음. 자른 빨대 외에 내일은 플레이콘을 추가로 제공해 주어야겠음
반 운영 기록사항	부모 개별면담

출처: 중앙육아종합지원센터(2020a). 영아(0~2세)보육과정. p.85.

2) 유아반의 보육과정 운영

유아반의 보육과정은 개정 누리과정으로 유아와 교사가 함께 '만들어가는 보육과정'이기에 유아에게 발현되는 놀이가 즉각적으로 반영될 여지를 가지고 계획한다. 유아의 흥미를 존중하여 유아 놀이에 따라 지원할 내용을 최소화로 계획하고, 유아의 흥미와 요구, 놀이 상황을 추가하여 만들어가는 보육과정이 중요하다(중앙육아종합지원센터, 2020b).

(1) 연간보육계획

연간보육계획은 개정 누리과정에서 추구하는 인간상, 어린이집의 철학, 지역사회의 특성, 개인 수준의 다양성을 고려하여 자율적으로 수립한다(중앙육아종합지원센터, 2020b). 무엇보다 중요한 것은 유아들의 어린이집 적응과 계절, 명절, 국가 행사 등을 고려하여 계획하지만 유아들의 놀이 경험에 따라 시기와 기간 등이 변경될 수 있다는 것이다.

표 9-5 연간보육계획안 예시

월	어린이집 행사	유아의 주요 경험
3	입학식 신입원아 적응기간 생일잔치 운영위원회	신입원아 어린이집 적응 재원원아 어린이집 적응 새로운 환경과 친구 만나기
4	봄소풍, 씨앗 심기 생일잔치 부모개별상담	계절의 변화 경험하기 자연과 더불어 사는 고마움 알기
5	어린이날 행사 인형극 관람 부모참여수업	감사의 마음 느껴보기 (어린이날, 어버이날, 스승의날)

그룹활동

6월~2월까지 어린이집 행사와 유아의 주요경험을 계획해 보세요.

(2) 월간, 주간보육계획

월간, 주간보육계획안의 양식과 내용이나 작성 주기는 교사가 자율적으로 결정하여 진행하며, 유아의 흥미와 요구, 사전경험, 계절 등을 고려하여 수립한다. 교사는 예상 놀이주제로 계획하지만 유아의 흥미와 요구, 놀이상황에 따라 계획은 변경될 수 있다.

월간보육계획안에는 주간의 내용을 포함하여 놀이, 일상생활, 놀이자료로 구분하여 제시하고 있다(중앙육아종합지원센터, 2020b). 표 9-6에서는 놀이주제를 '여행을 떠나요'로 소개하였으나, 여러 가지 탈것에 대한 관심이 '자동차 길'이란 주제로 변경되어 진행될 수 있으며, 그에 따라 활동도 추가 진행될 수 있다. 이때 놀이자료는 유아의 관심으로 새롭게 추가된 놀이에 따라 충분히 제공되어야 한다.

표 9-6 월간보육계획안 예시

월		8월			
놀이주제		여행을 떠나요			
유아의 주요경험		유아가 다녀온 여행지에 대해 이야기하다가 여러 가지 탈것에 관심을 보임. 탈것 중에서 자동차가 다니는 여러 가지 길을 만들어 보는 놀이도 진행됨			
주		1주	2주	3주	4주
놀이 (바깥 놀이 포함)	여행	내가 다녀온 여행지	여행하면서 경험한 것	무엇을 타고 갔나?	
		여행지 소개 여행할 때 필요한 물건	무엇을 보았나? 어떤 놀이를 했나?	내가 타 본 탈것들 여행할 때 '기차'를 타고 갔어요	
활동		가족과 함께 간 여행 소개하기 내가 다녀 온 여행을 소개해요 신호등을 보고 건너요			
놀이자료		여행 사진, 여행용품(모자, 가방, 선글라스 등), 우리나라 지도, 물놀이 의상(수영복, 수영모, 물안경 등), 여행 퍼즐 등			
행사일정		수영장 가기, 부모참여 프로그램(열린어린이집의 날)			

출처: 중앙육아종합지원센터(2020b). 유아(3~5세)보육과정. p.65.

주간보육일지 작성 시 '오전 실내놀이'에서는 놀이시간에 정리 및 전이 시간이 포함되므로 이를 고려하여 충분한 놀이시간을 확보하여 실시하고 계획된 놀이와 우연히 일어난 놀이 등의 실행을 중심으로 간단히 기록한다. 또한 '놀이평가 및 다음날 지원계획'은 실행된 놀이에 대한 간단한 평가와 일과계획에서 당일에 변동된 시간과 활동 등을 기록한다.

그룹활동

〈표 9-7〉의 빈칸을 채워보세요.

표 9-7　주간보육일지 작성 예시

<table>
<tr><td>기간</td><td colspan="5">년　월　일 ~　월　일</td></tr>
<tr><td>일과(시간)</td><td>월</td><td>화</td><td>수</td><td>목</td><td>금</td></tr>
<tr><td>등원 및
통합보육
(07:30~09:00)</td><td colspan="5"></td></tr>
<tr><td>오전간식
(09:00~09:20)</td><td colspan="5"></td></tr>
<tr><td rowspan="3">오전 실내놀이
(09:20~10:40)</td><td colspan="5">‘데굴데굴 자동차를 굴려요’
-여러 가지 자동차와 자동차 사진을 준비함</td></tr>
<tr><td colspan="5">‘도로에서 볼 수 있는 것’
-신호등, 표지판 등 도로에서 볼 수 있는 교통 관련 사진과 소품을 준비함</td></tr>
<tr><td colspan="5">‘여러 가지 길’
-여러 가지 길을 만들 수 있는 블록 등을 준비함</td></tr>
<tr><td>활동
(10:40~11:00)</td><td></td><td>‘교통안전교육’
-신호등을 보고 건너요</td><td>내가 만든 자동차를 소개해요</td><td></td><td>자동차 길을 만들 때 조심해요</td></tr>
<tr><td>바깥놀이(대체)
(11:00~12:20)</td><td colspan="5">놀이터에서 자동차 굴리기, 산책하며 자동차길 살펴보기
(대체놀이: 유희실, 복도에서 자동차 굴리기)</td></tr>
<tr><td>점심식사
(11:20~12:20)</td><td colspan="5">골고루 먹기</td></tr>
<tr><td>낮잠 및 휴식
(12:20~14:40)</td><td colspan="5">조용한 음악을 들으면서 휴식을 취하거나 낮잠이 필요한 유아들은 낮잠 자기</td></tr>
<tr><td>오후놀이
(14:40~15:40)</td><td colspan="5">오전에 진행되었던 자유놀이 확장하여 놀이하기</td></tr>
<tr><td>오후간식
(15:40~16:00)</td><td colspan="5"></td></tr>
<tr><td>귀가 및
통합보육
(16:00~17:00)</td><td colspan="5">자유롭게 놀이 후 순차적으로 귀가하기</td></tr>
<tr><td colspan="6">놀이평가 및 다음날 지원계획</td></tr>
<tr><td>월</td><td>화</td><td colspan="2">수</td><td>목</td><td>금</td></tr>
<tr><td colspan="6">수요일 예시: 오늘은 미세먼지 수치가 낮아져서 어제 하지 못한 바깥놀이를 1시간 30분(10:50~12:20)으로</td></tr>
</table>

조정하여 진행하였다. 확장된 실외 공간에서 자동차 길을 만들며 안전문제가 발생하기 시작하기 시작함에 따라 안전하게 놀이할 수 있는 방법에 대해 유아들과 이야기를 나눌 필요가 있겠다.	
다음 주 예상 놀이 및 지원계획	다음 주에는 계절에 맞는 놀이로 변경하여 진행하고자 한다. 날씨가 추워진 만큼 겨울이 다가왔음을 알고 유아들과 함께 겨울에 대해서 알아보며 관심을 가질 수 있도록 계획해야겠다. 그러나 이번까지 자동차 놀이에 관심을 많이 보인 만큼 유아들의 자동차 놀이에 대한 흥미가 지속된다면 관련 놀잇감을 계속 제공해 주고 유아들의 흥미가 줄어들면 정리해야겠다.
반 운영 기록사항	안전사고: ㅇㅇㅇ화장실에서 넘어져 타박상으로 소독 후 처치함

출처: 중앙육아종합지원센터(2020b). 유아(3~5세)보육과정. p.67.

(3) 일일보육계획

일일보육계획은 유아의 흥미와 요구, 놀이, 사전경험, 계절 등을 고려하여 수립하는데, 교사가 예상하는 주요 경험에 맞추어 계획을 하더라도 유아의 흥미와 요구, 놀이상황에 따라 놀이계획이 변경될 수 있다. 따라서 제4차 어린이집 표준보육과정(개정 누리과정) 운영에서는 계획을 포함한 보육일지의 형식으로 기록하고 있다.

주간보육계획 또는 일일보육계획을 포함하여 작성이 가능하며, 유아들이 흥미를 보인 놀이 및 활동을 기록한다. 주요놀이에 대한 평가와 다음 놀이를 위한 지원계획 등을 포함하여, 놀이 중 작성한 메모나 유아의 놀이사진, 놀이 결과물 등 활용이 가능하다. 또한 보육일지는 정해진 서식이 없으며 각 어린이집의 상황에 맞는 별도의 양식을 사용할 수 있다(중앙육아종합지원센터, 2020b).

표 9-8 일일보육일지 예시

기간	20 년 월 일( ) 날씨:	
통합보육	등원(7:30~9:00)	하원(16:00~17:00)
일과(시간)	계획 및 실행	
일상생활	간식 (9:00~9:20) (15:40~16:00)	
	점심식사 (11:20~12:20)	
	낮잠 및 휴식 (12:20~14:40)	
놀이	실내놀이 (9:20~10:40) (14:40~15:40)	• 놀이상황: 놀이터에서 진행한 나무껍질 딱지놀이가 교실에서도 계속 이어짐. 유아들이 미술영역 등에서 다양한 재질의 종이를 찾더니 딱딱한 종이를 찾아 딱지접기를 함 • 놀이지원: 유아들이 딱지에 관심이 높아 기존 재료 이외에도 부족한 두꺼운 재질의 종이, 잡지 등을 추가로 제시함. 또한 유아들이 이야기하는 딱지 크기에 맞추어 종이를 잘라서 딱지 접기를 지원함
	바깥놀이 (10:50~11:20)	• 놀이상황: 놀이터에서 유아들이 나무 밑에 떨어진 나무껍질을 수집하며 딱딱한 성질을 발견하더니 한 유아가 "이거 딱지 같아"라고 이야기함. 유아들이 나무껍질을 모아 딱지놀이를 시작함
활동 (10:40~11:00)		• 교통안전교육: '신호등을 보고 건너요'라는 주제로 안전교육이 이루어지면서 길을 건너는 상황에 따라 안전하게 신호등을 보고 건너는 방법을 알아볼 수 있었음. 가정연계로 유아들이 부모님과 신호등을 보고 길을 건너볼 수 있도록 안전교육 내용을 안내해야겠음
놀이평가 및 다음날 지원계획		딱지놀이가 지속적으로 진행되면서 유아들이 자신이 만든 딱지를 어디에 보관해야 할지 고민하는 모습을 볼 수 있었음. 내일은 유아들이 딱지 가방이나 보관함을 만들어 볼 수 있도록 종이상자, 리본끈 등의 조형재료를 추가로 제공해 주어야겠음
반 운영 특이사항		부모 개별면담 진행

출처: 중앙육아종합지원센터(2020b). 유아(3~5세)보육과정. p.71.

그룹활동

〈표 9-8〉의 빈칸을 채워보세요.

Chapter

10

어린이집 표준보육과정의 구성과 내용

Contents

1. 표준보육과정의 개요
2. 표준보육과정의 구성방향
3. 표준보육과정의 내용

주요내용

- 표준보육과정의 개발 이해
- 표준보육과정의 구성방향
- 표준보육과정의 편성운영, 교수학습, 평가
- 표준보육과정의 영역별 내용

어린이집 표준보육과정은 국가수준의 공통성과 지역, 기관 및 개인 수준의 다양성을 추구하고 영유아의 전인적 발달과 행복, 영유아중심·놀이중심의 보육과정 운영과 영유아의 자율성과 창의성 신장, 영유아, 교사, 원장, 부모 및 지역사회가 함께 실현을 추구하는 성격을 갖는다. 표준보육과정을 통해 건강한 사람, 자주적인 사람, 창의적인 사람, 감성이 풍부한 사람, 더불어 사는 사람으로 성장해 갈 수 있도록 돕고 있다. 이 장에서는 표준보육과정의 성격, 추구하는 인간상, 목적과 목표, 중점 구성 등에 대한 기본적인 내용을 통해 어린이집 보육과정의 전반적인 운영의 핵심 방향을 이해한다.

생각해보세요

https://www.youtube.com/어린이집의 하루

1. 표준보육과정의 개요

1) 표준보육과정의 개발 이해

어린이집이 양적 증가를 하였으나 국가 수준의 지침이 없이 운영하다 보니 어린이집 간 양질의 수준 차이가 발생하여 국가수준의 지침의 필요성에 대한 요구가 증가하였고, 이를 위해 「영유아보육법」을 개정하여 표준보육과정을 개발하고 보급하게 되었다.

표준보육과정은 2004년 1월 「영유아보육법」 전문 개정에서부터 시작하여 2013년 1월에 제3차 어린이집 표준보육과정 개정고시에 이르렀다. 즉 2006년 11월에 여성가족부령으로 「영유아보육법 시행규칙」 제30조 관련 표준보육과정령이 발표되었고, 이듬해 2007년 1월에 1차 표준보육과정의 구체적 보육내용 및 교사지침이 고시되었으며, 이어서 표준보육과정에 기초하여 총론과 어린이집 프로그램, 장애아용 프로그램이 개발·보급되었다(김현자 외, 2020). 이후 '만 5세 누리과정'이 발표됨에 따라 2012년 2월에 0~4세를 대상으로 하는 제2차 표준보육과정이 개정·고시되었다.

어린이집 0~5세 영유아의 연속적 경험과 연령 간 발달적 연계를 위해서 「제2차 표준보육과정」 중 「3~5세 연령별 누리과정」의 목표와 내용을 고려하여 0~1세 보육과정, 2세 보육과정을 개정하였다. 이에 2013년 1월에 누리과정을 포함하여 「제3차 어린이집 표준보육과정」을 고시하였다(보건복지부, 2020).

2019년 5월 16일, 2019 개정 누리과정(안) 공청회가 열렸고 교육부가 국정과제를 구현하기 위해 '유아교육 혁신방안'(2017. 12. 27.)을 발표하였다. 이로써 '유아가 중심이 되고 놀이가 살아나는 유아 중심·놀이 중심의 교육과정 혁신'이 시작되었으며, 모든 만 3~5세 유아들에게 유아교육·보육과정이 통합된 3~5세 누리과정을 제공하고 취학 전 교육의 질을 제고하려는 노력이 표면화되었다. 2019 개정 누리과정이 고시됨에 따라 0~2세 보육과정을 포함하여 제4차 어린이집 표준보육과정을 2020년 4월에 고시되어 2020년 9월1일부터 시행하였다.

표 10-1 표준보육과정의 연혁

구분	내용
영유아보육법 개정(2004)	표준보육과정 개발 및 보급 근거마련(「영유아보육법」 제29조)
제1차 표준보육과정(2007)	2세 미만, 2세, 3~5세 보육과정 구분
제2차 표준보육과정(2012)	0~4세 보육과정, 5세 누리과정 구분
제3차 표준보육과정(2013)	0~1세, 2세, 3~5세 연령별 누리과정 구분
제4차 표준보육과정(2020)	0~1세, 2세, 3~5세 누리과정 구분

2) 표준보육과정의 성격

어린이집 표준보육과정(이하 '표준보육과정이라 함)은 0~5세 영유아를 위한 국가수준의 보육과정이며 0~1세 보육과정, 2세 보육과정, 3~5세 보육과정(누리과정)으로 구성하였다. 제4차 어린이집 표준보육과정 해설서(보건복지부, 2020)에서 설명하는 표준보육과정의 성격을 간략히 정리하면 다음과 같다.

① 국가수준의 공통성과 지역, 기관 및 개인 수준의 다양성을 동시에 추구한다.

- 국가 수준의 공통성은 어린이집에서 보육과정을 구성하고 운영할 때 고려해야 할 공통적이고 일반적 기준을 의미한다.
- 지역 수준의 다양성은 국가 수준의 보육과정을 바탕으로 각 지역사회의 상황과 여건을 고려하여 보육과정을 특색 있게 운영하는 것을 의미한다.
- 기관 수준의 다양성은 어린이집이 국가 수준의 보육과정과 지역 수준의 보육과정의 특성을 반영하며, 각 기관의 철학, 담당 반 및 부모의 특성에 따라 보육과정을 자율적으로 운영하는 것을 의미한다.
- 개인 수준의 다양성은 교사가 담당 영유아의 연령 및 개별 특성, 발달 수준 등 개인차를 보육과정에 반영하여 운영하는 것을 의미한다.

② 영유아의 전인적 발달과 행복을 추구한다.

- 표준보육과정은 영유아가 전인적 발달과 행복을 추구할 권리를 존중한다.

- 영유아가 전인적으로 발달한다는 것은 몸과 마음이 건강하고, 자주적이고, 창의적이며, 감성이 풍부하고, 더불어 사는 사람으로 성장한다는 것을 의미한다.

③ 영유아 중심과 놀이 중심을 추구한다.

- 표준보육과정은 '영유아·놀이 중심'을 추구하는 보육과정이다.
- 표준보육과정이 '영유아 중심'을 추구한다는 것은 보육과정을 운영하는 과정에서 영유아의 건강과 행복, 놀이를 통한 배움의 가치를 최대한 존중하여 반영하는 것을 의미한다.

④ 영유아의 자율성과 창의성 신장을 추구한다.

- 표준보육과정은 영유아의 자율성과 창의성 신장을 추구하는 보육과정이다.
- 영유아는 스스로 자신이 할 수 있는 일을 하고, 하고 싶은 일을 선택하며, 자신의 선택과 결정에 대해 책임지는 경험을 하면서 자율성을 기른다.
- 영유아는 호기심을 가지고 주변 세계를 탐색하고 탐구하며 재미있는 상상을 해 나가고 자신만의 방식으로 놀이를 변형하고 창조하면서 창의성을 기른다.

⑤ 영유아, 교사, 원장, 부모 및 지역사회가 함께 실현해 가는 것을 추구한다.

- 표준보육과정은 영유아와 교사, 어린이집, 각 어린이집이 속한 지역사회와 가정의 협력 및 참여를 통해 함께 실현해 가는 보육과정이다.
- 교사와 원장은 영유아의 관심과 흥미 및 놀이에 대한 이해를 바탕으로 영유아의 놀이를 지원하는 보육과정의 주체로서 부모가 영유아·놀이중심보육과정의 의미를 이해하고 협력할 수 있도록 지원한다.
- 학부모는 영유아·놀이중심보육과정의 의미를 이해하고 영유아가 가정과 기관에서 주도적으로 충분히 놀이할 수 있도록 기관과 협력하고 지원한다.
- 어린이집은 지역사회의 공공기관이나 단체와 협력하여 지역사회의 인적·

환경적·문화적 자원을 통해 영유아가 풍부한 경험을 할 수 있도록 보육과정 운영을 지원한다.

2. 표준보육과정의 구성방향

1) 추구하는 인간상

표준보육과정이 추구하는 인간상은 「2019 개정 누리과정」에서 새롭게 제시한 추구하는 인간상을 동일하게 적용하여 변경하였다. 이는 0~5세 영유아를 보육하는 어린이집 현장에서의 혼란을 최소화하기 위함이다. 표준보육과정에서 제시한 인간상은 건강한 사람, 자주적인 사람, 창의적인 사람, 감성이 풍부한 사람, 더불어 사는 사람이며, 이는 미래의 핵심역량을 반영한 초·중등학교 교육과정의 인간상과 연계되어 있다. 추구하는 인간상은 영유아가 일상에서 놀이하며 배우는 현재의 모습에서 발견할 수 있으며 동시에 영유아가 앞으로 배우며 성장해 가야 할 모습이기도 하다(보건복지부, 2020).

(1) 건강한 사람

건강한 사람은 일생에 가장 중요한 신체 건강과 정신건강의 기초를 형성하는 영유아기 특성을 고려한 것이다(보건복지부, 2020). 건강한 사람은 몸과 마음이 고루 발달하고 스스로 건강함을 유지하며 안정적이고 안전한 생활을 하는 사람을 의미한다.

- 표준보육과정은 영유아가 튼튼한 몸과 안정된 정서를 바탕으로 자신을 소중히 여기며, 일상에서 건강한 생활을 실천하고, 위험한 상황에서 자신을 보호하는 경험을 통해 건강한 사람으로 성장해 갈 수 있도록 돕는다.

(2) 자주적인 사람

자주적인 사람은 자신을 잘 알고 존중하며 자신감을 가지고 스스로 할 수 있는 일을 주도적으로 해나가는 사람을 의미한다.

- 표준보육과정은 영유아가 자신에 대한 이해를 바탕으로 자신을 가치 있고 긍정적인 존재로 여기며, 자신이 잘할 수 있는 일이 무엇인지 알고 자신의 능력을 확장하기 위해 스스로 노력하는 사람으로 성장해 갈 수 있도록 돕는다.

(3) 창의적인 사람

창의적인 사람은 주변 세계에 열려 있고, 호기심이 많으며, 자기만의 방식으로 상상하고 느끼고 표현하고 탐구하는 가운데 새롭고 독창적인 생각을 하는 사람을 의미한다.

- 표준보육과정은 영유아가 놀이를 통해 자신의 관심과 흥미에 따라 세계를 탐색하고 도전하고 실험하는 과정에 적극적으로 참여하는 사람으로 성장해 갈 수 있도록 돕는다.

(4) 감성이 풍부한 사람

감성이 풍부한 사람은 예술을 사랑하고 존중하며 자신을 둘러싼 주변 세계에 경이감과 아름다움을 느끼고 즐길 수 있는 풍부한 문화적 감수성을 지닌 사람을 의미한다.

- 표준보육과정은 영유아가 일상과 놀이 속에서 아름다움을 발견하고 공감하며, 이를 다양한 예술로 표현하면서 문화를 향유하는 사람으로 성장해 갈 수 있도록 돕는다.

(5) 더불어 사는 사람

더불어 사는 사람은 자신이 속해 있는 사회에 소속감을 느끼고, 다른 사람과 생명을 존중하고 자연과 더불어 살아가며 보다 나은 사회를 만들기 위해 사회문제에 관심을 두고 협력하는 민주 시민을 의미한다.

- 표준보육과정은 영유아가 가족, 이웃, 동식물과 주변 환경에 관심을 가지고 소중히 여기며, 서로 배려하는 마음과 태도, 책임 의식을 가진 사람으로 성장해 갈 수 있도록 돕는다.

추구하는 인간상

건강한 사람	자주적인 사람	창의적인 사람	감성이 풍부한 사람	더불어 사는 사람
건강한 사람은 몸과 마음이 고루 발달하고 스스로 건강함을 유지하며 안정적이고 안전한 생활을 하는 사람	자주적인 사람은 자신을 잘 알고 존중하며 자신감을 가지고 스스로 할 수 있는 일을 주도적으로 해 나가는 사람	주변 세계에 열려 있고, 호기심이 많으며, 자기만의 방식으로 상상하고 느끼고 표현하고 탐구하는 가운데 새롭고 독창적인 생각을 하는 사람	예술을 사랑하고 존중하며 자신을 둘러싼 주변 세계에 경이감과 아름다움을 느끼고 즐길 수 있는 풍부한 문화적 감수성을 지닌 사람	자신이 속해 있는 사회에 소속감을 느끼고, 다른 사람과 생명을 존중하고 자연과 더불어 살아가며 보다 나은 사회를 만들기 위해 사회문제에 관심을 두고 협력하는 민주 시민

그림 10-1 추구하는 인간상

2) 목적과 목표

표준보육과정의 목적은 영유아가 놀이를 통해 심신의 건강과 조화로운 발달을 이루고 바른 인성과 민주 시민의 기초를 형성하는 데에 있다. 이러한 목적을 실현하기 위해 목표는 영유아가 추구하는 인간상으로 성장하기 위해 필요한 사항을 중심으로 구성하였다.

(1) 0~2세 보육과정 목표

① 자신의 소중함을 알고, 건강하고 안전한 환경에서 즐겁게 생활한다.

- 표준보육과정은 영아가 자신의 소중함을 알고, 건강하고 안전하게 생활할 수 있도록 돕는 것을 목표로 한다.

② 자신의 일을 스스로 하고자 한다.

- 표준보육과정은 영아가 자신의 생각과 능력을 알아가면서, 자신의 일을 스스로 하고자 하도록 돕는 것을 목표로 한다.

③ 호기심을 가지고 탐색하며 상상력을 기른다.

- 표준보육과정은 영아가 주변 세계에 대해 호기심을 가지고 탐색하는 과정을 통해 풍부한 상상력을 기를 수 있도록 돕는 것을 목표로 한다.

④ 일상에서 아름다움에 관심을 가지고 감성을 기른다.

- 표준보육과정은 영아가 일상 속에서 주변의 아름다움에 관심을 가지고 느끼며, 아름다움에 대한 감성을 기르도록 돕는 것을 목표로 한다.

⑤ 사람과 자연을 존중하고 소통하는 데 관심을 가진다.

- 표준보육과정은 영아가 자연을 사랑하고 다른 사람을 존중하고 소통하는 데 관심을 갖도록 돕는 것을 목표로 한다.

(2) 3~5세 보육과정(누리과정) 목표

① 자신의 소중함을 알고, 건강하고 안전한 생활습관을 기른다.

- 표준보육과정은 유아가 자신의 소중함을 알고, 건강하고 안전하게 생활할 수 있도록 돕는 것을 목표로 한다.

② 자신의 일을 스스로 해결하는 기초능력을 기른다.

- 표준보육과정은 유아가 자신의 생각과 능력을 알고, 자신감을 바탕으로 자신의 일을 스스로 결정하고 해결하기 위해 필요한 기초능력을 기르도록 돕는 것을 목표로 한다.

③ 호기심과 탐구심을 가지고 상상력과 창의력을 기른다.

- 표준보육과정은 유아가 주변 세계에 대해 호기심을 가지고 탐구하는 과정을 통해 풍부한 상상력과 창의력을 기를 수 있도록 돕는 것을 목표로 한다.

④ 일상에서 아름다움을 느끼고 문화적 감수성을 기른다.

- 표준보육과정은 유아가 자연과 문화에 대한 감수성을 바탕으로, 일상 속에서 아름다움을 느끼고 즐기는 마음을 가지도록 돕는 것을 목표로 한다.

⑤ 사람과 자연을 존중하고 배려하며 소통하는 태도를 기른다.

- 표준보육과정은 유아가 자연을 사랑하고 다른 사람을 존중하고 배려하며 서로 소통할 수 있는 태도를 기르도록 돕는 것을 목표로 한다.

3) 구성의 중점

① 영유아는 개별적인 특성을 지닌 고유한 존재임을 전제로 구성한다.

- 표준보육과정은 영유아 개개인이 독특하고 고유한 존재로 존중받을 때 건강하게 성장할 수 있다는 것을 전제로 구성하였다.

② 0~5세 모든 영유아에게 적용할 수 있도록 구성한다.

- 표준보육과정은 어린이집에 다니는 모든 0~5세 영유아가 경험해야 할 공통적이고 일반적 기준을 제시하여 영유아가 양질의 보육을 받을 수 있도록 구성하였다.

③ 추구하는 인간상 구현을 위한 지식, 기능, 태도 및 가치를 반영하여 구성한다.

- 표준보육과정에서는 추구하는 인간상 구현을 위해 지식, 기능, 태도 및 가치를 영유아가 놀이하며 배우는 경험과 연계하여 제시하였으며, 지식, 기능, 태도 및 가치를 표준보육과정 전반에 반영하였다.

④ 표준보육과정은 0~2세 보육과정의 6개 영역과 3~5세 보육과정(누리과정)의 5개 영역을 중심으로 구성한다.

- 0~1세 보육과정과 2세 보육과정은 기본생활, 신체운동, 의사소통, 사회관계, 예술경험, 자연탐구의 6개 영역에서 영아가 자연스럽게 경험하거나 경험해야 하는 내용을 제시한 것이다.
- 3~5세 보육과정(누리과정)은 신체운동·건강, 의사소통, 사회관계, 예술경험, 자연탐구의 5개 영역에서 유아가 자연스럽게 경험하거나 경험해야 하는 내용을 제시한 것이다.

⑤ 0~5세 영유아가 경험해야 할 내용으로 구성한다.

- 0~1세 보육과정은 6개 영역의 내용을 40개로, 2세 보육과정은 6개 영역의 내용을 43개로, 3~5세 보육과정(누리과정)은 5개 영역의 내용을 총 59개로 간략화하고, 이를 영유아가 경험해야 할 내용으로 명시하였다.

⑥ 초등학교 교육과정과의 연계성을 고려하여 구성한다.

- 표준보육과정은 0~1세, 2세 보육과정 내용과 3세 유아의 경험이 분절되지 않고 자연스럽게 연계되도록 구성하였으며, 초등학교 교육과정과의 연계를 위하여 교육내용의 계열성을 포함하여 체계와 형식을 통일하여 구성하였다.

제3차 어린이집 표준보육과정과 제4차 어린이집 표준보육과정의 변화는 다음과 같다.

〈영아보육과정〉

제3차 어린이집 표준보육과정		제4차 어린이집 표준보육과정
• 바른 인성을 가진 창의적인 인간상 강조 • 6개 영역 중심의 연령별, 수준별 발달특성을 고려한 구성 -영역별, 수준별로 세부내용 제시 • 일상생활, 개별활동, 휴식 등의 균형 있는 영아중심 강조 • ‘계획-실행-평가’의 순환적 구조에 의한 보육과정 운영	→	• 영아중심·놀이중심 보육과정 -영아의 놀 권리 및 균형적 발달 고려 -영아가 경험할 내용으로 명시 • 내용 구성의 간략화를 통한 현장 자율성 확대 -수준별 세부내용 삭제, 내용 통합으로 간략화 • 교사의 보육과정 실행력 지원

출처: 중앙육아종합지원센터(2020a). p.18.

〈유아보육과정〉

3~5세 연령별 누리과정		2019개정 누리과정
• 기본생활습관과 바른 인성함양 • 전인발달이 고루 이루어진 창의적 인재를 기르는 데 중점 • 5개 영역 중심의 연령별 발달특성을 고려한 구성 -영역별, 연령별로 세부내용 제시 • ‘계획-실행-평가’의 순환적 구조에 의한 누리과정 운영	→	• 유아중심·놀이중심 보육과정 -교사 주도 활동 지양, 유아 놀이 경험 강조 • 국가수준 보육과정으로서 구성 체계 확립 -추구하는 인간상 추가 • 내용 구성의 간략화를 통한 현장 자율성 확대 -연령별 세부내용을 연령 통합으로 간략화 • 교사의 누리과정 실행력 지원

출처: 중앙육아종합지원센터(2020b). p.14.

3. 표준보육과정의 내용

제4차 어린이집 표준보육과정 해설서(보건복지부, 2020)와 2019 개정 누리과정 해설서(교육부, 2019)를 참고로 영아기와 유아기의 영역별 목표와 내용을 간략히 정리하면 다음과 같다.

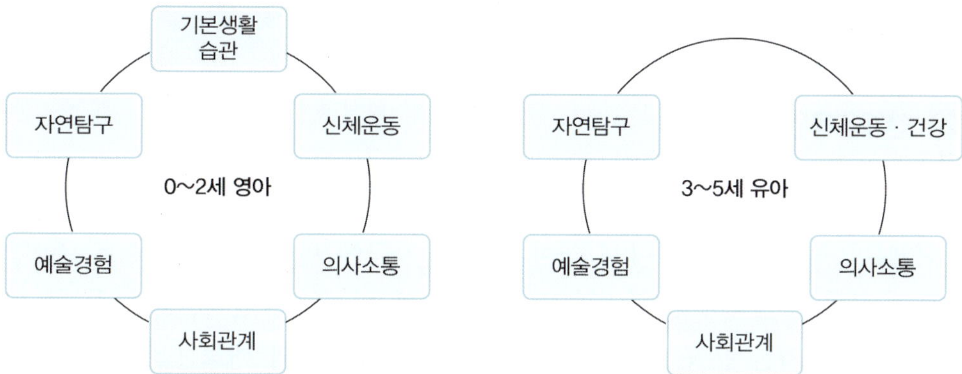

그림 10-2 표준보육과정 연령별 영역 구성

1) 0~1세 영역별 목표와 내용

(1) 기본생활영역

① 목표

기본생활영역의 목표는 0~1세 영아가 건강하고 안전한 일상생활을 자연스럽게 경험하는 것이다. 0~1세 영아가 신체의 청결과 위생, 수유 및 이유식 등의 식사, 편안한 휴식과 배변을 통해 건강한 생활을 경험하며 놀이를 하고 교통수단을 이용하는 등 일상에서 안전한 생활을 경험하는 것을 목표로 한다(보건복지부, 2020).

② 내용

내용범주	내용
건강하게 생활하기	• 도움을 받아 몸을 깨끗이 한다. • 음식을 즐겁게 먹는다. • 하루 일과를 편안하게 경험한다. • 배변 의사를 표현한다.
안전하게 생활하기	• 안전한 상황에서 놀이하고 생활한다. • 안전한 상황에서 교통수단을 이용해 본다. • 위험하다는 말에 주의한다.

(2) 신체운동영역

① 목표

신체운동영역 목표는 0~1세 영아가 주변 자극에 반응하고 감각으로 주변의 사물과 환경을 인식하며 자신의 신체를 즐겁게 탐색해 보는 것에 중점을 둔다. 또한 영아의 기본 운동 능력을 발달시키기 위해 자신의 대소근육을 이용하여 기본 운동을 시도하고 실내외에서 신체를 이용한 활동을 즐기는 것에 중점을 둔다(보건복지부, 2020).

② 내용

내용범주	내용
감각과 신체 인식하기	• 감각적 자극에 반응한다. • 감각으로 주변을 탐색한다. • 신체를 탐색한다.
신체활동 즐기기	• 대소근육을 조절한다. • 기본 운동을 시도한다. • 실내외 신체활동을 즐긴다.

(3) 의사소통영역

① 목표

의사소통영역의 목표는 0~1세 영아가 의사소통능력의 기초를 형성하는 경험을 하는 데 있다. 영아가 일상생활에서 다른 사람의 말이나 이야기를 듣고 말하기를 즐기며, 주변의 그림과 다양한 상징에 관심을 갖고 자유롭게 끼적이기에 관심을 갖는 것과 다양한 책과 이야기를 접하며 관심을 가지는 것을 목표로 한다(보건복지부, 2020).

② 내용

내용범주	내용
듣기와 말하기	• 표정, 몸짓, 말과 주변의 소리에 관심을 갖고 듣는다. • 상대방의 이야기를 들으면서 말소리를 낸다. • 표정, 몸짓, 말소리로 의사를 표현한다.
읽기와 쓰기에 관심 가지기	• 주변의 그림과 상징에 관심을 가진다. • 끼적이기에 관심을 가진다.
책과 이야기 즐기기	• 책에 관심을 가진다. • 이야기에 관심을 가진다.

(4) 사회관계영역

① 목표

사회관계영역의 목표는 0~1세 영아가 자신을 인식하고 주변의 친숙한 사람과 관계를 맺는 경험을 하는 것이다. 0~1세 영아가 다른 사람과 분리된 자신을 고유한 존재로 인식하고 친숙한 성인과 안정적인 애착을 형성하여 어린이집에서 또래, 교사와 편안하게 지내는 것을 목표로 한다(보건복지부, 2020).

② 내용

내용범주	내용
나를 알고 존중하기	• 나를 인식한다. • 나의 욕구와 감정을 나타낸다. • 나와 친숙한 것을 안다.
더불어 생활하기	• 안정적인 애착을 형성한다. • 또래에게 관심을 가진다. • 다른 사람의 감정과 행동에 관심을 가진다. • 반에서 편안하게 지낸다.

(5) 예술경험영역

① 목표

예술경험영역의 목표는 0~1세 영아가 자연과 생활에서 아름다움을 느끼고 경험하며 표현하는 과정을 즐기는 것이다. 영아가 아름다움에 관심을 가지고 느끼는 것을 즐기며 자신의 경험과 느낌을 자연스럽게 표현하도록 한다(보건복지부, 2020).

② 내용

내용범주	내용
아름다움 찾아보기	• 자연과 생활에서 아름다움을 느낀다. • 아름다움에 관심을 가진다.
창의적으로 표현하기	• 소리와 리듬, 노래로 표현한다. • 감각을 통해 미술을 경험한다. • 모방 행동을 즐긴다.

(6) 자연탐구영역

① 목표

자연탐구 영역의 목표는 0~1세 영아가 주변 환경과 자연에 관심을 가지는 경험을 하는 것이다. 0~1세 영아가 자신을 둘러싸고 있는 주변 세계와 자연에 호기심을 가지고 일상에서 탐색하기를 즐기며 주변의 동식물과 날씨의 변화에 관심을 가지는 것을 목표로 한다(보건복지부, 2020).

② 내용

내용범주	내용
탐구과정 즐기기	• 주변 세계와 자연에 대해 호기심을 가진다. • 사물과 자연 탐색하기를 즐긴다.
생활 속에서 탐구하기	• 친숙한 물체를 감각으로 탐색한다. • 물체의 수량에 관심을 가진다. • 주변 공간과 모양을 탐색한다. • 규칙성을 경험한다.
자연과 더불어 살기	• 주변의 동식물에 관심을 가진다. • 날씨의 변화를 감각으로 느낀다.

2) 2세 영역별 목표와 내용

0~2세 보육과정은 3~5세 누리과정에 비해 기본생활이 강조되었으며, 전반적으로 특정한 활동 여부 보다는 '경험하기', '시도하기' 등을 중점으로 구성되었다(중앙육아종합지원센터, 2020a, b).

(1) 기본생활영역

① 목표

기본생활영역은 2세 영아가 건강하고 안전한 생활습관의 기초를 형성하는 것이다. 2세 영아가 신체의 청결과 위생, 즐거운 식사, 배변습관의 형성, 안전한 놀이와 생활, 위험한 상황에서의 대처 등 일상생활에서 건강하고 안전한 생활습관의 기초를 형성하는 것을 목표로 한다(보건복지부, 2020).

② 내용

내용범주	내용
건강하게 생활하기	• 자신의 몸을 깨끗이 해 본다. • 음식에 관심을 가지고 즐겁게 먹는다. • 하루 일과를 즐겁게 경험한다. • 건강한 배변 습관을 갖는다.
안전하게 생활하기	• 일상에서 안전하게 놀이하고 생활한다. • 교통수단을 안전하게 이용해 본다. • 위험한 상황에 대처하는 방법을 경험한다.

(2) 신체운동영역

① 목표

신체운동영역의 목표는 2세 영아가 감각을 활용하고 신체활동을 즐기는 경험을 하는 것이다. 신체운동영역은 2세 영아가 감각을 활용하여 주변 사물과 환경을 탐색하고 자신의 신체를 인식하며, 대소근육을 조절하고 기본운동과 실내외 신체활동을 즐기도록 하는 데 중점을 둔다(보건복지부, 2020).

② 내용

내용범주	내용
감각과 신체 인식하기	• 감각 능력을 활용한다. • 신체를 인식하고 움직인다.
신체활동 즐기기	• 대소근육을 조절한다. • 기본 운동을 즐긴다. • 실내외 신체활동을 즐긴다.

(3) 의사소통영역

① 목표

의사소통영역의 목표는 2세 영아가 듣기, 말하기, 읽기, 쓰기의 의사소통 방식에 관심을 가지고 활용하며, 책과 이야기에서 상상하는 즐거움을 경험하기이다. 2세 영아가 일상생활에서 듣고 말하기를 즐기고, 그림과 문자 상징을 읽고 쓰기에 관심을 가지는 것과 책과 이야기를 즐길 수 있는 경험을 하는 것을 목표로 한다(보건복지부, 2020).

② 내용

내용범주	내용
듣기와 말하기	• 표정, 몸짓, 말에 관심을 갖고 듣는다. • 상대방의 이야기를 듣고 말한다. • 표정, 몸짓, 단어로 의사를 표현한다. • 자신의 요구와 느낌을 말한다.
읽기와 쓰기에 관심 가지기	• 주변의 그림과 상징, 글자에 관심을 가진다. • 끼적이며 표현하기를 즐긴다.
책과 이야기 즐기기	• 책에 관심을 가지고 상상한다. • 말놀이와 이야기에 재미를 느낀다.

(4) 사회관계영역

① 목표

2세 사회관계영역의 목표는 2세 영아가 자신에 대해 알아가고, 다른 사람과 더불어 생활하는 경험을 통해 사회관계 형성의 기초를 기르는 것이다. 2세 영아가 자신이 다른 사람과 다르다는 것을 알고 자신을 긍정적으로 인식하며, 다른 사람과 생활하며 즐겁게 지내기 위한 태도를 기르는 것을 목표로 한다(보건복지부, 2020).

② 내용

내용범주	내용
나를 알고 존중하기	• 나와 다른 사람을 구별한다. • 나의 감정을 표현한다. • 내가 좋아하는 것을 한다.
더불어 생활하기	• 가족에게 관심을 가진다.

내용범주	내용
	• 또래와 함께 놀이한다. • 다른 사람의 감정과 행동에 반응한다. • 반에서의 규칙과 약속을 알고 지킨다.

(5) 예술경험영역

① 목표

예술경험영역의 목표는 2세 영아가 일상에서 아름다움을 느끼고 즐기는 것이다. 영아가 마주하는 자연과 생활 속 경험에서 아름다움을 느끼고 관심을 가지며, 예술을 통해 자신의 느낌과 생각을 자유롭게 표현하도록 한다(보건복지부, 2020).

② 내용

내용범주	내용
아름다움 찾아보기	• 자연과 생활에서 아름다움을 느끼고 즐긴다. • 아름다움에 관심을 갖고 찾아본다.
창의적으로 표현하기	• 익숙한 노래와 리듬을 표현한다. • 움직임과 춤으로 자유롭게 표현한다. • 미술 재료와 도구로 표현해 본다. • 일상생활 경험을 상상놀이로 표현한다.

(6) 자연탐구영역

① 목표

자연탐구영역의 목표는 2세 영아가 주변 환경과 자연에 관심을 가지고 탐색하는 과정을 즐기는 데 있다. 2세 영아가 자신을 둘러싸고 있는 주변 세계와 자연에 대해 호기심을 가지고 생활 속에서 주도적으로 탐색하기를 즐기며 주변의 동식물에 관심을 가지고 날씨와 계절의 변화에 관심을 가지는 것을 목표로 한다(보건복지부, 2020).

② 내용

내용범주	내용
탐구과정 즐기기	• 주변 세계와 자연에 대해 호기심을 가진다. • 사물과 자연을 반복하여 탐색하기를 즐긴다.
생활 속에서 탐구하기	• 친숙한 물체의 특성과 변화를 감각으로 탐색한다. • 물체의 수량에 관심을 가진다. • 주변 공간과 모양을 탐색한다. • 규칙성에 관심을 가진다. • 주변 사물을 같고 다름에 따라 구분한다. • 생활 도구에 관심을 가진다.
자연과 더불어 살기	• 주변의 동식물에 관심을 가진다. • 날씨와 계절의 변화를 감각으로 느낀다.

3) 3~5세 영역별 목표와 내용

3~5세 보육과정은 개정 누리과정이며 유아가 59개의 내용을 유아가 경험해야 할 다양한 내용으로 제시하였다. 여기서는 영역별 목표와 내용을 간략히 살펴보고자 한다.

(1) 신체운동 · 건강영역

① 목표

신체운동· 건강영역의 목표는 실내외에서 신체활동을 즐기고, 건강하고 안전한 생활을 하는 것이며 유아들을 위한 실천적 목표는 다음과 같다.

- 신체활동에 즐겁게 참여한다.
- 건강한 생활습관을 기른다.
- 안전한 생활습관을 기른다.

② 내용

내용범주	내용
신체활동 즐기기	• 신체를 인식하고 움직인다. • 신체 움직임을 조절한다. • 기초적인 이동운동, 제자리 운동, 도구를 이용한 운동을 한다. • 실내외 신체활동에 자발적으로 참여한다.
건강하게 생활하기	• 자신의 몸과 주변을 깨끗이 한다. • 몸에 좋은 음식에 관심을 가지고 바른 태도로 즐겁게 먹는다. • 하루 일과에서 적당한 휴식을 취한다. • 질병을 예방하는 방법을 알고 실천한다.
안전하게 생활하기	• 일상에서 안전하게 놀이하고 생활한다. • TV, 컴퓨터, 스마트폰 등을 바르게 사용한다. • 교통안전 규칙을 지킨다. • 안전사고, 화재, 재난, 학대, 유괴 등에 대처하는 방법을 경험한다.

(2) 의사소통영역

① 목표

의사소통영역의 목표는 일상생활에 필요한 의사소통 능력과 상상력을 기르는 것이며 유아들을 위한 실천적 목표는 다음과 같다.

② 내용

내용범주	내용
듣기와 말하기	• 말이나 이야기를 관심 있게 듣는다. • 자신의 경험, 느낌, 생각을 말한다. • 상황에 적절한 단어를 사용하여 말한다. • 상대방이 하는 이야기를 듣고 관련해서 말한다. • 바른 태도로 듣고 말한다. • 고운 말을 사용한다.
읽기와 쓰기에 관심 가지기	• 말과 글의 관계에 관심을 가진다. • 주변의 상징, 글자 등의 읽기에 관심을 가진다. • 자신의 생각을 글자와 비슷한 형태로 표현한다.
책과 이야기 즐기기	• 책에 관심을 가지고 상상하기를 즐긴다. • 동화, 동시에서 말의 재미를 느낀다. • 말놀이와 이야기 짓기를 즐긴다.

(3) 사회관계영역

① 목표

사회관계영역의 목표는 자신을 존중하고 더불어 생활하는 태도를 갖는 것이며 유아들을 위한 실천적 목표는 다음과 같다.

- 자신을 이해하고 존중한다.
- 다른 사람과 사이좋게 지낸다.
- 우리가 사는 사회와 다양한 문화에 관심을 가진다.

② 내용

내용범주	내용
나를 알고 존중하기	• 나를 알고 소중히 여긴다. • 나의 감정을 알고 상황에 맞게 표현한다. • 내가 할 수 있는 것을 스스로 한다.
더불어 생활하기	• 가족의 의미를 알고 화목하게 지낸다. • 친구와 서로 도우며 사이좋게 지낸다. • 친구와의 갈등을 긍정적인 방법으로 해결한다. • 서로 다른 감정, 생각, 행동을 존중한다. • 친구와 어른께 예의바르게 행동한다. • 약속과 규칙의 필요성을 알고 지킨다.
사회에 관심 가지기	• 내가 살고 있는 곳에 대해 궁금한 것을 알아본다. • 우리나라에 대해 자부심을 가진다. • 다양한 문화에 관심을 가진다.

(4) 예술경험영역

① 목표

예술경험영역의 목표는 아름다움과 예술에 관심을 가지고 창의적 표현을 즐기는 것이며 유아들을 위한 실천적 목표는 다음과 같다.

- 자연과 생활 및 예술에서 아름다움을 느낀다.
- 예술을 통해 창의적으로 표현하는 과정을 즐긴다.
- 다양한 예술 표현을 존중한다.

② 내용

내용범주	내용
아름다움 찾아보기	• 자연과 생활에서 아름다움을 느끼고 즐긴다. • 예술적 요소에 관심을 갖고 찾아본다.
창의적으로 표현하기	• 노래를 즐겨 부른다. • 신체, 사물, 악기로 간단한 소리와 리듬을 만들어 본다. • 신체나 도구를 활용하여 움직임과 춤으로 자유롭게 표현한다. • 다양한 미술 재료와 도구와 자신의 생각과 느낌을 표현한다. • 극놀이로 경험이나 이야기를 표현한다.
예술 감상하기	• 다양한 예술을 감상하며 상상하기를 즐긴다. • 서로 다른 예술 표현을 존중한다. • 우리나라 전통 예술에 관심을 갖고 친숙해진다.

(5) 자연탐구영역

① 목표

자연탐구영역의 목표는 탐구하는 과정을 즐기고, 자연과 더불어 살아가는 태도를 가지는 것이며 유아들을 위한 실천적 목표는 다음과 같다.

- 일상에서 호기심을 가지고 탐구하는 과정을 즐긴다.
- 생활 속의 문제를 수학적, 과학적으로 탐구한다.
- 생명과 자연을 존중한다.

② 내용

내용범주	내용
탐구과정 즐기기	• 주변 세계와 자연에 대해 지속적으로 호기심을 가진다. • 궁금한 것을 탐구하는 과정에 즐겁게 참여한다. • 탐구과정에서 서로 다른 생각에 관심을 가진다.
생활 속에서 탐구하기	• 물체의 특성과 변화를 여러 가지 방법으로 탐색한다. • 물체를 세어 수량을 알아본다. • 물체의 위치와 방향, 모양을 알고 구별한다. • 일상에서 길이, 무게 등의 속성을 비교한다. • 주변에서 반복되는 규칙을 찾는다. • 일상에서 모은 자료를 기준에 따라 분류한다. • 도구와 기계에 대해 관심을 가진다.

내용범주	내용
자연과 더불어 살기	• 주변의 동식물에 관심을 가진다. • 생명과 자연환경을 소중히 여긴다. • 날씨와 계절의 변화를 생활과 관련짓는다.

Chapter

11 어린이집의 환경구성

Contents

주요내용

- 어린이집 환경의 중요성과 영유아 발달과의 관계 이해
- 어린이집 환경의 구성원리 이해
- 어린이집 실내공간의 환경구성
- 영아반, 유아반 보육실 환경구성 실제
- 놀이영역의 구성 및 놀이자료 지원

어린이집은 놀이공간, 휴식공간, 일상생활의 환경공간을 편안하게 지낼 수 있도록 구성되어야 영유아들의 기본적인 욕구가 충족되며 탐색 및 적극적인 활동이 가능하다. 실내공간은 영유아가 자신의 움직임을 스스로 조절할 수 있고 놀이나 활동에 집중할 수 있는 편안하고 쾌적한 공간으로 놀이와 연계하여 구성되어야 하고 실내 시설 및 설비가 영유아 발달수준에 적합해야 한다. 실외공간은 새로운 신체적 도전, 대근육과 소근육 활동, 다양한 실외환경 탐색 및 실험, 자연을 탐색하는 활동 등을 제공하여 영유아의 신체, 인지, 정서, 사회성 발달이 통합적으로 이루어지게 구성되어야 한다. 이 장에서는 어린이집 환경구성의 원리에 맞추어 영아, 유아에게 적합한 놀이와 휴식공간으로 구성하는 실내공간과 바깥놀이 환경의 실외공간 구성을 살펴본다.

생각해보세요

유튜브(https://www.youtube.com/)에서 「놀이환경」을 검색하여 다양한 어린이집의 환경을 살펴보며, 환경의 중요성을 생각해보세요.

1. 어린이집 환경의 이해

어린이집의 환경은 물리적 환경과 인적환경으로 구분할 수 있다. 인적환경은 영유아가 매일 만나는 보육교사와 원장, 조리사 등을 말하며, 물리적 환경은 영유아가 하루 종일 머무는 어린이집의 실내와 실외의 환경을 말한다. 이 절에서는 환경의 중요성과 원리를 통해 어린이집 환경에 대한 기본적인 이해를 돕고자 한다.

1) 어린이집 환경의 중요성

어린이집 환경은 보육실을 포함한 어린이집 실내공간과 외부와 경계가 되어 놀이할 수 있는 실외공간을 말한다. 이러한 물리적인 환경은 영유아에게 편안함과 안전감, 심미감을 줄 수 있는 곳일 때 영유아의 기본적인 욕구와 탐색 및 적극적인 활동이 가능할 수 있다. 따라서 어린이집의 환경은 영유아들을 위한 공간으로 구성하기 때문에 가정에서는 느끼지 못하는 흥미와 즐거움, 적극적인 움직임의 새로운 경험을 제공하는 의미 있는 공간이 된다.

어린이집 환경은 영유아가 보고 듣고 만지며 자유롭게 표현할 수 있는 놀이환경으로 놀이가 다양하게 이루어지도록 하는 중요한 교육적 자원이다(보건복지부, 2020). 실내공간은 대표적으로 보육실과 복도, 유희실 등이 있다. 유아들에게 보육실은 가장 의미 있는 공간으로 상품화된 다양한 교구뿐만 아니라 유아와 교사들이 만든 교구와 이러한 교구들을 배치하고 보관하는 교구장이 있다. 또한 복도에는 유아들의 작품을 게시할 수 있는 벽면 게시판과 입체작품을 전시할 공간이 있다. 또한 유희실에는 자유롭게 다양한 신체활동을 할 수 있는 공간과 교구가 제공된다.

어린이집에서 환경으로서의 공간은 실내·외 공간 또는 유아가 이용하는 지역사회 공간까지 포함한다. 어린이집은 유아들에게 물리적인 건축물 이상의 의미를 가지며, 내부에서 살아가는 구성원과의 상호작용을 통해 의미를 부여받는 장소이다. 유아는 놀이를 통해 하나의 공간을 자신들의 놀이에 적합한 공간을 새로운 목적을 부여하여 사용하기도 하고, 놀이할 공간을 스스로 찾아내거나 만들기도 하고 공간과 공간을 연결하여 새로운 놀이로 확장하며 놀이가 이루어진다(중앙육아종합지원센터, 2021).

영유아에게 환경이 중요한 이유를 정리하면 다음과 같다.

- 새로운 경험과 도전의 기회를 제공한다.
- 다양한 놀이를 할 수 있는 교육적 자원이다.
- 또래와 상호작용을 통해 다양한 의미와 배움을 발견한다.

2) 어린이집 환경구성의 원리

어린이집의 실내공간은 영유아가 자신의 움직임을 스스로 조절할 수 있고, 놀이나 활동에 집중할 수 있는 편안하고 쾌적한 공간이어야 한다. 또한 영유아의 놀고 싶은 욕구와 쉬고 싶은 욕구를 모두 지원할 수 있는 공간이어야 한다. 어린이집 실내공간은 영유아가 오랜 시간을 보내는 보육환경은 영유아가 자신의 집처럼 편안함을 느끼도록 해야 하며, 안전하고 청결하고, 발달에 적합한 교육이 이루어지도록 교육과 보육이 함께 이루어지는 안전한 공간이어야 한다. 공간배치는 영아, 유아에게 적합하게 구성하여 놀이영역구성, 보육실, 시설 및 설비 등이 영유아의 요구를 반영하여 영유아를 위한 공간이 되어야 한다.

보육실 내 놀이영역이 영유아의 놀이와 연계되어 구성되어야 하고, 실내 시설 및 설비가 영유아 발달수준에 적합해야 한다. 또한 영유아의 요구를 충족하는 다양한 공간이 마련되어야 하며, 비품과 활동자료를 체계적으로 정리 보관하는 장소가 필요하다.

영유아들에게 실외공간은 새로운 신체적 도전, 힘과 체력 발달, 대근육과 소근육 사용법, 다양한 실외환경 탐색 및 실험, 또래와 상호작용하기, 자연을 감상하고 탐색하기 등의 기초를 제공한다. 이처럼 바깥놀이를 통해 영유아는 신체, 인지, 정서, 사회성 발달이 통합적으로 이루어지기 때문에 영유아발달에 적합한 실외환경은 매우 중요하다. 어린이집 실외공간에는 옥외놀이터와 바깥놀이를 지원하는 다양한 놀이 및 활동자료를 제공하여 바깥놀이에 흥미를 갖도록 해야 한다.

(1) 영아를 위한 환경구성의 원리

영아를 위한 환경구성의 원리는 다음과 같다(김현자 외, 2020).

① 안전에 대한 욕구가 반영되도록 구성한다.

영아는 주변 세계와 사물에 호기심을 갖고 무엇이든 만지고 입에 갖다 대는 등 적극적인 탐색을 하기 때문에 안전한 보호장치가 필요하다.

② 정서적 편안함을 추구하는 요구가 만족되도록 구성한다.

영아는 부모와 떨어져 있어서 불안감이 있고 두려움이 있기 때문에 가정처럼 편안함을 느낄 수 있는 공간이 필요하다.

③ 탐색의 욕구가 충족되도록 구성한다.

영아는 새로운 것에 대한 호기심이 많으므로 적극적으로 보고 만지고 맛보는 등의 욕구충족이 가능한 놀이환경이 필요하다.

④ 움직임의 욕구가 만족되도록 구성한다.

영아는 끊임없이 움직이면서 걷고 뛰고 기어오르는 등의 대근육 활동을 능동적으로 하기 때문에 움직임을 충족시킬 수 있는 놀이환경이 필요하다.

(2) 유아를 위한 환경구성의 원리

유아를 위한 환경구성의 원리는 다음과 같다.

① 유아의 발달수준 및 흥미, 연령과 인원수 등을 고려하여 구성한다.

각 유아의 발달수준의 차이와 인원수를 고려한 교구와 교육재료의 제공이 필요하다.

② 각 유아의 개별적인 존중과 서로 돕고 나누며 기다리는 등의 배려와 협력의 경험을 할 수 있도록 구성한다.

유아들의 호기심과 선택을 존중하고 공간 및 재료를 공유할 수 있도록 일부는 구조화된 환경제공이 필요하다.

③ 안전하면서 융통성 있는 공간배치가 가능하도록 구성한다.

고정되어 있거나 이동이 가능한 교구장, 책꽂이, 융판·자석판 등을 유아들의 요구에 따라 재배치할 수 있는 융통성이 필요하다.

Kostelnik(1997)이 제안한 유아를 위한 실내 환경구성의 기본요소(유구종·조희정, 2021)는 영유아에게 공통적인 요소가 되므로 이를 간략히 정리하면 다음과 같다.

- 안전이 보장되는 환경이어야 한다.
- 건강을 유지시킬 수 있는 환경이어야 한다.
- 편리하게 생활할 수 있도록 고려된 환경이어야 한다.
- 융통성 있게 공간을 변경시킬 수 있는 공간이어야 한다.
- 요구에 따라 놀잇감이나 활동을 선택할 수 있는 공간이어야 한다.
- 이동성이 보장되어 신체적 기술을 연습해 볼 수 있는 공간이어야 한다.
- 개인이 지치고 피곤할 때 쉴 수 있는 공간이 있어야 한다.

놀이공간의 틀에서 벗어나기

- 놀이영역의 공간을 유아들의 자유로운 '놀이'에 따라 재조정하기
- 놀이공간의 크기를 유아의 놀이에 따라 확장, 축소하기
- 흥미영역의 제한(두 영역의 융합, 책상의 수 늘리기 등)을 두지 않기
- 놀이에 따라 보육실의 책상과 의자를 최소한으로 배치해 보기
- 유아에게 놀이공간 배치의 주도권 주기
- 보육실 외에 다른 공간(복도, 로비, 계단, 강당 등)에서 놀이해 보기
- 실내놀이를 바깥놀이터에서 진행해 보기

출처: 중앙육아종합지원센터(2020). 유아(3~5세)보육과정. p.24.

2. 어린이집 실내외 환경구성과 놀이자료 지원

1) 실내 공간의 환경구성

어린이집 실내공간의 환경은 영아·유아의 연령, 반 배치 인원수, 발달특성에 따라 공간배치와 놀이영역 구성을 다르게 한다. 이때 교실의 면적 크기, 천장의 높이, 벽지의 색, 문턱, 서랍장 등의 구조적인 측면과 온도, 채광, 습도, 공기질, 전등 밝기, 청결 위생 등의 내부적인 측면이 고려되어야 한다.

(1) 공간배치와 놀이영역 구성

보육실은 영유아의 연령 및 발달특성, 놀이에 따라 놀이영역으로 구성되고, 놀이영역은 어린이집의 보육프로그램의 특성, 영유아의 흥미와 요구에 맞게 구성된 놀이공간이다. 놀이영역은 흥미영역으로 구성 가능하나 영유아의 놀이가 반영되어 있는 놀이영역 구성이 우선되어야 한다. 놀이영역의 수는 어린이집의 보육프로그램의 특성, 영유아의 흥미와 요구에 따라 다를 수 있으며, 보육실의

공간이나 여건이 충분하지 않을 경우, 유사한 성격의 놀이 및 활동이 이루어지는 영역을 통합하여 구성할 수 있다.

(2) 영아반의 보육실

① 일상생활 영역

영아들은 가정과 같은 편안한 분위기와 유사한 환경으로 조성하여 안정감을 가질 수 있도록 한다. 영아들은 먹고, 자고, 놀고, 배변 활동 등 일상생활을 반복하므로 영아를 위한 기저귀갈이대, 수유 공간이 마련되어 있고, 해당 공간에 수유와 기저귀 갈이 시 필요한 물품을 비치하여 사용한다.

가. 기저귀 갈이 영역

기저귀 갈이 영역은 배변을 편안한 분위기에서 뒤처리할 수 있어야 하고, 청결하고 위생적으로 처리되도록 관리한다. 기저귀 갈이 영역은 싱크대 또는 세면대와 가까이 배치하며, 기저귀 갈이에 필요한 개인 기저귀, 물티슈, 로션, 일회용 비닐, 일회용 장갑, 소독액 등을 비치하여 청결함을 유지한다. 어린이집 평가제에서는 기저귀 갈이 시, 영아와 눈을 맞추고 대화를 시도하고 다리 주무르기 등 영아의 신체를 자극하면서 배변 활동을 자연스러운 놀이처럼 진행하여 편안하고 즐거운 분위기를 조성하는지를 평가한다.

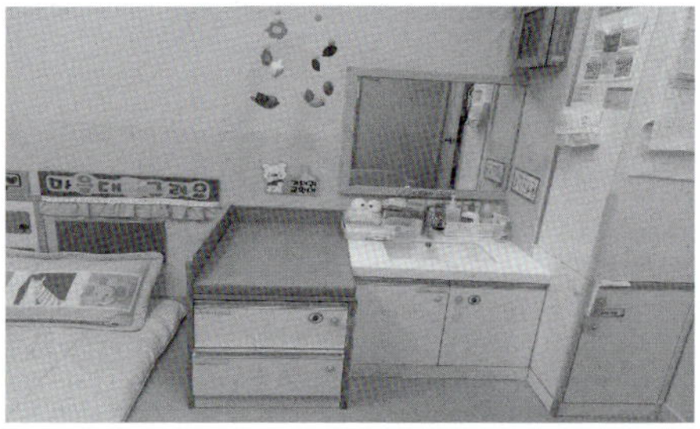

기저귀갈이대와 세면대

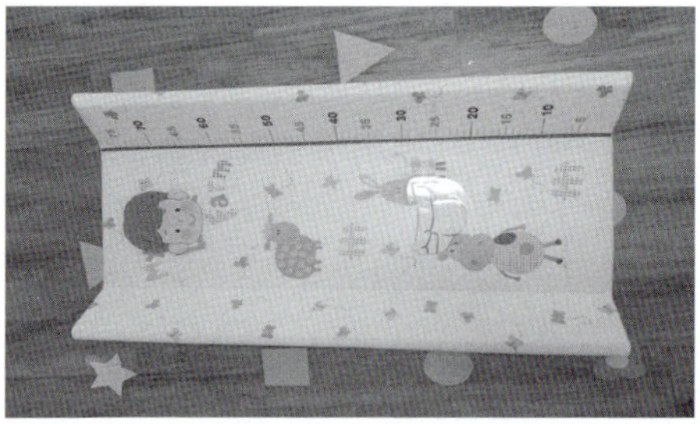

이동식 기저귀갈이대

나. 수유 및 이유 영역

보육실에서 가장 위생적으로 관리해야 하는 영역이다. 영아는 어린이집에서 영양에 필요한 분유, 이유식, 간식 등을 먹게 된다. 수유를 위한 우유병 보관 및 소독을 위한 우유병 소독기, 냉장고 등을 마련하고, 영아들이 음식을 편하게 섭취하도록 의자, 탁자를 영아의 개별적인 요구에 맞추어 준비한다.

0세반 이유식 탁자와 의자

영아반 이유식 탁자

다. 낮잠 및 휴식영역

낮잠 및 휴식영역은 영아가 편안하게 낮잠을 잘 수 있는 환경과 분위기를 조성하고, 창문의 커튼 등으로 보육실의 자연채광을 조절하고, 조명은 어둡게 할 수 있도록 한다. 낮잠을 자기 전, 기저귀를 갈아주면서 긴장감을 풀어주고 쾌적하게 잘 수 있도록 준비해 주어야 한다. 개별적인 영아의 낮잠 습관, 시간을 수용하고, 개인차에 따라 개별적으로 지도해야 한다.

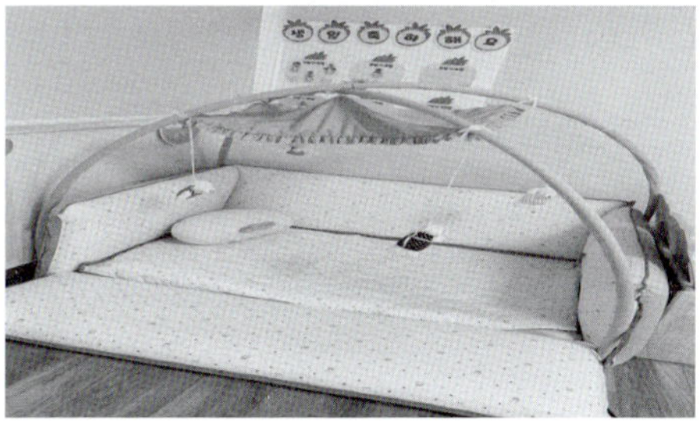

낮잠을 위한 공간

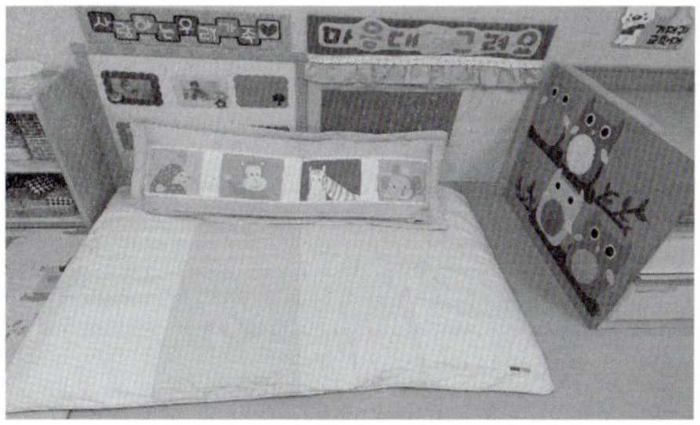

휴식공간

② 놀이영역

영아는 놀이를 통해 자신의 유능감을 드러내고, 놀이를 즐겁게 배우며 성장한다. 하지만 영아는 언어표현이 미숙하므로 비언어적인 표현에 민감한 주의가 필요하다. 다양하고 안정한 실내외 놀이공간에서 풍부한 놀이자료를 탐색하여 크기, 감촉, 모양, 색등을 탐색하면서 놀이를 통해 통합적인 경험을 하게 된다. 탐색놀이, 대근육 발달을 돕는 대근육 놀이공간, 역할놀이 공간, 휴식과 도서공간, 쌓기놀이, 끼적거리기 놀이를 할 수 있는 놀이공간이 필요하다.

영아반 놀이공간은 영아들이 다툼이 일어나지 않도록 충분한 공간을 확보하고, 놀이영역은 탄력적으로 놀이를 바꾸어서 다양한 놀이의 탐색이 이루어지도록 한다. 교구장을 벽 쪽에 붙여서 놀이를 자유롭게 선택해서 놀이하도록 하며, 같은 장난감을 여러 개 두어 다툼 상황이 생기지 않도록 한다.

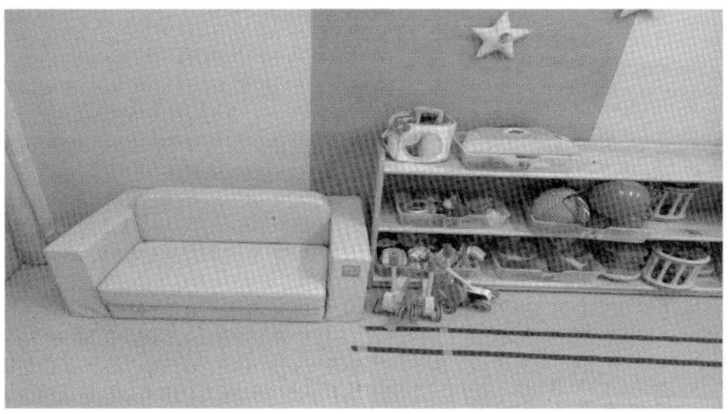

탐색놀이

계단기어오르기 놀이

끼적이기놀이

대근육놀이

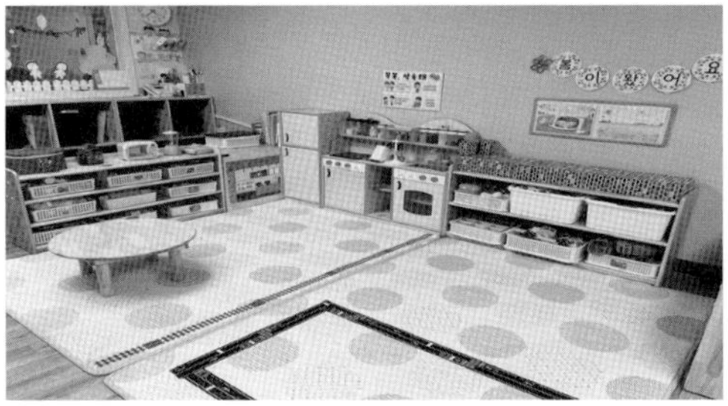

역할놀이

블록놀이

(3) 유아반의 보육실

보육실 내 활동 자료장과 책상, 의자 등은 유아의 수나 보육실의 크기 등을 고려하여 필요한 만큼 구비되어야 한다. 유아용 책상, 의자, 활동자료장 등은 유아의 신체 크기에 적합하고, 유아 스스로 사용 가능해야 한다.

제4차 표준보육과정은 유아중심·놀이중심교육과정을 강조하고 있으며, 유아가 자신의 관심과 흥미에 기반하여 놀이를 통해 배움의 과정으로 나아갈 수 있도록 적극적으로 지원하는 역할의 변화를 요구되었다. 제3차 표준보육과정에서 나누었던 놀이영역은 역할영역, 도서영역, 음률영역, 언어영역, 과학영역, 미술영역, 블록영역 등으로 각 영역을 흥미영역, 놀이영역으로 나누어 각 영역에 맞는 교재교구나 놀잇감을 배치하였다.

유아반에서는 놀이영역에 제한받지 않고 자유롭게 놀이를 펼칠 수 있도록, 교구장의 위치를 바꿔준다던지 다른 영역과 연계하여 놀이할 수 있도록 좀 더 적극적으로 공간을 재배치할 수 있다. 교사는 안전에 대한 부분은 아직까지도 주의하고 잘 살펴 지도를 하고 있으나 다칠까 봐 놀이를 중단하기보다는 놀이 중간에 안전하게 놀이하는 방법과 규칙에 대해 유아들이 직접 약속을 정해 지켜 놀이할 수 있도록 상호작용한다.

대근육놀이

가게놀이

기차놀이

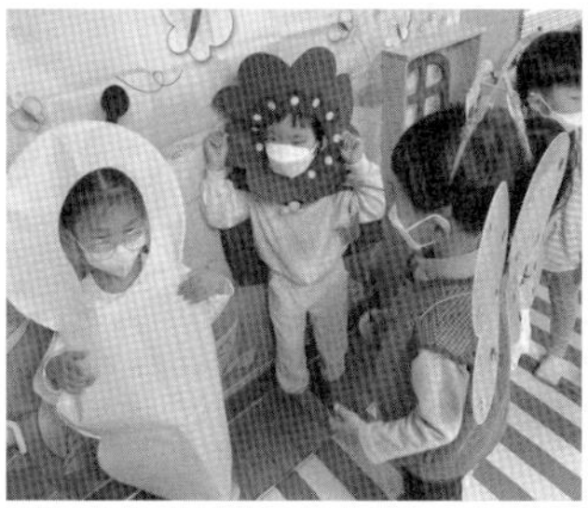

역할놀이

식물 탐색 놀이

쌓기놀이

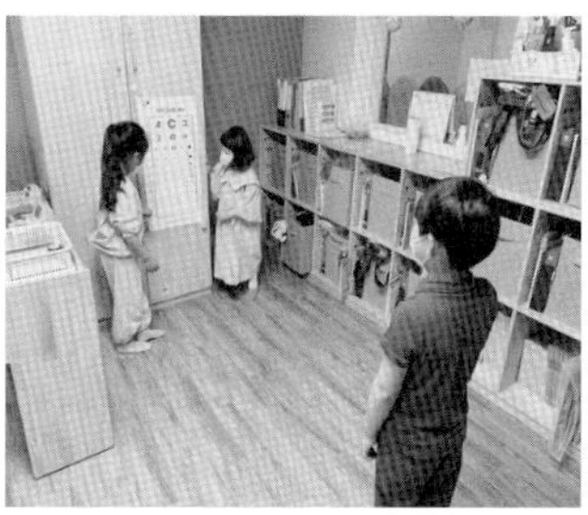

안과병원놀이

자동차놀이

슈퍼마켓놀이

물놀이

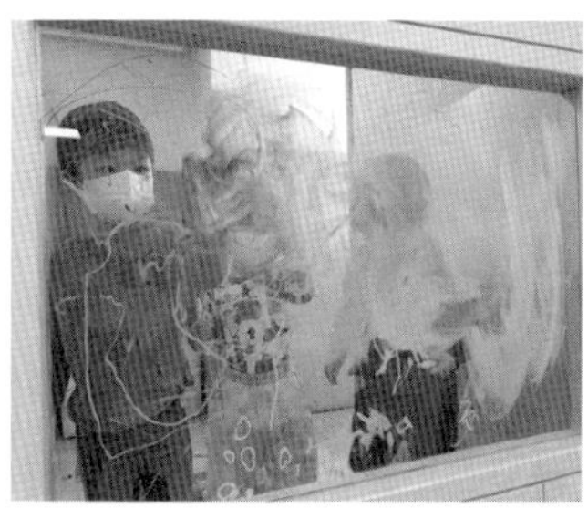

그림그리기

물감놀이

2) 놀이영역의 구성

보육실의 놀이영역은 융통성 있게 운영되어야 한다. 반드시 있어야 하는 공간도 있지만, 놀이나 활동을 위한 공간이 언제든 자유롭게 변경 가능하도록 해야 한다. 교사는 보육실 내의 교구장, 책상, 의자 등을 재배치하여 유아의 놀이의 흐름과 관심이 집중되는 놀이영역으로 지원해 주어야 한다.

교사는 어린이집 교실 내에서 자유로운 놀이를 위해 다음과 같은 놀이를 지원해 주어야 한다. 유아놀이를 바라보는 바람직한 태도와 역할은 아이도 즐겁고 교사도 즐거운 놀이 현장, 가르치지 않으면서도 가르침을 주는 교사, 간섭과 개입 대신 옆에서 지켜보는 교사, 느긋하고 편안한 교사, 아이들 뒤에서 따라가는 교사, 아이들의 무한한 잠재능력을 확실히 믿는 교사, 놀이를 통해 보여주는 아이들의 상상력과 창의력을 확인하는 교사, 아이들이 주인으로 놀이를 할 수 있도록 지원하고 배려하는 교사, 아이들의 놀이는 시간과 세월의 흐름에 따라 양적 확대와 질적 향상이 이루어진다는 믿음을 갖는 교사이다.

교사가 할 수 있는 다양한 공간의 지원은 유아 중심의 공간구성을 해야 하며, 다양한 놀이자료 제공은 유아들의 관심과 요구에 따른 자료지원과 유아의 놀이를 관찰하면서 지원하는 것이다. 교사는 유아와의 상호작용을 통해 유아의 감정을 공감, 격려 등 정서적 지원을 해야 한다. 또한 유아가 안전하면서도 문제해결을 위해 시도하는 것을 격려해 주며, 충분한 놀이시간과 놀이 경험의 공유시간을 지원해야 한다(교육부・보건복지부, 2020).

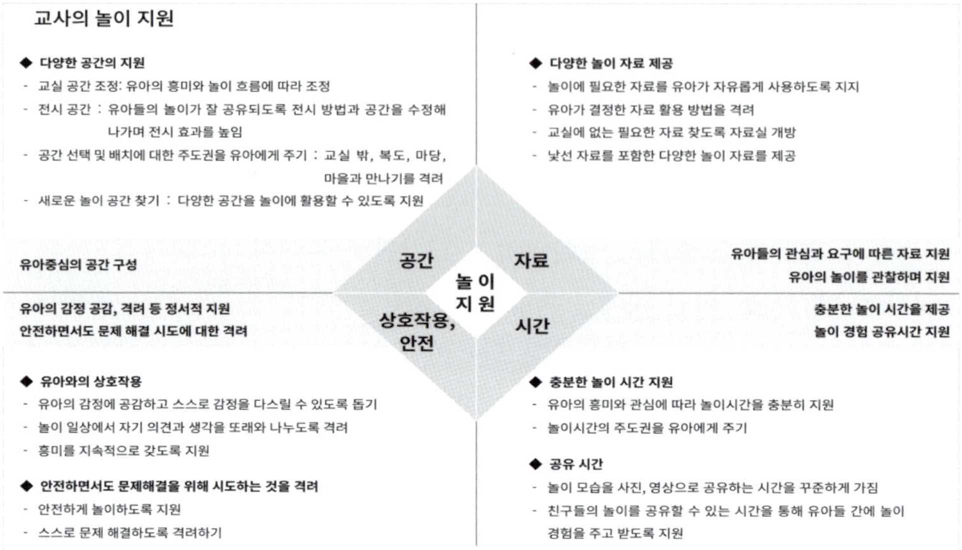

[그림 2] 교사의 놀이 지원 내용

그림 11-1 교사의 놀이 지원 내용

출처: 교육부·보건복지부(2020). 2019 개정 누리과정 놀이운영사례집 놀이.

놀이중심교육과정 운영에서 유아의 흥미에 따른 자발적 놀이와 교사가 안내하는 교육적 경험은 모두 중요하다. 따라서 교사는 유아의 자발적인 놀이를 존중하면서 더욱 의미 있는 경험을 할 수 있도록 유아 개인이 지닌 현재의 필요나 역량에 맞추어 환경을 구성하고 지원하는 역할을 해야 한다.

어린이집 교실 내의 놀이영역은 유아가 놀이에 필요한 공간으로 놀이의 내용에 따라 탄력적으로 수정하여 제공되어야 한다.

영유아가 교실 내에서 놀이를 구성하고, 놀이를 계획하고 실행하면서 교실의 구조와 공간을 자유롭게 배치하면서 놀이를 확장해 나간다. 교실 내의 영역은 고정화되기보다는 탄력적으로 놀이영역을 구성하여 놀이를 확장해주는 것이 필요하다. 다양한 공간이 글로벌 놀이창고가 되고, 상상놀이 창고, 소리 놀이터, 주차장 놀이터, 색깔놀이터, 긴놀이터, 거울놀이터, 방송국 놀이터, 돌멩이 놀이터 등 다양한 형태의 놀이터로 제공되어야 한다.

교실의 놀이영역의 재배치의 예

<table>
<tr><th>교실 놀이공간 배치</th><th>교실상황</th></tr>
<tr><td>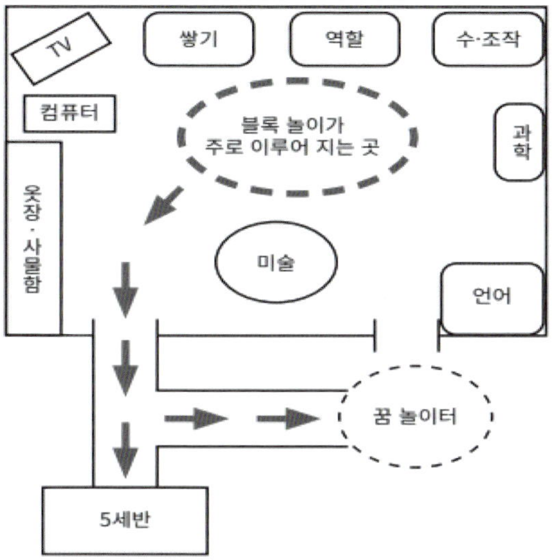
</td><td>3세 빛나래반 유아들에게 블록 놀이는 즐거운 일상의 놀이이다. 교실은 영역으로 구분되어 있지만 놀이가 진행됨에 따라 영역에 제한 없이 놀이를 중심으로 놀이 공간은 달라져 간다. 큰 와플 블록 놀이는 유아의 관심 증가로 놀이에 참여하는 유아들이 많아지면서 중앙으로 확장되었고, 블록 놀이는 유아에게 더 흥미로운 놀이가 되었다</td></tr>
<tr><td>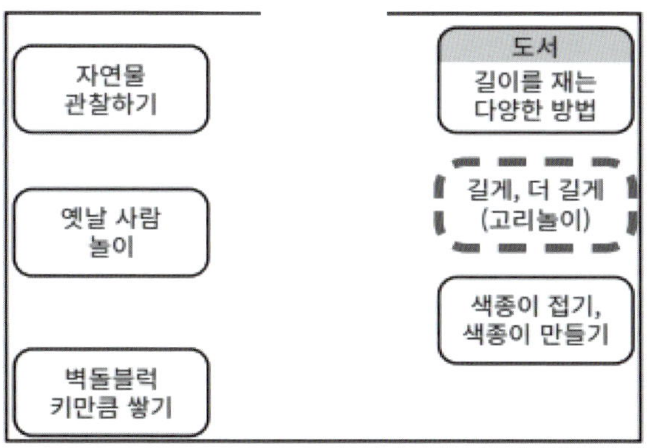
</td><td>교실놀이 공간은 놀이 상황에 따라 재배치된다. 고리를 길게 이어가는 놀이 중 길이 재기를 자유롭게 하도록 공간을 넓혀갔다.
교실을 넘어 바깥 공간으로 이어질 때는 교사 간 협의가 이루어졌다. 외부 공간으로 이어지는 놀이는 안전에 대해 사전약속을 하여 안전하고 적극적인 놀이가 이루어질 수 있도록 하였다</td></tr>
</table>

출처: 교육부·보건복지부(2020). 2019 개정 누리과정 놀이운영사례집 놀이.

유아가 교실에서 놀이를 하면서 복도, 계단, 공유공간, 마당, 바깥 놀이터, 다른 반 교실로까지 놀이공간이 확대된 놀이들이 이 분류에 포함된다. 블록으로 교통수단을 만들어 복도와 형님 반으로까지 뻗어간 놀이, 알까기 놀이가 놀이터로 확대된 놀이, 고리를 연결하여 또는 구슬길을 만들면서 복도, 계단, 마당까지로 연결된 놀이 등을 한다. 어린이집의 모든 공간의 재배치로 어느 곳에서도 놀이가 가능하다.

3) 실외공간의 환경구성

어린이집에서 질적으로 우수한 실외환경은 영유아에게 흥미를 불러일으키고, 다양한 놀이에 대한 요구를 충족시켜 준다. 실외환경에 어떤 놀이기구가 있는지도 중요하지만, 영유아에게 더 의미 있는 실외환경은 영유아의 자발적인 요구와 흥미에 따른 다양한 놀이를 가능하게 하는 공간이다. 즉 놀이기구가 많더라도 영유아의 다양한 움직임과 놀이를 지원해 주지 못하면 무의미한 공간이 될 수 있다. 흙으로 만들어진 언덕에서 썰매를 타고 오르내리는 활동과 같이 화려한 놀이기구나 활동자료를 사용하지 않더라도 영유아가 자발적으로 즐겁게 참여하는 놀이를 지원하는 실외환경이라면 영유아에게 더 의미 있는 환경이 될 수 있다. 보육활동 일과 중 바깥놀이를 통해 자연을 탐색하고, 호기심을 가지고 관찰하면서 곤충, 돌, 풀, 나무, 하늘, 흙, 꽃등의 자연물을 보고 만지고 느낀다면 영유아의 발달에 도움을 주는 환경이 될 것이다.

(1) 숲놀이터

숲놀이터는 다양한 지형을 활용해 자유롭게 뛰어놀며, 감각을 발달시키는 예술교육과 체험을 즐길 수 있는 놀이터이다. 자유놀이와 밧줄놀이, 모래놀이, 오르고 내리기 놀이 등으로 구성되어 있다.

숲놀이터는 타고 매달리고 오르다 보면 근력이 향상되고 균형감각과 담력을 키울 수 있는 신나는 장소이다. 친구들과 마음껏 뛰놀고 무한한 상상의 나래를 펼칠 수 있는 어린이들의 천국인 숲놀이터는 지역마다 다양한 형태로 만들어서 행정안전부 선정된 우수어린이 놀이시설들이 있다.

서울목동근린공원 창의어린이놀이터

여수시 동동공원 아이나래 놀이터

울산시 선암 호수공원 무지개 놀이터

원주종합운동장 어린이놀이공원 보물섬 물놀이장

출처: 대한민국 행정안전부 블로그 https://blog.naver.com/mopasp

(2) 다양한 실외 놀이

실외 놀이는 영유아의 대근육, 소근육과 운동 능력 증진뿐만 아니라 긴장감을 해소하고 실내활동을 연장하고 확장할 수 있는 공간이다. 교사는 실외공간에서 유아 스스로 환경을 탐색하고 풍부한 감각경험을 통해 새로운 것을 창조하고 발견하며 다양한 사회적 관계를 맺고, 영유아의 전인적 발달을 촉진시킬 수 있는 장소가 되도록 해야 한다. 실외 놀이는 모래, 물, 흙, 잔디, 자연물 등을 경험할 수 있는 공간이다. 실외에서는 다양한 놀이가 이루어진다.

모래놀이

물놀이

자연물 놀이

물그림 놀이

꽃 심기

소꿉놀이

과제

'제3회 통합놀이터 디자인공모전' 최우수상에 '놀이의 테를 짓다, 놀이테(김서현, 박세미)'가 당선됐다. 올해 3회째를 맞은 통합놀이터 디자인 공모전은 장애아동과 비장애아동이 함께 어울려 놀 수 있도록 유니버설디자인을 적용한 통합놀이터 조성을 위해 지난 2018년부터 개최되고 있다.

(https://www.accessrights.or.kr) 장애물없는생활환경시민연대

◈ 놀이터 디자이너가 되어 내가 놀고 싶은 놀이터를 그려보세요.

Chapter

12 어린이집의 운영관리

Contents

주요내용

- 영유아 인적관리 요소 이해 및 방법 파악
- 보육교직원 인적관리 요소 이해 및 방법 파악
- 어린이집 실내외 시설과 설비관리 기준 이해 및 설비관리 방법 파악
- 어린이집 운영과 관련된 기록, 문서 작성 및 보관방법 파악
- 어린이집 건강관리, 영영관리, 안전관리 이해

어린이집은 양질의 보육서비스를 위해 영유아보육법, 다중이용시설의 실내공기질 관리법, 건축법, 소방시설 설치유지 및 안전관리에 관한 법률, 식품위생법, 장애아동 복지지원법, 아동복지법 등 여러 법령이 적용되어 관리·운영되고 있다. 이와 같은 법들은 어린이집의 인적관리, 시설관리, 사무관리, 건강·영양·안전관리를 위해 필요하다. 어린이집의 인적관리는 영유아 원아와 보육교직원의 관리 이해가 필요하고 시설 및 설비관리는 기준과 방법에 대한 이해가 필요하며 행정업무의 효율성을 위해 문서작성 및 보관방법을 파악해야 한다. 또한 영유아와 보육교직원의 영양, 건강, 안전 관리영역이 잘 유지될 수 있도록 관리되어야 영유아, 부모, 교직원이 만족하는 어린이집이 될 수 있다. 이 장에서는 어린이집 운영관리의 여러 영역 중에서 행정관리, 건강 및 영양관리, 안전관리 영역을 보육사업안내와 어린이집 평가제에 기반하여 필요한 내용을 알아본다.

생각해보세요

미래에 내가 어린이집을 운영하는 원장이 된다면 "어린이집 이름"과 "원훈"을 만들어보세요.

1. 어린이집 운영관리 개요

어린이집 운영관리란 양질의 보육서비스를 제공하기 위하여 계획, 조직, 실행, 평가, 검토의 과정을 통해 인적·물적 자원을 정비하고 운용하는 것이다. 어린이집 운영은 설립목적에 올바르고 적합하게 운영되어야 하며, 바람직한 보육목표를 세워서 최소한의 경비와 노력으로 최대한의 효율성을 내는 것이 필요하다.

어린이집 운영자는 현실을 직시하여 모든 변화를 수용하고, 적용함과 동시에 어린이집 보육철학 및 나아가고자 하는 방향을 어느 한쪽으로 치우치지 않고, 장기적인 안목을 가지고 균형적으로 운영해야 한다. 또한 그 어린이집이 처한 현실적인 상황을 충분히 고려하여, 시대적으로 사회가 발전하고 변화함에 따른 적응력을 갖추고 운영을 하기 위해서는 운영관리에 전문성을 가지고 있어야 한다.

어린이집 운영에 적용되는 법적 규정은 「영유아보육법」, 「다중이용시설의 실내공기질 관리법」, 「건축법」, 「소방시설 설치유지 및 안전관리에 관한 법률」, 「식품위생법」, 「장애아동 복지지원법」, 「아동복지법」 등이 해당된다.

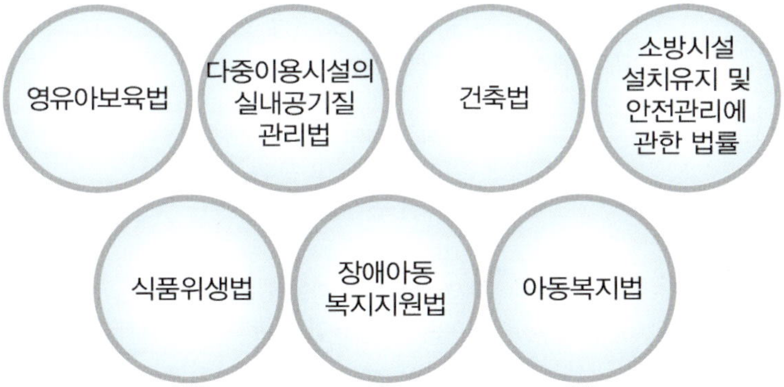

어린이집의 운영관리영역 중 첫째, 보육과정 관리는 영유아의 보육활동 및 기본적인 생활공간에 대한 영역으로 보육프로그램 관리, 보육활동 공간, 외부강사, 전문가 관리 등을 포함한다. 둘째, 행정관리영역은 영유아의 보육활동에

필요한 기본적인 교육조건을 마련하는 것으로 원아 관리, 교직원 관리, 사무 및 재무관리 등을 포함한다. 셋째, 건강 및 영양관리는 보건위생, 영양 등이 포함된다. 넷째, 안전관리는 시설 설비관리를 포함한다. 다섯째, 가정 및 지역사회 관계영역은 부모 관리, 지역사회 관계 등이 포함된다(변선영, 2021).

표 12-1 어린이집 운영관리의 영역별 세부내용

<table>
<tr><th>운영관리 영역</th><th>세부영역</th><th>내용</th></tr>
<tr><td>보육과정관리</td><td>보육활동</td><td>• 보육프로그램 관리
• 일과계획 및 운영
• 교재교구 및 시청각 자료 관리
• 보육일지, 관찰일지 관리 및 활용
• 현장학습 및 행사 운영관리
• 외부 강사, 전문가 및 자원봉사 등 인적관리
• 보육활동공간</td></tr>
<tr><td rowspan="3">행정관리</td><td>원아관리</td><td>• 원아 모집, 입소, 퇴소, 졸업 관리
• 출결관리
• 학급편성
• 아동의 가족 및 가정 실태파악</td></tr>
<tr><td>교직원관리</td><td>• 채용 및 퇴직 관리
• 근로 체결, 취업규칙 관리
• 교직원 배치 및 업무분장
• 복리후생: 사회보험, 퇴직금, 건강검진, 복지 혜택 등 관리
• 교직원 연수관리
• 근태상황 관리
• 교직원 회의 개최
• 교직원 업무 및 근무 평가
• 교직원 면담실</td></tr>
<tr><td>사무 및 재정 관리</td><td>• 사무처리 및 관리
• 문서보관 및 관리
• 어린이집 예·결산 관리 및 증빙처리</td></tr>
<tr><td rowspan="2">건강 및 영양 관리</td><td>보건위생</td><td>• 영유아 건강검진, 예방접종 관리
• 정기적인 신체측정
• 응급처치와 사고처리 절차
• 정기소독 및 방역</td></tr>
<tr><td>영양</td><td>• 식단점검 및 식자재 관리
• 급식지원센터가입 및 연계</td></tr>
</table>

운영관리 영역	세부영역	내용
안전관리	시설 설비관리	• 어린이집 건물, 놀이터 • 주변 환경정리 • 시설 및 설비 안전점검 및 유지관리 • 비품, 소모품 구입 및 유지관리
가정 및 지역사회 관계	부모관리	• 부모교육 및 상담 • 부모 참여프로그램 • 학부모 만족도를 통한 건의사항 및 불만 등에 대한 관리
	지역사회와의 협력	• 지역사회 요구 파악 • 지역사회 자원활용 • 어린이집 관련 단체나 협회 등과 관계 유지 • 지역사회 봉사활동 • 지역사회와의 정보교환

출처: 변선영(2021). 어린이집 초임원장의 운영관리 지원을 위한 GROW 컨설팅 모형개발 중 관련내용 재정리.

2. 어린이집 인적관리

1) 원아관리

(1) 연령별 정원

연령별 반편성 시 반별 정원기준(「영유아보육법 시행규칙」 제10조 [별표 2])은 교사 대 아동비율을 준수하는 범위에서 보육과정 및 아동 1인당 보육실 면적 등을 감안하여 1개의 보육실에서 2개 이상의 반을 함께 보육하는 것이 가능하다. 정원책정 기준 준수하고, 반별 정원 탄력편성, 농촌 소규모 어린이집 및 도서·벽지·농어촌 지역의 교사 대 아동 비율 특례 등에 의해 예외적인 반편성이 허용된 어린이집도 정원책정 기준인 어린이집 전용면적과 보육실 면적 등은 준수해야 한다.

장애아는 연령이 아닌 장애 정도에 따라 적절한 반에 편성 운영할 수 있다.

다만, 연령과 달리 하위 연령반에 편성할 때는 부모와 협의 후 상·하위반 편성 신청서를 작성하여 시·군·구담당자에게 제출 후 반을 조정하여 반편성을 한다. 반별 정원기준은 연령별로 표 12-2와 같다.

표 12-2 반별 정원기준

반별 정원기준	만 0세	만 1세	만 2세	만 3세	만 4세 이상
원칙	3명	5명	7명	15명	20명

(2) 입소 우선순위

어린이집 입소를 원하는 영유아는 입소 순위에 따라 어린이집에 입소한다. 입소대상은 일반적으로 만 0~5세 미만의 취학 전 모든 영유아를 비롯하여 12세까지의 방과후 보육대상의 아동이며, 입소대상과 순위는 1순위, 2순위, 3순위로 나누어진다. 어린이집 입소대기는 임신육아종합포털 아이사랑(https://www.childcare.go.kr/) 사이트에서 입소 우선순위를 적용하여 부모가 직접 입력한다.

임신육아종합포털 아이사랑

입소대기

출처: 임신육아종합포털 아이사랑 https://www.childcare.go.kr/

(3) 입소 우선순위 별도 적용

법인·단체 등이 부지 또는 건물을 국가 또는 지방자치단체에 기부채납 또는 무상임대한 주체와 지자체 간 협의한 범위(30~70%)를 기준으로 기부채납 또는 무상임대한 법인·단체 등의 근로자 자녀나 공동주택 거주자 자녀에게 우선 입소권을 부여(단, 공공주택특별법 승인 신혼희망타운에 한해 50~80% 범위 적용)하여 입소한다.

(4) 입소자 결정

어린이집의 원장은 신청순위에 따라 어린이집 이용신청자명부를 작성·비치하여 이를 열람할 수 있도록 해야 한다. 입소대기관리시스템 상 '신학기 입소대기 관리기능'은 매년 11월 1일 개통한다(단, 해당일이 토요일·공휴일인 경우 그다음 주의 월요일로 함).

어린이집의 원장은 결원이 생겼을 때마다 상기 "입소 우선순위"를 기준으로 선 순위자를 우선 입소 조치한다. 동일 순위 내 경합이 있을 경우, 입소대기 신청 순서에 따라 순위 결정하고, 다만, 공동주택 관리동 의무어린이집(비국공립어린이집)의 경우 동일 순위 내 경합이 있을 경우, 공동주택 단지 내 가구의 영유아가 우선 입소한다. 선순위 보호자와 입소 상담 후 확정한다. 부득이한 사정으로 선순위자의 입소가 불가한 경우, 선순위 보호자의 동의하에 선순위자의 입소를 보류하고 그다음 순위자 입소가 가능하다. 다만, 선 순위자 등원결정을 위해 공휴일 제외 3일 이상 연락하였음에도 불구하고 연락이 되지 않을 시 원장이 임의로 차순위 대기자 입소 확정가능하다. 공휴일 제외 3일 이상 전화, 문자, SNS, 우편, 직접 방문 등(총 3회 이상)을 통해 확인(근거자료 필요)해야 한다(보건복지부, 2022).

(5) 준수사항

입소 우선순위 적용대상은 대한민국 국적을 가진 만0~5세(장애아동은 만12세) 아동에 한한다. 외국인 아동의 경우 어린이집을 이용할 수 있으나, 일반 순위에 따라 입소가 가능하며 시·군·구 담당자가 보육통합정보시스템(행정지원시스템)에 등록함으로써 입소할 수 있다.

직장, 협동어린이집을 제외한 모든 어린이집은 반드시 입소 우선순위에 따라 보육이 이루어지도록 해야 한다. 어린이집 원장은 어린이집 입소를 신청한 영유아에 대해 입소를 거부하지 못한다. 어린이집 원장은 보육료 자격 신청 또는 입소 신청 등과 관련하여 보호자가 거짓이나 그 밖에 부정한 방법을 사용하도록 요구하거나 안내해서는 안 된다.

(6) 어린이집 입소대상자 선정 및 반 편성시기

관할 지자체는 신학기 대규모 원아모집을 실시하고 입소대기관리시스템에 신학기 입소예정자를 2월말까지 확정하도록 권장한다.

(7) 퇴소

어린이집 원장은 어린이집에 재원 중인 영유아를 보호자의 의사에 반하여 퇴소시킬 수 없다. 다만, 영유아의 질병 또는 어린이집의 폐지, 보호자가 거짓이나 부정한 방법으로 허위 증빙서류를 제출하여 입소하였을 경우, 학부모가 교직원을 폭행하였을 경우 등 정당한 사유가 있고 특별자치시장·특별자치시도지사·시장·군수·구청장의 승인을 받은 경우 그러하지 아니한다.

2) 보육교직원 관리

(1) 보육교직원 임면

국·공립 어린이집 원장은 특별자치시장·특별자치도지사·시장·군수 또는 구청장이 임면한다. 법인, 단체 또는 개인에게 위탁 운영하는 경우로서 교직원 임면권을 수탁자에게 위임한 경우에는 수탁자가 원장을 임면(직장어린이집 동일 적용)한다. 단, 수탁기관이 변경되는 경우에도 기존 교직원의 고용승계 등 교직원의 신분보장이 되도록 노력해야 한다. 사회복지법인, 법인·단체 등, 직장, 가정, 민간어린이집 등은 어린이집 설치자가 임면 신청하며, 협동어린이집은 조합을 결성하여 설치·운영하는 대표자가 원장을 임면한다.

보육교사 등 기타직원은 원장의 제청으로 법인·단체의 대표자 또는 어린이집 설치자(교직원 임면권을 위임받은 수탁자 포함)가 임면한다.

(2) 보육교직원 채용

① 채용조건

어린이집 원장은 「영유아보육법 시행령」 제21조의 어린이집 원장 자격기준을 갖춘 자로서 어린이집 원장 국가 자격증을 발급받은 자를 채용한다. 다만, 자격증 발급을 신청하고 자격검정이 완료되어 자격증 발급이 예정된 자(자격번호가 부여된 자)는 자격증 발급 조건부로 채용 가능하다.

보육교사는 「영유아보육법 시행령」 제21조 [별표 1]의 보육교사 자격기준에 해당하는 자로서 보육교사 국가자격증을 발급받은 자를 채용한다. 다만, 자격증 발급을 신청하고 자격검정이 완료되어 자격증 발급이 예정된 자(자격번호가 부여된 자)는 자격증을 발급받은 것으로 본다. 국가자격증 발급 여부는 보육통합정보시스템에 보육교직원 등록 시 조회 가능 보육교사의 출산휴가, 육아휴직, 장·단기 병가 등의 보육공백 발생 시 채용하는 대체교사(임시교사)도 보육교사 자격기준을 갖춘 자이어야 한다.

장애영유아를 위한 보육교사, 특수교사, 치료사, 간호사, 영양사, 조리원(조리사) 등은 장애영유아를 위한 보육교사, 특수학교 교사, 치료사, 간호사, 영양사 자격증(면허증) 소지자를 채용해야 한다. 간호사의 경우 간호조무사 채용도 가능하며, 이 경우 간호조무사 자격증 소지자 상시 1회 50인 이상에게 식사를 제공하는 어린이집의 조리원 중 1인 이상은 조리사 면허소지자이어야 한다(「식품위생법」 제51조 및 제53조).

② 채용방법

보육교직원의 채용방법은 국가 또는 지방자치단체로부터 보육교직원의 인건비를 보조받는 어린이집의 경우 보육교직원의 채용은 공개경쟁을 원칙으로 한다. 국·공립어린이집의 경우 국가 또는 지방자치단체의 장이 선발고사 등을 통하여 별도로 보육교사를 채용·배치할 수 있다. 보육교직원 채용 시 임금, 근로시간 및 그 밖의 근로조건 등을 명시한 근로계약을 체결해야 하되, 이 경우 근로계약과 관련하여 부당한 내용(결혼, 출산, 육아휴직 등으로 인한 퇴직요구 등)이 포함되어서는 아니 되며, 관할 행정기관은 이를 적극 지도·감독해야 한다.

③ 채용 시 구비서류

임면권자가 보육교직원을 채용할 경우에는 반드시 다음의 구비서류를 제출받아 자격의 적격 여부를 판단하고, 관련 서류를 보관해야 한다. 공통서류는 인사기록카드 <시행규칙 별지 제7호 서식>, 주민등록등본, 채용신체검사서(공무원 채용 신체검사서 준용 가능), 폐결핵, 전염성 피부질환 내용은 반드시 실시하여 제출한다.

보육교직원 중 채용기간이 1개월 미만인 대체교사(임시교사) 등 단기간 근로자, 보육실습생, 특별활동강사, 노인일자리 파견자는 보건소의 감염성질환(폐결핵, 장티푸스, 전염성피부질환 등)에 대한 건강진단결과서(구 보건증)로 갈음할 수 있다. 채용신체검사서는 감염성질환 및 정신질환 등에 대한 검사를 포함하고 있는 경우에는 명칭과 관계없이 채용신체검사서로 인정 가능하다. 「식품위생법」 제40조 제1항 및 「식품위생법 시행규칙」 제49조에 의한 건강진단 대상자(영양사, 조리사, 조리원, 배식인력)는 감염성 질환(폐결핵, 전염성 피부질환 내용은 반드시 실시, 장티푸스의 경우 집단급식소인 어린이집 종사자는 필수 실시, 집단급식소 아닌 어린이집 관련 종사자는 권장)에 대한 검사결과 포함하여 제출(검사결과 유효기간은 검진일 기준 1년 이내) 보수교육 수료증(또는 '장기미종사자 직무교육 이수증')을 제출해야 한다. 단, 신규 보육교사 자격 취득자(자격증에 기재되어 있는 자격인정일이 임용일 전 2년 이내인 자)는 생략 가능하다.

④ 교직원 결원 시 채용 시기

임면권자는 보육교직원 결원 시 1개월 이내에 신규 교직원을 채용해야 한다.

(3) 성범죄 경력조회 및 관리

임면권자는 「아동청소년의 성보호에 관한 법률」 제56조에 따라 어린이집에 취업 중이거나 사실상 노무를 제공 중인 자 또는 취업하려 하거나 사실상 노무를 제공하려는 자(이하 "취업자 등")에 대해 성범죄 경력조회를 경찰청 온라인시스템(명칭: 범죄경력회보서 발급시스템, http://crims.police.go.kr)을 통하여 신청하고 확인한다. 성범죄 경력조회는 취업자 등 본인의 동의를 받아 관계 기관에 요청해야 하나, 취업자 등이 성범죄 경력조회 회신서를 어린이집의 임면권자(대표자, 원장)에게 직접 제출한 경우 성범죄 경력조회를 한 것으로 인정한다.

(4) 아동학대 관련 범죄전력 조회 및 관리

임면권자는 「아동복지법」 제29조의3에 따라 교직원으로 채용하기 전에, 또는 채용 중인 경우에 아동학대 관련 범죄 전력 조회를 경찰청 온라인시스템(명칭: 범죄경력회보서발급시스템, http://crims.police.go.kr)을 통하여 신청하고 확인해야 한다. 아동학대 관련 범죄전력 조회는 취업자 등 본인의 동의를 받아 관계 기관에 요청해야 하나, 취업자 등이 아동학대 관련 범죄전력 조회 회신서를 어린이집의 임면권자(대표자, 원장)에게 직접 제출한 경우 아동학대 관련 전력 조회를 한 것으로 인정한다.

(5) 보육교직원 퇴직 등

임면권자는 보육교직원이 퇴직할 경우에는 사직서를 제출받아 퇴직처리하고 퇴직 사실을 관할 시·군·구청에 보고하고, 사용자와 근로자의 합의에 의한 퇴직인 경우에 적용되는 것으로 사용자가 근로자와의 근로계약을 일방적으로 해지하는 해고(폐업으로 인한 통상해고 등)에 대해서는 그러하지 않다. 이 경우 관할 시·군·구청에서는 임면권자 및 보육교직원에게 유선연락 등을 통하여 사직서를 제출하지 않은 경위에 대해 확인하고 보육교직원의 권익이 침해되지 않도록 해야 한다. 퇴직에 대하여 임면권자와 상호 합의가 되었음에도 불구하고 퇴직 처리하지 않아 본인의 의사와 무관하게 어린이집 원장 또는 보육교사 자격증을 대여한 경우가 발생하지 않도록 한다.

(6) 보육교직원 임면 관련 자료 관리

임면권자는 보육교직원의 임면 사항과 관련된 다음의 서류를 비치하고 기록·관리해야 한다.

① 인사기록카드

② 보육교직원 관리대장

③ 자격(면허)을 요하는 교직원: 자격증(면허증) 사본

④ 기타 교직원 임면과 관련된 서류

※ 임면보고 미대상자(파견인력, 특별활동강사, 보육실습생, 대체조리원(조리사) 등) 구비서류 안내

- 성범죄 경력조회 회신서
- 아동학대 관련 범죄전력 조회 회신서
- 보건소의 감염성 질환(폐결핵, 장티푸스, 전염성피부질환 등)에 대한 건강진단 결과서(구 보건증)
- 보육실습생 신상카드〈서식 Ⅳ-6〉(보육실습생만 해당)

3) 어린이집 운영위원회

어린이집 운영위원회 의의는 어린이집 운영의 자율성 및 투명성을 확보하고,

어린이집 특성과 지역 특성에 맞는 다양한 보육을 창의적으로 실시하고, 영유아들을 위한 질적인 보육서비스를 위한 어린이집과 부모, 지역사회의 의견과 요구를 나눌 수 있는 공식적 통로로 마련한다. 어린이집 운영위원회 구성절차는 다음과 같다.

어린이집 운영위원회 회칙 및 규정 점검	• 운영위원 적정 수 확인(3월 1일 보육정원 기준) • 필요시 회칙 및 규정 개정 [운영위원회]
⇩	
어린이집 운영위원회 구성계획 수립	• 어린이집 운영위원회 구성계획 수립 • 부모에게 가정통신문 배포
⇩	
부모위원 선출	• 부모에게 선출 관련 가정통신문 배포 • 2월 부모오리엔테이션 기간이나 3월 초 선출공고 후 선출
⇩	
보육교사위원 선출	• 교직원 회의를 통해 추천 후 선출 또는 원장이 위촉
⇩	
지역사회위원 선출	• 상반기 최초 운영위원회 실시 전까지 선출 • 부모 및 보육교사 위원의 추천으로 선출 • 법인이나 직장의 경우 생략 가능
⇩	
어린이집 운영위원회 구성	• 1분기 정기 운영위원회는 반드시 3월에 실시해야 함

그림 12-1 어린이집 운영위원회 구성절차

출처: 보건복지부(2022). 어린이집운영위원회 매뉴얼.

어린이집 운영위원회는 당해 어린이집의 장, 보육교사 대표, 학부모 대표 및 지역사회 인사(직장어린이집의 경우에는 당해 직장의 어린이집 업무담당자)를 포함하여 어린이집 규모에 따라 5인 이상 15인 이내로 구성하여야 한다. 학부모 대표는 최대한 영유아 연령을 대표할 수 있도록 구성되어야 하며, 운영위원회 정수의 2분의 1 이상이 되어야 한다. 영유아 수(현원기준)가 100인 미만 어린이집은 5인 이상 10인 이내, 100인 이상 어린이집은 11인 이상 15인 이내로 구성하며, 단, 20인 이하 소규모 어린이집의 경우 지역사회 인사는 제외할 수 있다.

어린이집 운영위원회의 기능은 다음 각 호의 사항을 심의한다.

① 어린이집 운영규정 제·개정에 관한 사항
② 어린이집의 예산 및 결산의 보고에 관한 사항
③ 영유아의 건강·영양, 안전 및 학대예방에 관한 사항
※ 급식 위탁업체 선정, 관리현황(식재료 조달, 식중독 예방조치 등) 확인
⑤ 보육교직원의 근무환경 개선에 관한 사항
⑥ 영유아의 보육환경 개선에 관한 사항
⑦ 어린이집과 지역사회의 협력에 관한 사항
⑧ 보육교사의 권익 보호에 관한 사항
⑨ 보육료 외의 필요경비를 받는 경우, 「영유아보육법」 제38조에 따른 범위에서 그 수납액 결정에 관한 사항
⑩ 그 밖에 부모모니터링단의 모니터링 결과 등 어린이집 운영에 대한 제안 및 건의사항

3. 어린이집 시설관리

어린이집의 시설관리는 영유아의 발달과 특성에 적합한 안전한 시설 및 설비가 되어야 한다. 발달의 결정적 시기에 신체적·심리적으로 안정감을 느낄 수 있는 질 높은 환경이 마련되고, 시설의 관리는 청결하고 쾌적한 환경, 안전한 환경 유지, 보육을 위한 공간이 되어야 한다.

1) 어린이집 시설 및 설비

어린이집 시설은 건물 내외에 갖추어진 물리적 환경으로 건물, 건물 내의 현관, 복도, 유희실, 교사실, 자료실, 식당, 계단 등이다. 실내 시설은 보육공간, 사무관리공간, 서비스공간으로 건물, 건물 내의 현관, 복도, 유희실, 교사실, 자료실, 식당, 계단 등이다. 실외시설은 실외 놀이터, 담장 및 바닥, 외부 출입문 등이다.

어린이집의 설비는 보육의 기능을 원활히 수행하기 위해 시설에 부속된 물리적 요소를 가진 보육공간, 사무관리 공간, 서비스공간이다. 실내 설비(환경설비)는 채광설비, 급·배수, 냉·난방, 방음, 소방 및 안전설비 등이 포함된다. 기본설비는 책상, 의자, 사물함, 교구장 등이며, 실외 설비는 놀이시설, 모래놀이, 물놀이, 기타 영역 등이다.

2) 시설 및 설비의 관리

어린이집의 시설관리를 위해서는 연간계획 수립하여 계획을 세워야 하고, 설비에 따라 정기 및 비정기적인 점검이 필요하다. 노후된 시설을 적절한 시기에 보수하고 교체하도록 철저한 관리하여 보수 시기를 미리 계획해야 한다. 조명 교체 주기 관리, 냉·난방 설비 점검, 전기 및 가스설비 점검, 급배수 설비, 비상사태 대비 안전설비가 포함된다.

4. 어린이집 사무관리

1) 장부 등의 비치

어린이집의 문서관리는 보육활동에서 이루어지는 모든 제반 기록과 장부의 작성 및 문서관리를 통해 사무의 간소화, 표준화, 과학화, 정보화의 행정업무의 효율성을 꾀할 수 있다.

사무관리는 어린이집의 문서 보관, 공문서와 제보고서의 철 등의 문서를 관리하고 처리하는 업무를 말한다. 어린이집에 비치하여야 하는 서류는 다음과 같다.

※ 어린이집 작성·비치 서류(「영유아보육법 시행규칙」 제23조 [별표 8])

1) 재산목록과 그 소유를 증명하는 서류(부동산을 임차하는 경우에는 임대차 계약서를 포함한다)
2) 어린이집 운영일지 및 보육통합정보시스템의 전자출석부
3) 보육교직원의 인사기록카드(채용구비서류, 이력서 및 사진을 포함한다)
4) 예산서 및 결산서
5) 총계정원장 및 수입·지출 보조부
6) 금전 및 물품출납부와 그 증명서류
7) 소속 법인의 정관 및 관계 서류
8) 어린이집 이용신청자 명부
9) 생활기록부, 영유아보육일지
10) 보육교직원의 인사·복무 및 어린이집 운영에 관한 규정 등
11) 통합안전점검표
12) 영상정보 열람대장
13) 그 밖에 어린이집 운영에 필요한 서류

※ 상시 영유아 20명 이하인 어린이집으로서 어린이집의 원장이 보육교사를 겸임하는 어린이집의 경우에는 1)·3)·4)·5)·6)·8)·9)·11) 및 12) 외의 장부 및 서류(전자문서를 포함한다)는 갖춰 두지 아니할 수 있다.

2) 문서관리

어린이집에서의 문서 처리 원칙은 문서는 신속하되 신중하게 처리하고, 문서는 원장을 비롯한 담당 교사가 사무분장에 따라 책임을 가지고 정확하게 처리

하여야 한다. 또한 문서는 적법하게 취급하여야 한다. 개인정보를 포함한 문서는 「개인정보보호법」 및 「정보통신망 이용촉진 및 정보보호 등에 관한 법률」에 관한 법률에 따라 모든 교직원은 교육을 이수해야 하며, 문서처리를 해야 한다.

5. 어린이집 건강·영양·안전관리

1) 건강관리

(1) 영유아 건강관리

어린이집 원장은 영유아와 어린이집 보육교직원에 대하여 정기적으로 건강진단을 실시하는 등 건강관리를 해야 한다. 영유아 건강검진에 대하여 매년 정기적으로 「감염병의 예방 및 관리에 관한 법률」 제33조의4에 따른 예방접종통합관리시스템을 활용하여 영유아의 예방접종에 관한 사실을 확인하여 생활기록부에 예방접종 여부 및 내역에 관한 사항을 기록하여 관리한다.

※ 영유아 건강검진 실시기준(건강검진실시기준 제5조제3항 및 [별표3])

- 검사항목: ① 문진과 진찰 ② 신체계측 ③ 발달평가 및 상담 ④ 건강교육 ⑤ 구강검진
- 검진주기: 총 8차에 걸쳐 검진
  ① 생후 14~35일 ② 생후 4~6개월 ③ 생후 9~12개월 ④ 생후 18~24개월 ⑤ 생후 30~36개월 ⑥ 생후 42~48개월 ⑦ 생후 54~60개월 ⑧ 생후 66~71개월

*구강검진의 경우 4차, 6차, 7차에 포함되어 있으나, 검진기간은 12개월로 연장됨 (4차는 18개월~29개월, 6차는 42개월~53개월, 7차는 54개월~65개월까지 검진 가능)

※ 건강검진실시기준(보건복지부 고시 제2020-313호, 2020. 12. 24. 일부 개정 시행)

※ 원장은 보호자가 영유아건강검진을 받을 수 있도록 안내·협조(검진비: 무료)

-영유아검진결과 발달장애가 의심되어 정밀평가가 필요하다고 판정받은 의료급여수급권자, 건강보험료 부과금액 하위 30% 이하인 자에 대하여 평균 20만 원의 정밀 검사비 지원(주소지 관할 보건소에 문의)

※ 기타 자세한 사항은 국민건강보험공단(www.nhic.or.kr 또는 ☎ 1577-1000)으로 문의

영유아가 접근할 수 없는 안전한 장소에 응급조치를 위한 비상약품 및 간이 의료기구 등을 비치한다. 어린이집에서 해열제·감기약 등을 투약할 경우 미리 부모의 투약의뢰서 또는 부모의 투약 요청 의사를 확인(유선, 문자, SNS 등)하고 투약 요청에 대한 증빙 가능 시 투약을 실시한다. 투약 시 약품에 기재된 투약 기준(용법, 용량, 유효기간 등)을 준수해야 한다.

가정에서 복용 중인 약을 어린이집으로 보내는 경우 부모는 어린이집에서 사용하는 온라인 연락장 또는 서면으로 투약의뢰서를 작성하여 보내고, 담임교사는 투약보고서를 작성하여 부모에게 발송한다.

투약의뢰서(온라인)

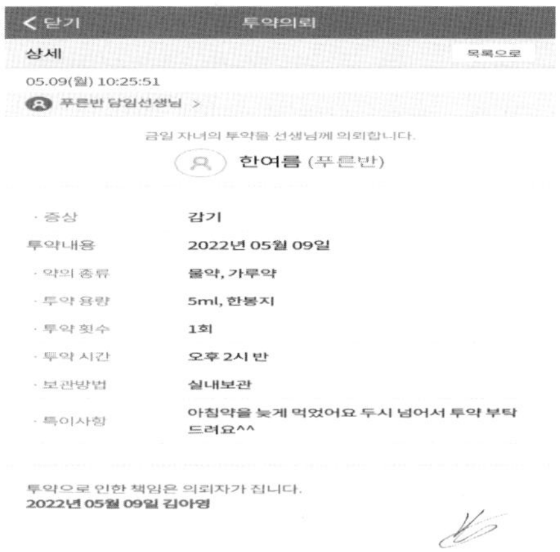

투약확인서(온라인)

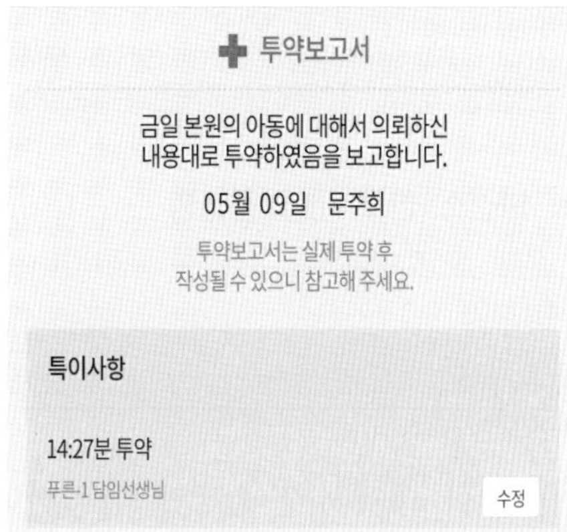

투약의뢰서(서면)	투약확인서(서면)
금일 투약을 의뢰합니다. 원 아 명 : 원아증상 : 약의종류 : □물약 □가루약 □연고 보관방법 : □상온 □냉장 투약시간 : 시 분 투약횟수 : 회 투약용량 : 20 년 월 일 요일 투약으로 인한 책임은 보호자(의뢰자)가 집니다. 의뢰자 (사인)	자녀의 투약을 보호자의 의뢰에 따라 아래와 같이 투약하였음을 알려드립니다. 원 아 명 : 원아증상 : 약의종류 : □물약 □가루약 □연고 보관방법 : □상온 □냉장 투약시간 : 시 분 투약횟수 : 회 투약용량 : 20 년 월 일 요일 담당자 (사인) ○○○ 어린이집

출처: 보건복지부(2022). 2022년 보육사업안내(부록).

어린이집의 원장은 보육 아동 또는 보육교직원에게 식중독 및 감염병으로 의심되는 증상 발견 시 즉시 시·군·구청장에게 보고하되, 「감염병의 예방 및 관리에 관한 법률」에 따른 감염병의 경우에는 보건소에도 신고해야 한다.

※ 시·군·구청장에게 보고 필요한 감염병

수족구병, 풍진, 유행성결막염, 인플루엔자(유행성 독감), 장염, 홍역, 유행성이하선염(볼거리), 전염성농가진, 수두, 무균성수막염, 결핵, 성홍열, 기타 감염병

※ 보건소 신고 대상 감염병

결핵, 홍역, 콜레라, 장티푸스 파라티푸스, 세균성이질, 장출혈성대장균감염증, A형간염

어린이집 내에서의 질병에 걸리거나, 사고 발생 시 신속하게 대처하기 위한 지침을 마련해 두어야 한다. 아프거나 다친 영유아 발생 시 처리 절차와 교직원 역할을 문서화하여 항상 숙지하고, 상해유형에 따라 적절한 응급처치가 되도록 업무분장을 마련하여 응급상황이나 안전사고 발생 시 활용할 수 있어야 한다.

표 12-3 상해유형에 따른 응급처치(예시)

구분	내용
찰과상, 베임	• 가벼운 상처의 경우 다친 부위를 식염수나 깨끗한 수돗물로 세척함 • 물기를 깨끗한 거즈로 닦은 다음 상처에 밴드를 붙임 • 상처의 깊이와 크기, 부위 등에 따라 의료적 처치가 필요한 경우에는 병원에 가서 치료함
골절, 탈구	• 다친 부위를 무리하게 움직이지 말고 가장 편안한 상태로 고정한 후 병원에 방문함 • 다리를 다친 경우에는 살살 눕힌 후 종이박스나 나무판, 패드 등을 무릎과 발목 아래에 넣어 받쳐주어 고정함 • 팔의 경우에는 다친 부위의 위아래 관절까지 부목을 단단하게 대어 움직이지 않도록 고정함
화상	• 식염수로 화상 부위를 씻어 주고 깨끗한 거즈와 붕대로 화상 부위를 덮어 병원에 방문함 • 화상 부위가 손이나 발일 경우 손가락이나 발가락 사이에 천이나 거즈를 끼워서 서로 떨어뜨려 놓은 다음 깨끗한 붕대로 손과 발을 느슨하게 하고 병원에 방문함 • 주의사항 - 물집은 세균에 의한 감염을 일으키므로 벗기거나 터트리지 않음 - 영유아는 화상부위를 찬물에 10분 이상 담그지 않음(체온손실로 저체온증 우려) - 로션, 된장, 간장, 소주 등은 감염을 일으킬 수 있으므로 바르지 않음 - 모든 화상은 병원으로 이송하여 치료를 받아야 함
…	…

▸ 질식, 심한 부상 및 출혈, 충격, 이물질로 인한 응급상황 시 즉시 119에 신고하고, 절차에 따라 응급처치를 한다.

※ 119상담원에게 알려주어야 할 내용
- 응급상황이 발생한 위치(어린이집 이름, 반 이름, 도로나 거리명 등)
- 응급상황의 내용(무의식, 무호흡, 안전사고 등)
- 도움이 필요한 사람의 인원수 및 상태
- 영유아에게 시행한 응급처치 내용(심폐소생술 등)
- 필요한 도움 등

출처: 한국보육진흥원(2022). 2022 어린이집 평가 매뉴얼(어린이집용).

(2) 보육교직원 건강관리

보육교사는 비사무직근로자에 해당되어 연 1회 건강검진실시 대상이다(「국민건강보험법 시행령」 제25조제3항). 영양사, 조리사, 조리원, 배식 인력은 「식품위생법」 제40조제1항 및 「식품위생법 시행규칙」 제49조에 의한 건강진단은 매년 1회 실시(모든 어린이집)해야 한다(「식품위생법」의 매년 1회는 건강진단을 검진을 받은 날을 기준으로 함). 폐결핵, 전염성 피부질환 내용은 반드시 실시하고, 장티푸스의 경우 집단급식소인 어린이집 종사자는 필수 실시, 집단급식소 아닌 어린이집 관련 종사자는 권장한다. 보육교직원은 결핵 및 잠복결핵감염 검진 의무화(「결핵예방법」 제11조제1항, 제2항, 「결핵예방법 시행규칙」 제4조)되어 있다.

2) 영양관리

(1) 급식관리

어린이집의 원장은 영유아에게 균형 있고 위생적이며 안전한 급식을 해야 한다. 급식은 정상적인 발달에 필요한 영양을 섭취할 수 있도록 영양사가 작성한 식단에 의하여 공급하되 영유아 100인 미만을 보육하는 시설의 경우에는 「어린이 식생활안전관리 특별법」 제21조의 2에 따라 어린이급식관리지원센터에 등록하고 어린이급식관리지원센터 등의 영양사 지도를 받아 식단을 작성해야 한다. 다만, 어린이집에 영양사를 두는 경우에는 어린이급식관리지원센터에 등록하지 않을 수 있다. 영유아 100인 이상을 보육하는 시설은 영양사 1인을 두어야 하며 영양사는 영유아의 건강·영양 및 위생을 고려하여 어린이집의 급·간식을 관리해야 한다. 「식품위생법」에 따라 상시 1회 50인 이상(영유아 및 보육교직원 포함)에게 식사를 제공하는 어린이집의 경우 시·군·구청 위생 관련 부서에 집단급식소로 신고·운영하고 조리사를 배치하여야 한다. 어린이집에서는 '영유아 단체급식 가이드라인(식품의약품안전처)'을 참고하여 어린이집운영위원회의 결정에 따라 급·간식 내용을 공개하도록 한다. 공개방식(SNS, 게시판, 가정통신문 등), 공개형태(사진 등), 공개 주기 등을 안내한다.

급식은 어린이집에서 직접 조리하여 공급하는 것을 원칙으로 한다. 다만, 현장학습 등 어린이집에서 직접 제공하기 어려운 경우로서, 다음의 절차에 따라 학부모 동의를 거칠 때에는 직접 조리하여 제공하지 않아도 된다.

※ 외부음식 제공 시 안내 및 동의 절차

- 학부모에게 '어린이집에서 직접 조리하여 공급하는 것이 원칙임에도 어린이집에서 직접 제공하기 어려운 경우로서 부모의 동의가 있는 경우 급식(외부음식)을 제공하겠다'는 내용을 포함하여 미리 고지·안내
- 이에 대해 학부모 동의를 거치고 이를 증빙(보호자가 상기 안내에 동의하여 회신한 알림장, 키즈노트 등) 시에는 외부음식 제공 가능

※ 외부음식 제공 시 유의사항

- 어린이집 이외 장소에서 배식하는 경우 배식용 운반기구 및 운송차량 등을 청결히 관리하여 배식 시까지 식품이 오염되지 않도록 함
- 조리된 식품에 대하여 배식하기 직전 음식의 맛, 온도, 조화(영양적인 균형, 재료의 균형), 이물(異物), 불쾌한 냄새, 조리 상태 등을 확인하기 위한 검식을 하며 조리된 식품의 온도 관리를 하되, 조리 후 가급적 단시간 내에 배식을 마칠 수 있도록 함

출처: 보건복지부(2022). 2022년 보육사업안내. p.115.

(2) 식품알레르기 관리

식품알레르기로 인해 특별한 음식을 필요로 하는 영유아에게는 보호자(부모 등)의 의사를 반영하여 음식을 제공한다. 입소 시 보호자 면담 및 서면(부모동의 및 조사서 참고) 확인을 통해 영유아의 식품알레르기 여부를 확인하여 급식 · 간식 제공 시 알레르기 유발 식품이 제공되지 않도록 주의해야 한다. 어린이집의 원장은 식품알레르기 유발 식품 정보 및 응급조치 체계를 게시판 등에 공지해야 한다.

※ 식품알레르기 조사

어린이집 급·간식 제공 시 식품알레르기가 있을 경우, 영유아의 건강에 심각한 문제가 발생할 수 있습니다. 식품에 대한 알레르기 반응이 있을 경우, 해당식품과 대체가능 식품을 알려주시기 바랍니다.

식품알레르기 여부	알레르기 유발 식품	알레르기 증상	대체가능 식품

※ 알레르기를 유발하는 대표적인 식품(예): 난류, 우유, 메밀, 땅콩, 대두, 밀, 고등어, 게, 새우, 돼지고기, 복숭아, 토마토, 아황산염 등

※ 현재 식품알레르기 증상이 없으나 이후 증상이 발생할 경우, 반드시 어린이집으로 관련 내용을 알려주시기 바랍니다.

출처: 보건복지부(2022). 2022년 보육사업안내(부록).

(3) 급식위생관리

어린이집의 원장 및 급식을 조리·제공하는 보육교직원은 어린이집에서 식중독 환자가 발생하지 않도록 위생관리를 철저히 해야 한다. 어린이집의 조리 직원(영양사, 조리원(조리사))은 작업 전 건강상태를 확인하고 위생모, 위생복, 위생화

를 착용(장신구는 착용불가), 조리 전·후 식재료 및 음식 상태를 점검하는 등 위생관리를 철저히 하고 화기 및 조리기구 사용에 유의하여 안전사고가 발생하지 않도록 한다.

식품과 소모품은 별도로 구분하여 보관하되 여건상 부득이 함께 보관할 경우에는 서로 섞이지 않도록 분리 보관하고 식품과 소모품의 품명, 용도 등을 표시하여 유통기한이 경과되지 않도록 하며, 이미 급식에 제공되었던 음식물을 재사용하여서는 안 된다.

어린이집 내 조리실은 항상 청결을 유지하되 정기적으로 식기, 도마, 칼, 행주, 그 밖에 주방 용구를 세척·살균 및 소독하고, 매일 위생 점검을 실시하는 등 위생관리를 철저히 해야 한다.

보존식 보관 예시

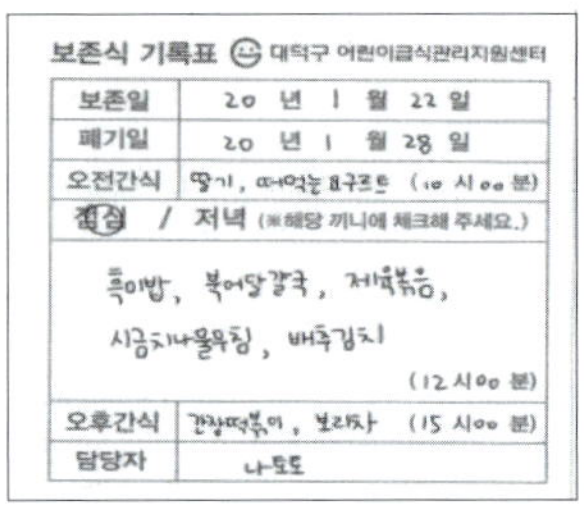

보존식 기록표 대덕구 어린이급식관리지원센터

보존일	20 년 1 월 22 일
폐기일	20 년 1 월 28 일
오전간식	딸기, 떠먹는 요구르트 (10 시 00 분)
점심 / 저녁 (※해당 끼니에 체크해 주세요.)	
흑미밥, 북어달걀국, 제육볶음, 시금치나물무침, 배추김치 (12 시 00 분)	
오후간식	간장떡볶이, 보리차 (15 시 00 분)
담당자	나도도

보존식 기록표

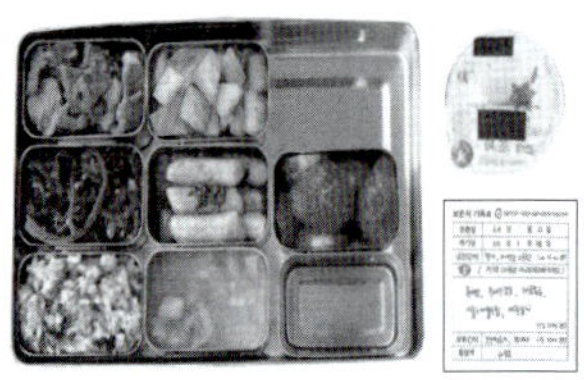

보존식 급식 보관 예시

보존식 냉장고

올바른 보존식 보관 방법

※ 집단급식소의 경우 「식품위생법」에 의거 보존식 보관 의무 대상임

- 보존식 대상: 제공한 모든 급식 및 간식, 대체 음식 등(기존 음식 소진에 따라 별도 추가 제공되는 음식, 식품알레르기에 따라 대체 제공되는 음식 등에 일체)
- 보관방법
  - 음식의 종류별로 각각 1인분(각 150g 이상 보관 권장) 이상 독립 보관, 완제품으로 제공하는 식재료는 원상태로 보관

- 보존일 및 폐기일(날짜, 시간(시/분)), 채취자 성명, 메뉴명을 철저히 기록, 보존식 용기에 부착하여 보관
- 영하 18℃ 이하에서 144시간 이상 보관
- 스테인리스 재질로 각각의 뚜껑이 있는 전용용기 또는 1회용 멸균 팩에 보관
- 세척소독 → 보관함 상단 보관 → 음식 담기 직전 소독·건조 사용

출처: 보건복지부(2022). 2022년 보육사업안내.

3) 안전관리

원장, 보육교직원은 업무를 수행함에 있어 영유아의 생명·안전보호 및 위험 방지를 위하여 주의의무를 다해야 하며, 보육교직원 및 부모와 함께 영유아의 안전사고예방을 위해 성실하게 노력하고 안전교육을 실시해야 한다. 어린이집은 인근 소방서, 경찰서 및 가스, 유류 등의 안전상태를 점검하는 유관기관에 의해 정기점검을 실시하고 비상연락체계를 구축해야 하며, 자체적으로 정기적인 시설 안전점검을 실시하고 기록·관리해야 한다. 어린이집 보육교직원은 영유아의 실내·외 활동 시 안전을 위해 영유아를 보호·감독해야 하며 원장은 영유아에 대한 물리적 환경과 인적 환경에 대한 안전확보를 위해 시설 및 환경을 조성하고 관리해야 한다. 어린이집 내 'CCTV 등' 설치 운영과 관련된 사항은 어린이집 영상정보처리기기 설치운영 가이드라인을 따른다.

(1) 물리적 환경에 대한 안전관리

어린이집의 보육교직원은 안전관리의 중요성을 인식하고 이를 실천하기 위하여 노력해야 한다. 원장은 '어린이집 통합안전점검표'에 따라 매일, 매월 시설안전점검을 실시하여 화재·상해 등 위험발생요인을 사전에 제거해야 한다. 「아동복지법」 제32조에 따라 유괴 등 범죄의 위험으로부터 아동을 보호하기 위하여 필요하다고 인정하는 때는 어린이집의 아동을 보호하기 위하여 어린이

집의 주변구역을 아동보호구역으로 지정하여 폐쇄회로텔레비전을 설치하거나 그 밖의 필요한 조치를 할 수 있다. 영유아의 일상에서의 안전을 위해 모서리 보호대, 벽면 보호대, 화장실 미끄럼방지 등을 설치한다.

모서리 보호대

벽면 보호대

화장실 미끄럼방지

(2) 인적 환경에 대한 안전관리

어린이집 보육교직원은 영유아의 안전사고 예방을 위해 영유아에 대한 보호와 감독을 철저히 해야 하고, 안전관리 및 교육을 통해 어린이집 보육교직원은 안전점검방법 및 안전점검표의 활용법, 영유아의 발달단계 특성을 고려한 보호 및 안전교육 방법에 대해 숙지해야 한다. 어린이집 보육교직원은 영유아의 안전을 위해 영유아의 보호자와 상호 협력, 영유아와 부모에 대한 안전교육을 시행해야 하며, 원장은 모든 보육교직원에 대해 안전교육을 실시하고, 관련 기관 등에서 전문적인 안전교육 이수해야 한다.

어린이집의 원장은 보육대상 아동의 연령을 고려하여 아동복지법령의 안전교육 기준에 따라 매년 안전교육계획을 수립하여 교육을 실시하고, 계획 및 교육을 실시 결과를 관할 시장·군수·구청장에게 매년 3월 31일까지 보고해야 한다. 또한, 「영유아보육법 시행규칙」 [별표 8]에 따라 어린이집의 원장은 매년 보육교직원을 대상으로 안전교육을 실시하여야 한다. 행정안전부의 「어린이안전관리에 관한 법률」 제16조제1항에 따라 원장은 보육교직원에게 매년 응급처치 실습(소아심폐소생술 포함)을 포함한 어린이안전교육을 실시해야 한다.

(3) 차량안전관리

어린이집 통학 차량을 운행하고자 할 경우에는 「도로교통법」에서 규정하고 있는 어린이 통학버스 신고요건을 구비하여 관할 경찰서장에게 신고해야 한다. 차량운행 시 보육교사 등 어린이집 보육교직원이 동승해야 하며, 36개월 미만 영아는 영아용 보호장구를 착용해야 한다. 보육교직원 동승 없이 어린이통학버스 운행 중 발생한 교통사고로 영유아가 사망하거나 중상해를 입은 경우 어린이집에 행정처분 부과되며, 자동차용 어린이 보호장치(영아용 보호장구)는 안전인증 제품(안전인증 검사기준 W1, W2 또는 0그룹, 0+그룹, I그룹)을 사용해야 한다. 보육교사 등 차량에 동승하는 사람은 보건복지부 장관이 정하는 동승보호자 안전교육을 이수해야 한다(보건복지부, 2022).

- 「도로교통법」 제52조(어린이통학버스의 신고 등) 참조
- 어린이집 원장이 전세버스 운송사업자와 운송계약을 맺은 차량도 어린이통학버스로 신고 가능(2008. 9. 2.)
- 어린이통학버스 미신고 차량 운행 시 행정처분: 시정명령(시정명령 위반 시 최대 3개월 운영정지)(보건복지부, 2022)

TIP

자동차용 어린이 보호장치(영아용 보호장구)의 올바른 선택방법

1. 자동차용 어린이 보호장치란?
자동차에 의한 교통사고 시 승차하고 있는 어린이를 상해로부터 보호하거나 상해를 경감하기 위하여 그 차량에 붙어 있는 안전벨트를 사용하여 자동차의 시트 위에 부착하여 사용하는 장치

2. 자동차용 어린이 보호장치 선택 방법은?

1) 먼저 통학차량의 승객석 안전벨트 종류를 확인한다.
   (Ⓐ 2점식 안전벨트 Ⓑ 3점식 안전벨트)
2) 확인된 안전벨트 종류에 맞는 안전인증 검사기준을 선택한다.
   Ⓐ 2점식 벨트 → W2
   Ⓑ 3점식 벨트 → W1, W2
3) 안전인증(KC)된 제품인지 확인한다(안전인증서, 인증번호).
4) 제품 사용설명서를 설치 전 자세히 읽어보고, 안전하게 장착한다.

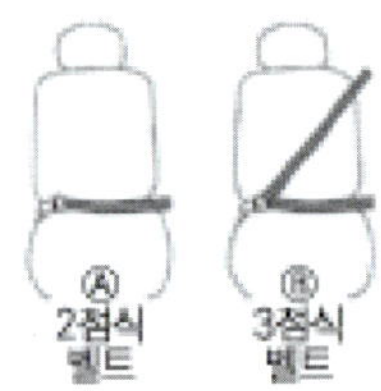

3. 안전인증(KC)이란?

안전인증번호 : 00000000

2011년 이전에 실시한
공산품 안전인증 마크

- 「전기용품 및 생활용품 안전관리법」 제2조제10호에 의하여 소비자의 생명, 신체에 대한 위해 재산상의 피해 등을 방지하기 위한 법으로 안전관리대상 공산품을 지정관리하는 제도로, 2011년부터 국가통합인증마크(KC)를 사용하고 있음
- 안전인증 검사기준

〈변경 전〉

구분	체중 범위(kg)
W1	10kg 미만
W2	9~18kg 이하
W3	15~25kg 이하
W4	22kg 이상

〈변경 후〉

구분	체중 범위(kg)
0그룹	10kg 미만
0+그룹	13kg 미만
I그룹	9~18kg 이하
II그룹	15~25kg 이하
II그룹	22~36kg 이하

※ '영아용 보호장구'는 자동차용 어린이 보호장치 중 영아의 체중범위에 해당되는 안전인증 검사기준(W1, W2/0, 0+, I그룹)을 선택, 사용하여야 함.

출처: 한국보육진흥원(2022). 2022 어린이집 평가 매뉴얼(어린이집용). p.196.

(4) 안전사고 예방대책

① 비상연락체계 구축

어린이집의 원장은 안전사고에 대응하기 위하여 인근 소방서, 경찰서 및 가스, 유류 등의 안전상태를 점검하는 유관기관 등과 비상연락체계를 구축해야 한다.

② 사고보고체계의 확립

어린이집의 원장은 사고에 대비하여 부모와의 비상연락망을 확보해야 하며 부모 동의 및 조사서를 비치하여 사고발생 24시간 사고보고서를 작성하여 시장·군수·구청장에게 보고해야 하며, 중대사고(중상 이상의 안전사고, 감염병 및 식중독 등 집단 질병, 화재·침수·붕괴 등 재난사고 등)는 사고발생 즉시 보고(즉시 유선보고 후 24시간 이내 서식에 의한 보고)해야 한다. 어린이집 영유아의 안전사고 및 감염병 발생 보고는 보육통합정보시스템에 입력보고를 원칙으로 한다.

③ 어린이집 자체 안전점검

어린이집의 원장은 자체안전점검 계획을 수립하여 매월 4일에 안전점검을 실시한다. 자체점검은 '어린이집 통합안전점검표'에 따라 매일, 매월 실시하여 화재·상해 등 위험발생요인을 사전에 제거해야 한다.

④ 안전관리책임관 제도 운영

어린이집 안전관리에 관한 총괄적 관리감독 및 사고 발생 시 효과적인 대응을 위해 안전관리책임관을 지정하며, 원장이 안전관리책임관 역할 수행한다. 소방안전관리자 선임 미해당 시설의 경우 안전관리책임관을 별도로 지정하여 운영하도록 한다.

※ 어린이집 내 안전 관련 시설
- 화재감지기, 소화기, 화재경보기와 수신기 등 화재 감지기구 점검
- 비상대피도 마련, 가스 밸브, 전기 차단기 점검 및 정기적인 유지보수

(5) 등·하원 시 안전관리

「영유아보육법」 제33조의3에 따라 어린이집 원장은 등·하원 안전교육을 매년 보육교직원을 대상으로 영유아 등·하원 안전교육을 실시해야 한다. 어린이집의 원장은 영유아 등·하원 시 보호자로부터 영유아가 안전하게 담당 보육교직원이나 부모 등 보호자에게 인계되는지 여부를 확인하여야 하고, 등·하원 시 안전하게 영유아가 인계되지 않았을 때는 지정된 보호자에게 반드시 안내해야 한다. 보호자 인계 확인은 대면 및 유선통화 원칙이나 부득이 문자 및 SNS 발송 시 회신 확인한다.

생각해보세요

한국보육진흥원(https://www.kcpi.or.kr)의 "사례로 본 알기 쉬운 어린이집 운영기준"은 코로나19 대응, 어린이집 설치 운영 '실천하기', 보육교직원 '살펴보기', 급식·위생·안전 '점검하기', CCTV 설치 운영 '바로 보기', 재무·회계규칙 '바로 알기' 총 6개 분야, 68개의 질문과 답변으로 구성되어 있으며, 관련 사례와 구체적인 법령, 지침을 함께 제시하여 어린이집의 궁금증을 해소하고 법령과 지침을 이해하고 적용하는 데 유용하게 활용할 수 있도록 지원하고자 제작된 책입니다. 이 책을 읽고 사례 중 하나를 선택해서 토의 후 느낀 점을 발표해 보세요.

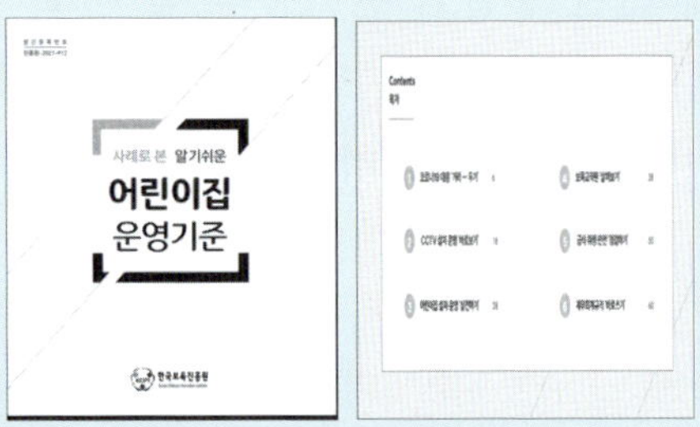

출처: 한국보육진흥원(2021). 사례로 본 알기 쉬운 어린이집 운영기준.

Chapter

13

보육평가

Contents

주요내용

- 보육평가의 개념, 목적, 필요성 이해
- 보육평가 대상인 영유아, 보육교사, 보육과정에 따른 다양한 평가방법 이해
- 어린이집 평가제의 도입배경과 중요성 이해
- 어린이집 평가제의 운영체계, 절차 이해

어린이집의 양질의 운영 및 유지가 되기 위해서는 보육평가가 필요하다. 보육평가란 보육활동의 전반적인 평가를 말하며, 어린이집 지도·점검, 어린이집 평가제, 부모모니터링단, 공공형어린이집, 열린어린이집 등 어린이집의 운영을 평가하는 다양한 평가제도가 시행되고 있다. 보육평가는 평가를 받는 대상에 따라 영유아 평가, 교사평가, 보육과정 평가로 구분하며 각각의 평가결과는 질을 진단하여 보다 나은 방향으로 개선하는 데 활용된다. 어린이집 평가제는 국가차원에서 주기적인 평가를 통해 모든 어린이집의 상시적인 보육서비스 질을 확보하고 보육·양육에 대한 사회적 책임 강화 및 안심 보육환경을 조성하게 된다. 이 장에서는 보육평가의 목적과 중요성을 이해하고 다양한 평가방법을 어린이집 평가 매뉴얼, 개정 누리과정 해설서를 근거로 자료를 설명하고 어린이집 평가제의 운영체계와 절차를 살펴본다.

생각해보세요

유튜브(youtube) –한국보육진흥원– 2020 어린이집 평가제 운영체계 인포그래픽 https://www.youtube.com/watch?v=brU7GsWuE2g&list=PL1zj4_HJ0rXzykyZm9jpqQku0kyYp8sAB)/어린이집 평가결과 정보공시 관련 안내영상(https://www.youtube.com/watch?v=Rok0z_pdgq4)을 보고 평가제를 알아보세요.

1. 보육평가의 개념 및 필요성

1) 보육평가의 개념 및 필요성

보육평가란 보육활동의 전반적인 평가를 말한다. 보육평가는 평가를 받는 대상에 따라 영유아평가, 교사평가, 보육과정평가로 구분된다. 따라서 보육평가는 어린이집에서 수행되는 모든 과정을 총칭한다.

보육평가의 필요성은 영유아 교육과 보육, 기관의 관리운영, 교직원 관리 등 매우 다양한 측면을 포함하는 데 각 부분이 보육의 궁극적인 목표를 수행하는 데 기여하는지를 점검해야 하기 때문이다. 어린이집이 자율적으로 영유아의 변화과정과 보육과정 운영 전반을 목적에 맞게 다양한 방법으로 실시하는 평가 또한 중요한 보육평가의 방법이다. 어린이집은 전 발달영역에 걸쳐 개별 영유아의 특성이나 성장과 변화과정을 지속적으로 관찰하고 누적된 기록을 바탕으로 평가함으로써 전인적 발달을 지원할 수 있다. 교사와 영유아가 함께 만들어 가는 보육과정의 계획과 실행이 적절히 이루어지는지 평가하고 이를 다시 계획이나 실행단계에 반영함으로써 보육내용이나 교수방법을 질적으로 발달시킬 수 있다.

영유아보육이 국가의 미래 경쟁력과 직결되어 있다는 점을 감안하면 다양한 방법의 보육평가를 실시하여 어린이집의 질을 유지하는 것은 반드시 필요하다. 어린이집이 양적으로 확대되면서 영유아의 권리가 존중되지 못하고 낮은 수준으로 보육과정을 운영하거나 부적절한 방법으로 기관을 운영하는 사례가 빈번히 발생함에 따라 어린이집 지도·점검, 어린이집 평가제, 부모모니터링단, 공공형어린이집, 열린어린이집, 부모모니터링 등 어린이집의 운영을 평가하는 다양한 평가제도가 시행되고 있다.

2) 보육평가의 목적

보육평가의 목적은 보육과정 운영 전반의 목표성취 여부를 평정함으로써 영유아에게 제공되는 다양한 보육경험과 부모 및 지역사회 연계 등 보육서비스의 질을 개선하는 데 있다.

보육평가는 영유의 특성과 변화과정을 평가하거나 보육과정 운영을 평가함으로써 영유아를 이해하고 영유아의 놀이가 중심이 되었는지에 대한 과정에 대한 평가임을 강조하며, 궁극적으로 영유아의 행복과 전인적 발달을 지원하는 것이다.

보육평가는 「영유아보육법」에 기초하여 어린이집을 질적으로 운영하도록 하는 것으로 어린이집을 지도 관리하기 위하여 외부로부터 이루어질 수도 있다. 어린이집 스스로 영유아와 보육과정을 평가할 수도 있으나 궁극적으로 영유아의 행복과 전인적인 발달을 지원하기 위하여 보육의 질을 개선하는 데 그 목적이 있다.

행정기관에서 어린이집을 대상으로 실시하는 지도점검, 평가제, 부모모니터링과 같은 공적규제를 중심으로, 컨설팅과 같은 위임형 자율규제가 공적규제를 지원하는 역할을 수행하고 있다.

(1) 지도점검

지도점검은 어린이집 운영관리 실태를 파악하여 모든 단계가 적정히 운영되는지 여부와 기강 위배사항 등을 분석 평가하고 그에 대한 문제점을 시정하거나 개선방안을 마련하는 제도이다. 어린이집 정기점검의 경우는 시·도 및 시·군·구청장이 실시하고, 특별점검이나 수시점검의 경우에는 시·도 및 시·군·구청장뿐만 아니라 보건복지부에서 직접 실시하기도 한다.

어린이집 지도점검은 운영일반, 재무회계, 아동·보육교직원 관리, 건강·영양·안전 4개 영역 48문항으로 구성되어 있다. 보육료 상한선 준수, 국고보조금 지원기준 준수 여부, 회계처리의 적정성, 교직원 자격·급여·4대 보험 등 적정 여부, 정원 및 반편성 기준 준수 여부, 운영시간 및 입소 순위 준수 여부, 급·간식 운영 및 건강·위생관리 실태, 어린이집 안전관리 실태 등을 중점으로 점검한다. 점검결과는 '양호', '미흡', '불량' 중 하나로 평가되고, 현장점검 결과 위반사항에 대해서는 행정조치가 가해진다.

(2) 평가제

평가제는 「영유아보육법」 제30조에 근거하여 영유아에게 안전한 보호와 질 높은 보육서비스를 제공하고자 평가제 지표를 기준으로 어린이집의 현재 수준을 점검하여 개선하도록 한 후, 객관적인 평가를 통해 일정 수준 이상의 시설에 대해 국가가 인증을 부여하는 제도이다.

(3) 부모모니터링

부모모니터링은 부모의 불안감 해소를 위해 수요자인 부모와 보육·보건 전문가가 직접 어린이집의 급식, 위생, 건강 및 안전관리 등 운영상황을 모니터링하는 것이다. 부모의 어린이집 운영 참여를 도모하고, 영유아의 건강과 안전, 질 높은 보육환경을 위하여 모니터링과 개선을 위한 모니터링단 운영을 통해 어린이집을 지원하는 제도이다. 원내 자체모니터링(재원 영유아 부모 1~2인, 보육교직원)은 자체 모니터링 지표를 별도로 사용하며, 결과를 운영위원회 및 재원 영유아 부모에게 공지한다.

2. 보육평가의 대상과 방법

1) 영유아 평가

(1) 영유아 평가의 개념

입소 시기에 영유아의 현재 발달 상태나 행동 특성, 가정에서의 사전경험 등을 이해하기 위하여 사전정보를 수집하여 진단, 평가한다. 영유아가 어린이집에서 지내면서 경험하는 놀이, 일상생활, 활동에서 영유아의 행동과 상호작용 등을 관찰하고 기록하거나 자료수집해 특성과 변화를 평가하고, 영유아의 학습준비도나 발달평가, 누리과정 영역별 성취도 평가 등 표준화된 검사도구를 이용하여 객관적으로 측정하여 평가한다.

교사는 다양한 관찰법을 활용하여 영유아를 관찰하고 기록해야 한다. 교사가 계획하여 주도하는 교육과정에서 유아가 주도적으로 놀이하며 배우는 교육과정으로 패러다임이 변화하면서, 놀이를 지원하는 관찰과 기록의 중요성이 그 어느 때보다도 강조되고 있다. 교사가 영유아의 삶을 관찰하고 기록하는 것은 영유아·놀이중심교육과정의 출발점이자 교육과정 실행 과정 그 자체로서 매우 중요한 행위로 주목받게 된 것이다. 어린이집 현장에서는 관찰과 기록의 목적이나 내용, 시기, 방법에 대한 담론이 활발히 이루어지고 있으며, 영유아·놀이중심교육과정과 관찰·기록을 어떻게 영유아발달에 적용해야 하는지에 대한 현장의 고민도 많아지고 있다. 관찰과 기록은 영유아들의 고유한 특성 및 변화 정도를 객관적으로 설명하거나 교육과정 영역별 목표 등과 같은 정해 둔 잣대에 비추어 단순히 체크하거나 비교하기 위한 것이 아니라, 무엇보다도 놀이의 의미를 맥락 속에서 이해하여 놀이의 흐름과 영유아들의 의도에 맞게 적절히 지원하는 것이어야 한다(이경화. 2021).

(2) 영유아 평가의 방법

영유아의 성장발달을 이해하고 개별적인 장단점을 파악하고, 관찰에서 얻어진 자료는 다음 활동을 계획하는 데 기초가 된다. 또한 부모 상담의 객관적인 자료로 제시된다. 영유아를 평가하는 방법은 관찰법, 검사법, 면담법 및 포트폴리오 평가가 있다.

관찰법은 일상생활 속에서 유아가 자연스럽게 활동하는 모습을 관찰자가 본대로 기록하는 것으로 교사가 유아의 발달특성을 올바르게 판단하여 유아의 발달에 적합하도록 교육과정을 구성하는데 중요한 자료를 제공한다. 관찰법에는 일화기록법, 행동목록법, 사건표집법, 평정척도법이 주로 사용된다(국립특수교육원, 2021).

① 일화기록법

일화기록법은 하나의 사건에 초점을 두고 관찰 기록하는 방법으로 특별한 준비 없이 교사가 가장 쉽게 활용할 수 있는 관찰법이다. 일화기록은 관찰자가 기록할만한 가치가 있다고 느꼈던 유아의 한 가지 주요 행동이나 상황에 초점을 두어 관찰하고 기록하는 방법이다. 유아에 대한 구체적이면서 짧은 내용의 사건, 즉 일화를 서술식으로 기록하는 방법이다(국립특수교육원, 2021).

<table>
<tr><td>1-1</td><td colspan="2">일 화 기 록 지</td><td>기본형</td></tr>
<tr><td>유 아 명</td><td>한소연</td><td>생년월일</td><td>2016.7.28.</td></tr>
<tr><td>관 찰 자</td><td></td><td>관 찰 일</td><td>2021.6.23.</td></tr>
<tr><td>관찰장면</td><td>비눗방울 놀이(바깥놀이)</td><td>관찰시간</td><td>10:00~10:10</td></tr>
<tr><td colspan="4">소연이는 비눗방울 통에서 막대 비눗방울을 꺼냈다. 양손으로 비눗방울 뚜껑을 열어보고 뚜껑이 열리지 않자 교사에게 비눗방울 통을 건네며 "열어주세요."라고 했다. 교사가 "열어줄게."라고 말한 후 비눗방울을 주자 소연이는 오른손으로 비눗방울 통을 받았다. 비눗방울을 만들고 터트려본 후, 통에 남은 비눗방울액이 없자 교사에게 비눗방울 통을 건네며 "주세요."라고 했다. 교사가 "비누방울 담아줄까?"라고 묻자 소연이는 "비누방울 담아주세요."라고 했다. 교사가 비눗방울액을 담아 건네자 소연이는 오른손으로 비눗방울 통을 받고 다시 비눗방울을 만들어 터트렸다.</td></tr>
<tr><td>요약 및 주의점</td><td colspan="3">- 소연이가 교사에게 비눗방울 통의 뚜껑을 열고, 비눗방울액을 더 달라고 요청하기 위해 "열어주세요", "주세요"라고 말함
- 교사가 두 어절로 이루어진 문장 모델링을 보이자 이를 응용하여 "비누방울 담아주세요"라고 말함</td></tr>
</table>

출처: 국립특수교육원(2021). 특수교육대상유아를 위한 놀이 지원 자료집 2. 놀이 중심 관찰·기록.

② 행동목록법

행동목록법은 관찰하고자 하는 행동의 목록을 작성하여 해당되는 행동이 관찰되었을 때 표시하는 방법으로 체크리스트 형식으로 되어 있다.

10-2	체 크 리 스 트				진도점검형
유 아 명	김정우	생년월일	2016.4.1.		
관 찰 자		관찰영역	발달영역		
행동		관찰 1 3/8	관찰 2 6/7	관찰 3 9/6	관찰 4 12/6
1	[대근육] 뒤로 걷는다				
2	[대근육] 넘어지지 않고 연속 10회 앞으로 점프한다	✓			
3	[대근육] 재주 넘기를 한다				
4	[대근육] 굴러가는 공을 발로 세운다				
5	[대근육] 공을 바닥에 한번 튕길 수 있다	✓			
6	[대근육] 무릎 아래 높이로 매어져 있는 줄을 뛰어 넘을 수 있다				
7	[소근육] 종이를 움직여서 간단한 모양을 자른다	✓			
8	[소근육] 십자가를 보고 그린다	✓			
9	[소근육] 사각형을 보고 그린다				
10	[소근육] 몇 개의 글자를 쓴다				
11	[소근육] 3~5 조각의 퍼즐을 완성한다				
12	[인지] 4~6가지 색깔을 가리키고 이름을 말한다	✓			
13	[인지] 친숙한 사물의 그림을 짝짓는다	✓			
14	[인지] 머리, 팔, 다리 등의 2~6가지 알아볼 수 있는 신체 부위를 포함한 사람을 그리고 자신의 신체와 짝지을 수 있다				
15	[인지] 방해받지 않고 10분간 과제를 수행한다				
16	[인지] 동전을 구분한다				
17	[인지] 세 개의 간단한 그림을 순서대로 나열한다				
18	[인지] 평행선 사이에 선을 긋는다				
주의점	- 이상의 행동목록은 발달에서 순차적 발달 방향을 제시하는 것과 같기 때문에 가정에서의 놀이나 활동을 계획하는 안내의 역할을 할 수 있습니다. 예를 들어, 소근육 운동기술의 사용과 관련하여 십자가를 보고 그릴 수 있다면 사각형이나 삼각형 등 다른 모양을 그리는 것을 도와 줄 수 있습니다. - 분명하게 할 수 있는 것만 √ 표시 해 주세요.				

출처: 국립특수교육원(2021). 특수교육대상유아를 위한 놀이 지원 자료집 2. 놀이 중심 관찰·기록.

③ 사건표집법

사건표집법은 행동과 사건이 발생하기를 기다렸다가 일어나면 일정한 형식에 따라 행동의 순서를 자세하게 기술하는 방법이다. ABC 기록은 관찰하고자 하는 사건 또는 행동이 발생할 때마다 행동(B: behavior)을 중심으로 행동이 발생하기 전의 선행사건(A: antecedent)과 행동발생 직후의 후속결과(C: consequence)를 시간의 흐름에 따라 사실적으로 서술하는 기록 방법이다.

3-1	ABC 기 록 지			기본형
유 아 명	손현주	생년월일	2016.8.30.	
관 찰 자		관 찰 일	2021.3.20.	
시 간	(A) 선행사건	(B) 행동	(C) 후속결과	
11:07	현주는 블록놀이를 하고 있는 지영이에게 다가가서 "내가 빨간색 할 거야." 하며 지영이의 블록을 빼앗았다. 지영이가 "싫어." 라고 하며 다시 가져왔다.	현주는 지영이가 들고 있는 블록을 빼앗아 지영이의 머리를 때렸다.	지영이가 큰 소리로 울면서 다른 영역으로 이동했다.	
요약 및 주의점	- 현주의 자기중심적인 표현과 허락 없이 다른 사람의 물건을 만지는 행동은 친구들의 거절로 이어지고 이는 현주의 공격적인 행동(머리 때리기)으로 이어진다. - 친구에게 놀이를 제안하는 방법과 친구의 거절을 수용하는 방법을 지도할 필요가 있다.			

출처: 국립특수교육원(2021). 특수교육대상유아를 위한 놀이 지원 자료집 2. 놀이 중심 관찰·기록.

교사는 관찰기록을 통해 학부모와 소통하고 상호 신뢰를 쌓으면서 협력하는 것이 필요하다. 어린이집 교실 내에서 영유아를 관찰하는 방법은 다음과 같다(한국보육진흥원, 2019).

- 일상생활, 놀이 및 활동에서 개별 영유아의 반응, 행동을 객관적으로 관찰하여 기록한다.
- 관찰기록, 활동 결과물 등 영유아의 발달 변화를 파악할 수 있는 자료를 활용하여 종합적으로 평가해야 한다. 평가를 위한 자료 모으기와 교사는 많이 기록해야 한다는 부담에서 벗어나 유아 관찰기록 중 유아 이해 및 놀이지원에 중요하고 의미 있다고 판단되는 자료를 선별한다.
- 영유아 관찰의 경우에는 어린이집의 일상생활, 놀이를 모두 포함하여 기록한다.

• 관찰 결과를 활용한 발달평가(총평) 작성의 경우에는 연 2회 이상 기록한다.

2) 보육교직원 평가

보육교직원의 평가는 자신이 실행한 업무의 수준과 앞으로 보완해야 할 점을 객관적으로 바라볼 수 있는 자료가 되므로 정기적이고 체계적으로 이루어져야 한다. 교사평가는 평가자가 누구인가에 따라 자기평가, 동료평가, 외부관찰자에 의한 평가가 있다.

자기평가는 교사가 스스로 성장하기 위하여 자발적으로 계획을 세우고 수행해 가는 평가이다. 동료평가는 동료 교사들이 서로의 보육활동을 관찰하고 분석하여 피드백해 주거나 공통의 관심사에 대해 함께 토론하며 학습공동체로 형성해가는 평가이다. 외부관찰자에 의한 평가는 어린이집 평가제와 같은 행정적인 평가제도의 기준에 따른 평가, 외부전문가로부터 보육과정 컨설팅을 받는 평가, 학부모로부터 받는 평가 등이 있다.

보육교사의 근무평가 내용에는 업무태도, 전문성, 원아관리, 부모와의 관계, 동료관계 등이 있다.

평가제에서 교사의 근무평가 내용은 표 13-1과 같다.

표 13-1 평가제에서 교사의 근무평가 내용

교사 근무평가 내용	
업무 태도	계획된 보육활동의 실행을 위해 성실히 수업자료를 준비하는가?
	담당영역의 교구 등록·관리 및 공동구역의 청결유지를 위해 노력하는가?
	맡은 일에 대해 책임을 전가하지 않고 의욕적으로 해내려고 하는가?
전문성	보육지식의 함양을 위해 보육 관련 재교육 및 세미나 등에 자발적으로 참여하는가?
	전문성 있는 보육계획 및 실행을 위해 다양한 보육프로그램의 자료를 참고하며 연구하는가?
	연구수업 등 장학수업 과정에 충실히 임하며, 장학수업 평가사항을 보육활동에 반영하기 위해 노력하는가?

교사 근무평가 내용	
원아 관리	영유아를 존중하며 요구에 민감하고 적절히 반응해주는가?
	영유아의 문제행동을 영유아의 입장에서 이해하려고 노력하며, 적절한 개입을 하는가?
	매일 아침 등원하는 영유아의 건강상태 및 정서상태 등을 파악하기 위해 노력하는가?
부모와의 관계	영유아의 어린이집 생활에 관하여 부모와 공유하거나 개인별 영유아의 발달과업이 잘 이루어질 수 있도록 가정연계를 위해 노력하는가?
	부모와 신뢰감 형성을 위해 노력하는가?
	부모면담, 부모참여수업 등 참여활동에 적극적으로 참여를 유도하는가?
동료 관계	보육교사로서 상하 간, 동료 간의 인간관계를 원활히 유지하기 위해 노력하는가?
	동료교사의 도움과 요청이 있을 때, 적극적으로 도와주려고 노력하는가?
	동료교사의 고충을 듣고 진심으로 이해하려고 노력하며 격려해 주는가?

출처: 한국보육진흥원(2019). 평가인증 문서 서식 양식.

보육교직원 평가방법은 다음과 같다(한국보육진흥원, 2019).

- 보육교직원의 업무수행 평가는 정기적이고 체계적으로 이루어져야 한다.
- 근무평가의 내용은 업무태도(근태), 보육교사로서의 전문성, 동료관계 등이 포함되는 것이 바람직하다.
- 평가시기를 예고하고, 평가를 위한 객관적인 자료를 토대로 평가하는 것이 바람직하다.
- 자기평가, 동료평가 등을 함께 진행할 수 있으나 원장이 교사별로 연 1회 이상 근무평가를 실시했는지를 확인한다. 자기평가, 동료평가만 이루어지는 경우 근무평가로 인정되지 않는다.
- 1년 이상 근무한 교사에 한해 평정한다.

3. 보육과정 운영 평가

보육과정의 평가는 영유아의 발달특성 및 변화 정도를 이해하고, 보육과정 운영의 질을 개선하는 데 목적이 있다. 영유아의 발달 특성과 놀이 실행 과정을 관찰하여 기록한 관찰일지는 부모면담의 기초자료가 되고, 놀이평가를 통해 교사는 보육과정 운영의 질 향상에 도움이 된다. 교사는 영유아가 어떻게 하루를 보냈는지, 놀이는 구체적으로 어떻게 진행되었는지, 영유아의 놀이에 필요한 자료는 적절히 제공되었는지 등에 대한 실행을 평가하고, 필요한 경우 놀이 지원과 활동계획에 반영하여야 한다. 교사는 영유아의 놀이, 일상생활, 활동을 통해 학급에서 일어나고 있는 영유아들의 배움과 참여 등에 대한 기록을 바탕으로 보육과정을 평가하고 보육과정 개선 계획에 이를 반영한다. 교사는 보육과정 운영의 평가를 연간, 월간, 주간, 일일 등 일정한 시기를 두고 할 수도 있지만, 영유아의 놀이에서 발견되는 의미 있는 실행을 보육일지에 기록할 수도 있다. 교사는 평가의 내용에 기반하여 다음 보육경험을 계획하거나 영유아의 놀이를 지원한다.

교사는 관찰과 기록, 수집, 부모 설문지 등의 다양한 방법을 이용하여 영유아와 보육과정 운영에 대한 평가를 실시한다(교육부·보건복지부. 2019b).

1) 다양한 방식으로 기록하기

놀이중심교육과정이 잘 운영되기 위해서는 영유아의 놀이를 중심으로 일과를 관찰하고 기록할 필요가 있다. 일과 중 관찰한 내용을 메모지에 핵심 단어 위주로 짧게 기록을 남기고 일과 후 상세한 내용을 보완할 수 있다. 이때 짧은 메모를 그대로 활용할 수도 있고, 영유아 이름, 시간, 장소, 상황, 관련 보육과정 내용 등을 수기로 간단히 작성할 수 있다.

2) 자료 활용하여 평가하기

보육과정 운영평가는 놀이, 일상생활, 활동이 잘 연계되어 유아에게 의미 있는 통합적 경험의 내용으로 운영되었는지를 알아보는 것이다. 영유아 평가와 보육과정 운영평가는 어린이집의 상황이나 필요에 따라 가장 적합한 방법을 선택하여 자율적으로 실시한다.

유아·놀이 중심 교육과정 운영을 평가할 수 있는 체크리스트입니다. 체크하면서 긍정적인 부분과 개선이 필요한 영역을 점검하여 다음 유아·놀이 중심 교육과정 운영을 위해 개선해야 할 영역을 설정하고 개선 계획을 세워야 한다.

표 13-2 유아·놀이 중심 교육과정 운영 체크리스트

영역	평가항목	평가				
		전혀 그렇지 않다	그렇지 않다	보통이다	그렇다	매우 그렇다
교육계획 수립	국가 수준의 공통 교육과정을 바탕으로 각 어린이집의 실정을 반영한 교육계획을 수립하는가?					
	유아의 발달을 고려하여 교육계획을 수립하는가?					
	유아가 자발적으로 놀이와 활동을 할 수 있는 교육계획을 수립하는가?					
	가정과 지역사회와의 협력과 참여를 포함하여 교육계획을 수립하는가?					
일과운영	놀이와 활동을 융통성 있게 운영하는가?					
	성, 신체적 특성, 장애, 종교, 가족 및 문화적 배경 등으로 인한 차별 없도록 운영하는가?					
교수학습 및 평가	유아의 놀이, 활동, 일상생활을 관찰하면서 놀이를 지원하는가?					
	유아의 특성 및 변화 정도와 교육과정 운영에 대한 평가를 실시하는가?					
	유아와 교육과정 운영에 대한 평가 결과를 다음 계획에 반영하는가?					

교사 · 유아 상호작용	교사는 유아의 요구나 질문에 적절하게 반응하는가?					
	교사는 유아의 감정에 공감하고 유아가 스스로의 감정을 다룰 수 있도록 돕는가?					
	유아의 놀이와 활동을 관찰하면서 적절한 방법으로 상호작용하는가?					

출처: 교육부(2020). 교사를 위한 놀이지원 워크북.

생각해보세요

"놀면서 자란다-영아, 유아" 표준보육과정의 놀이의 실제 예를 통해 보육평가를 알 수 있습니다. 놀이지원 워크북에 놀이평가를 기록해서 발표해 보세요.

출처: 중앙육아종합지원센터 보육과정 http://www.nccw.educare.or.kr/web/main.do/e-book

4. 어린이집 평가제의 운영체계와 절차

어린이집 평가제의 기본방향은 국가 차원의 주기적인 평가를 통해 모든 어린이집의 상시적인 보육서비스 질을 확보하고, 보육·양육에 대한 사회적 책임 강화 및 안심 보육환경을 조성하는 데 있다. 평가제의 법적 근거는 「영유아보육법」 제30조(어린이집 평가)에 따르며, 평가업무는 한국보육진흥원이 위탁하여 실시한다. 평가제의 평가대상은 「영유아보육법」에 따라 설치된 모든 어린이집(방과후 전담어린이집 제외)이며, 평가내용은 「영유아보육법」 제30조제1항과 관련된 평가지표이다. 평가지표 평가영역 및 항목, 평가방법, 평가절차 등에 관한 세부사항은 한국보육진흥원에서 정하도록 한다(보건복지부·한국보육진흥원, 2022).

1) 어린이집 평가제의 추진과정

2005년부터 시행되어 온 어린이집 평가인증제도는 어린이집이 지향해야 하는 바람직한 보육서비스의 실제를 제시하고 질적 수준을 공정하게 평가할 뿐만 아니라, 수요자인 부모에게 합리적인 어린이집 선택기준을 제공하고 정부의 효율적인 지원 및 관리체계를 위한 질 관리 기제로 작동하여 왔다. 제1차 평가인증('06~'09), 2차 지표와 3차 시범지표를 적용한 제2차 평가인증('10~'17. 10.), 통합지표를 적용한 제3차 평가인증('17. 11.~'19. 6. 11.)을 거치면서 평가제('19. 6. 12~)가 시행되었다.

평가인증제도가 어린이집의 자발적인 신청에 의해 운영됨에 따라 미인증 어린이집으로 인한 질 관리 사각지대 문제가 발생하였으며, 최근 아동권리 보호, 아동학대 예방, 안전관리 강화에 대한 사회적 요구 증가로 전체 어린이집 질 관리에 대한 필요성이 대두되었다. 2019년 6월 12일부터 어린이집 평가제가 시행되었다.

표 13-3 평가인증제도 시행 경과

구분		내용
도입	2003. 4. ~ 12.	보육시설 평가인증제도 실시모형 개발 관련 연구용역 실시
	2004. 1.	보육시설 평가인증제도 도입 근거 마련[영유아보육법 제30조]
시범 운영	2005	보육시설 평가인증 시범운영 실시
1차 시행	2006~2009	제1차 어린이집 평가인증 시행

구분		내용
2차 시행	2010~2017. 10.	제2차 어린이집 평가인증 시행
	2013. 9.	어린이집 평가인증 결과공표 시행
	2014. 11.	3차 시범지표 적용
	2016. 6.	유치원·어린이집 평가체계 통합방안 발표 (국무조정실 영유아교육보육통합추진단)
3차 시행	2017. 11. ~ 2019. 6.	제3차 어린이집 평가인증 시행(통합지표 적용)

2) 평가제의 시행목적 및 진행절차

어린이집 평가제 시행 목적은 다음과 같다.

첫째, 상시적인 보육서비스 질 관리를 위해 주요 핵심 지표를 중심으로 질 관리 표준을 제시하고 어린이집 스스로 질적 수준을 제고하도록 한다.

둘째, 전체 어린이집에 대한 주기적 평가를 통하여 보육서비스 품질관리의 사각지대를 해소하고 전반적인 보육서비스 수준을 지속적으로 관리하여 국가의 책무성을 강화하고자 한다.

셋째, 궁극적으로 평가제를 통해 보육서비스의 질 향상을 제고함으로써 영유아의 안정과 건강, 조화로운 성장과 발달을 도모하고자 한다. 이를 위해 영유아의 인권과 놀 권리를 보장하고, 영유아가 건강하고 행복하게 성장할 수 있는 안심 보유환경을 조성하며, 보육교직원이 영유아보육에 집중할 수 있는 여건을 조성한다.

어린이집 평가제는 전체 어린이집의 질 관리를 위하여 평가 자체에 목적을 두기보다 정기적인 평가를 통해 어린이집이 지속적으로 보육의 질적 수준을 향상시키고 유지하게 함으로써 영유아의 안전과 건강, 조화로운 성장과 발달을 도모하여 부모가 믿고 맡길 수 있는 안심 보육환경 조성에 기여하는 데 목적이 있다.

평가제로 개정되면서 운영체계도 개선되었다. 어린이집 평가는 한국보육진흥원에서 정한 평가주기에 따라 대상을 선정하며 해당 어린이집 및 지방자치단체에 통보로 시작된다. 기본사항 확인과 자체점검, 현장평가, 종합평가, 결과 통보 및 공표 순으로 평가가 진행된다(한국보육진흥원, 2022).

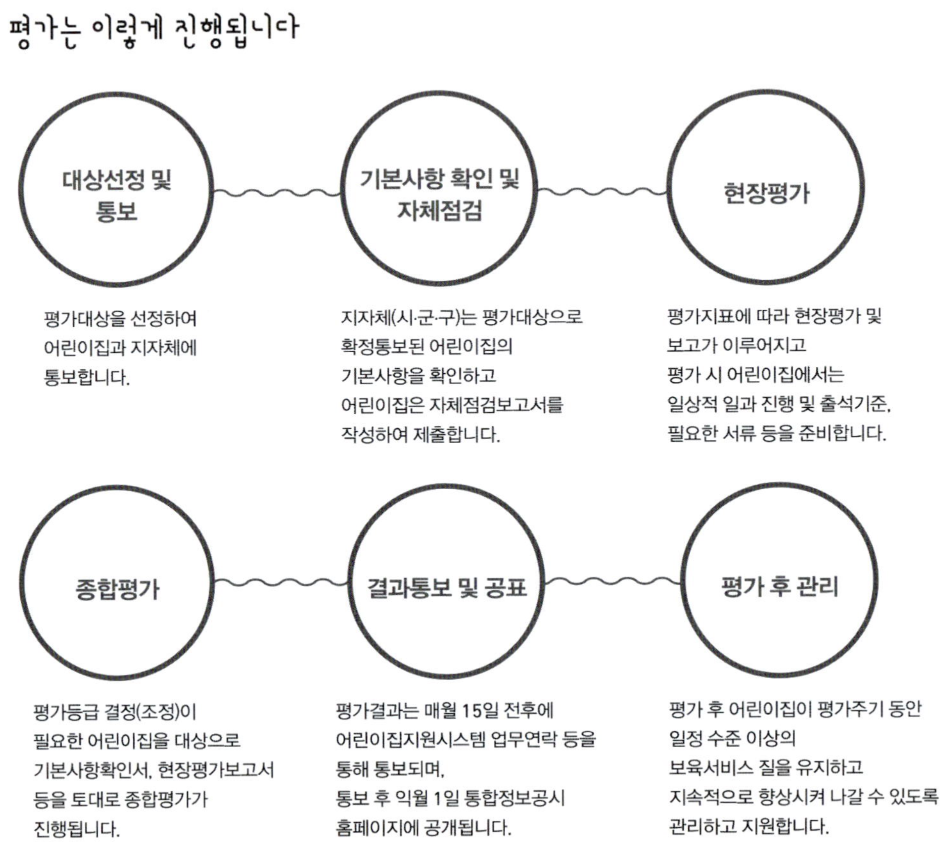

그림 13-1 어린이집 평가제 진행절차

출처: 한국보육진흥원(2022). 톡!톡! 120가지 문답으로 알아보는 2022 어린이집 평가.

3) 평가제 평정등급 및 평가방법

어린이집 평가결과 등급은 현장평가 결과(100%)를 바탕으로 한다. 평가제는 전체 어린이집에 대하여 평가를 주기적으로 진행하고 결과 등급에 따라 관리하도록 설계되었다. 평가결과 등급은 4등급(A, B, C, D)으로 나뉘며, 평가지표는 18지표 59개 항목이며, Ⅰ. 보육과정 및 상호작용, Ⅱ. 보육환경 및 운영관리, Ⅲ. 건강·안전, Ⅳ. 교직원 항목으로 나뉜다. 어린이집 평가등급은 4등급(A, B, C, D)으로 구분하며, A, B등급은 3년, C, D등급은 2년의 평가주기를 부여한다(한국보육진흥원, 2022).

표 13-4 평가등급 기준 및 평가주기

등급구분(정의)		등급 부여기준	평가주기
A	국가 평가에서 제시하고 있는 기준을 모든 영역에서 충족함	4개 영역 모두 '우수'인 경우(필수지표 및 요소 충족)	3년
B	국가 평가에서 제시하고 있는 기준을 대부분 충족함	'우수' 영역이 3개 이하이며, '개선필요' 영역이 없는 경우	
C	국가 평가에서 제시하고 있는 기준 대비 부분적으로 개선이 필요함	'개선필요' 영역이 1개 있는 경우	2년
D	국가 평가에서 제시하고 있는 기준 대비 상당한 개선이 필요함	'개선필요' 영역이 2개 이상인 경우	

출처: 보건복지부(2022). 어린이집 평가 매뉴얼.

현장평가는 어린이집 1개소당 2인(정원 99인 이하 어린이집) 또는 3인(정원 100명 이상 어린이집)의 현장평가자가 어린이집에 방문하여 1일간 실시한다. 현장평가자는 어린이집 도착 예정시간은 09:00~09:30이며, 현장평가 종료 예정시간은 16:40~17:30이다. 현장평가는 하루 일과 전반에 걸쳐 관찰, 기록(문서)검토, 면담 등의 방법을 통해 진행된다. 평가지표의 평가방법은 내용을 면담대상에게 묻는 면담방법과 평가지표에서 실행 여부를 기록을 통해 확인하고, 관찰자가 평가지표를 확인하는 방법 등이 있다(한국보육진흥원, 2022).

표 13-5 평가지표의 평가방법

※ 평가지표의 평가방법은 관찰, 면담, 기록 확인의 방법으로 이루어진다.

관찰	• 보육환경, 보육과정, 상호작용 등에 대한 관찰을 진행함 • 등원에서 하원까지 일과 동안 이루어짐
면담	• 원장과 교사 등을 대상으로 면담을 진행함 • 평가지표(항목·요소)에 관한 실행 여부 및 관련 내용을 확인함
기록	• 평가지표(항목·요소)에서 실행 여부 및 내용 확인을 위해 요구되는 관련 기록을 확인함

출처: 보건복지부(2022). 어린이집 평가 매뉴얼.

4) 종합평가

'종합평가' 단계에서는 평가등급 결정(조정)이 필요한 어린이집 대상으로 기본사항확인서, 자체점검보고서, 현장평가보고서 등을 토대로 종합평가를 진행한다(보건복지부·한국보육진흥원, 2022).

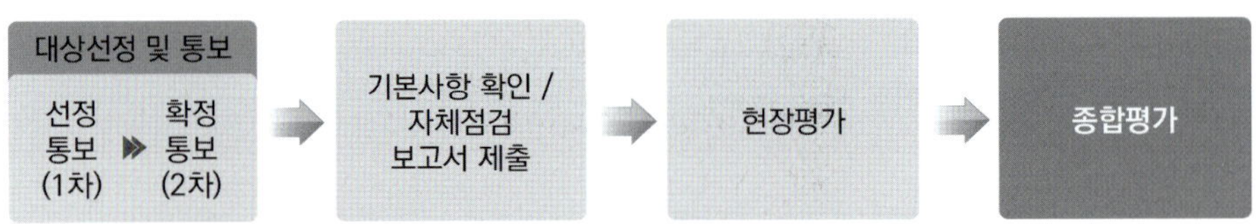

그림 13-2 종합평가 진행과정

출처: 보건복지부·한국보육진흥원(2022). 2022 어린이집 평가 매뉴얼.

종합평가 위원회는 학계 전문가, 현장전문가, 보육담당공무원으로 구성한다. 종합평가는 소위원회와 종합평가위원회를 거쳐 상정된 안건에 대해 심의 후 전체 종합평가 대상 어린이집 최종등급 및 평가주기를 확정한다.

5) 결과통보

어린이집 평가결과는 매월 15일 전·후에 어린이집 지원시스템 등을 통해 통보한다. 평가를 받은 어린이집은 평가결과에 대한 소명신청이 가능하다. 평가결과(A~D) 등 전체 어린이집에 대한 평가이력정보를 통합정보공시 홈페이지(WWW.childinfo.go.kr)를 통해 공개한다.

6) 평가 후 관리

평가결과 A, B등급 어린이집은 평가주기 동안 자체점검위원회를 구성하고, 연차별 자체점검보고서를 작성하여 결과통보 후 익년도부터 매년 1회 정해진 기간 내에 어린이집지원시스템으로 입력·제출한다. 평가결과 C, D등급을 받은 어린이집은 사후방문지원을 받은 후에 자체개선보고서를 제출해야 한다.

생각해보세요

한국보육진흥원 〈 어린이집 평가 〈 평가교육 자료 〈 일반자료 – "톡!톡! 120가지 문답으로 알아보는 2022 어린이집 평가"에서 교사들의 평가제에 대한 질문을 모아 만든 책입니다. 책을 찾아보고 어린이집 평가제에 대해 알아보세요.

출처: 한국보육진흥원 https://www.kcpi.or.kr/kce/front/index

참고문헌

강기수(2000). **유치원, 초등학교 교사를 위한 교사교육론**. 서울: 세종출판사.

강란혜(2020). **보육학개론**. 서울: 학지사.

경기도가족여성연구원(2020). 경기도 장애위험 영유아실태 및 지원에 관한 연구.

경기도육아종합지원센터놀이(2021). 나누며 동행하다. 2021년도 놀이학습공동체운영사업 사례집.

고문숙, 김세루, 김영주, 김은정, 김혜윤, 손혜숙(2014). **유아교육개론**. 경기: 정민사.

고은주(2004). 보육경험과 아동 특성 및 어머니의 양육행동이 아동의 공격성에 미치는 영향. 이화여자대학교 대학원 석사학위논문.

교육부(2018). 2019학년도 신학기 초등돌봄교실 운영방안. 서울: 교육부.

교육부(2019). 2019 개정 누리과정 운영지원관찰에 기반한 유아 놀이지원(교사용).

교육부(2019). 사진으로 보는 놀이공간 시간 놀잇감.

교육부(2020). 2019 개정 누리과정 '교사를 위한 놀이지원 워크북'

교육부(2020). 교사를 위한 놀이 지원 연수자료(p.7). 세종: 교육부.

교육부(2020). 교사를 위한 놀이지원 워크북.

교육부, 보건복지부(2019). 2019 개정 누리과정 놀이이해자료.

교육부, 보건복지부(2019a). 2019 개정 누리과정 해설서.

교육부, 보건복지부(2019b). 2019 개정 누리과정 놀이실행자료.

교육부, 보건복지부(2020). 유아가 세상을 만나고 살아가는 힘. 2019 개정 누리과정 놀이운영사례집 놀이.

국립특수교육원(2021). 특수교육대상자유아를 위한 놀이 지원 자료집. 놀이 중심 관찰·기록.

김경희, 문혁준, 김선영, 김신영, 김지은, 김혜금, 서소정, 안선희, 안효진, 이희경, 정선아, 황혜원(2016). **보육학개론**. 서울: 창지사.

김두범, 김미경, 김현희, 최광희(2012). **영유아 보육 프로그램 개발과 평가**. 서울: 창지사.

김민조, 심영태, 김남균, 김종원(2016). 교사들의 '반(半)자발성'에서 출발한 학교 내 교사학습공동체 운영 사례연구. **한국교원교육연구**, 33(4), 223-248.

김성원(2012). 유아교육기관에서의 기독교 교육 실천에 관한 제언. **신앙과 학문**, 17(2), 67-91.

김순자(2002). **바람직한 유아기독교 교육과 부모의 역할**. 한국성서대학교 사회과학연구소

영유아 교육연구분과. 기독교영유아교육(1).

김승환(2005). 불교아동교육사상의 교육학적 의미. 국민대학교 대학원 박사학위논문.

김시연(2014). 유아교사의 행복감, 교직에 대한 열정, 직무만족도, 교사효능감 및 교사-유아상호작용간의 구조분석. 광주여자대학교 대학원 박사학위논문.

김연진, 한성심, 서지영, 김현자(2017). **보육학개론**. 서울: 태영출판사.

김영모(1995). 한국영유아보육정책의 과제와 방향. **한국영유아보육학 제2집**. 한국영유아보육학회.

김현자, 서지영, 조미영, 강경민(2020). **보육과정**. 경기: 어가.

나정, 이영림(2016). 연봉동자상이 불교아동교육에 주는 시사점 탐색. **종교교육학연구**, 52, 103-126.

나정, 장영숙(2002). **미국의 유아교육과 보호정책**. 경기: 양서원.

나종혜, 김상림, 김송이, 신나리, 권연희(2014). **보육학개론**. 경기: 양서원.

나종혜, 김송이, 신나리, 권연희, 배선영, 손승희(2018). **영유아중심 보육교사를 위한 보육학개론**. 경기: 파워북.

노혜련, 김미원, 조소연(2021). **예방과 통합의 관점에서 본 아동복지론**. 서울: 학지사.

대한민국정부(2012). **제2차 저출산·고령사회 기본계획**(새로마지플랜 2015).

도미향(1999). 보육서비스가 기혼 여성의 취업 및 가족복지감에 미친 영향. 숙명여자대학교 대학원 박사학위논문.

박범석(2003). 교육의 종교성 회복을 위한 통합적 접근. 동국대학교 대학원 박사학위논문.

박준영(1999). **교육의 철학적 이해**. 서울: 경성대학교 출판부.

박찬옥, 전경화, 구수연, 곽현주, 정연희, 서의정, 백영숙, 이옥임, 이예숙(2015). **보육학개론**. 경기: 정민사.

박현옥, 이정은(2007). 일반학급의 의뢰전 중재 적용 실태 및 요구에 관한 질적 연구. 한국유아특수교육학회. **유아특수교육연구**, 7(2).

백선희(2016). 보육시설에서의 초과보육 허용정책에 대한 비판 및 대안의 모색: 보육의 질적 측면에서의 접근. **비판사회정책**, 51, 133-174.

변선영(2021). 어린이집 초임원장의 운영관리 지원을 위한 GROW 컨설팅 모형개발. 부산대학교 대학원 박사학위논문.

보건복지부(2009). 아이사랑플랜 2009~2012.

보건복지부(2012). 어린이집운영위원회 매뉴얼.

보건복지부(2013). 제2차 중장기보육 기본계획.

보건복지부(2017). 2017 보육사업안내.

보건복지부(2017). 제3차 중장기보육 기본계획.

보건복지부(2020). 2020 보육사업안내.

보건복지부(2020). 장애인 편의시설 상세표준도.

보건복지부(2020). 제4차 어린이집 표준보육과정 해설서.

보건복지부(2020). 지역아동센터 지원사업안내.

보건복지부(2021). 2021년 보육사업안내.

보건복지부(2022). 2022년 보육사업안내(부록).

보건복지부(2022). 2022년 보육사업안내.

보건복지부, 한국보육진흥원(2022). 2022 어린이집 평가 매뉴얼(어린이집용).

서성미(1993). 유아교육기관의 질과 유아의 자아개념 간의 관계 연구. 한국교원대학교 대학원 석사학위논문.

서영숙, 서혜전, 정영희, 양영아, 안소영, 이종현, 남미선, 안지혜(2018). **보육과정**. 경기: 공동체.

성미영, 유주연, 이세라피나, 임여정, 정현심(2019). **보육학개론**. 서울: 학지사.

송철호(2021). 문헌을 통해 본 조선시대의 어린이 교육. **방정환연구**, 6권, 269-294.

신귀순(2006). 보육의 질이 영유아발달에 미치는 영향에 대한 메타분석. 경희대학교 대학원 석사학위논문.

신혜원(1992). 보육시설의 질적 수준에 따른 아동의 놀이실 행동. 연세대학교 대학원 석사학위논문.

안경식(2005). **한국전통아동교육사상**. 서울: 학지사.

양안나(1990). 탁아 경험 및 가정환경이 아동의 사회성 발달에 미치는 영향. 부산대학교 교육대학원 석사학위논문.

양연숙(1995). 탁아기관의 질, 탁아경험 및 가족특성과 아동의 사회성 발달과의 관계. 경희대학교 대학원 석사학위논문.

양옥승, 나은숙, 신은미, 조유나, 황혜경(2015). **유아교육개론**. 경기: 정민사.

여성가족부(2020). 2021년도 청소년방과후 아카데미 운영 지침. 여성가족부.

원희정(1991). 유아교육기관의 질이 유아의 어휘발달에 미치는 효과. 이화여자대학교 대학원 석사학위논문.

유구종, 조희정(2021). **최신 영유아 보육학개론**. 경기: 공동체.

유희정(2008). 보육정책: 미래지향적 추진 방향과 과제. 2008. 7월 보육정책토론회.

육아정책연구소(2010). 영유아 보육·교육기관 및 서비스 이용실태. **육아정책포럼**, 19(19).

육아정책연구소(2012). 5세 누리과정 운영지원을 위한 교사연수 자료집.

이경선(2000). 보육의 질에 영향을 주는 관련 변인 연구. 성균관대학교 대학원 박사학위논문.

이경우, 이은화 역(1999). **반편견 교육과정 : 어린이에게 대응능력을 길러주는 도구**. 서울: 창지사. Derman-Sparks, L. & Anti-Bias Curriculum Task Force(1989). Anti-bias curriculum : tools for empowering young children.

이경화(2021). 유아 관찰과 기록. 2021년 어린이집 교사 연합직무연수 자료. 함께 만들어가는 놀이중심 유아교육 유아 관찰과 기록(p.14). 2021-6울산광역시유아교육진흥원.

이경희(1995). 유아교육기관의 질적 수준, 유아의 기질, 가정양육환경이 유아의 사회성 발달에 미치는 영향. 서울여자대학교 대학원 박사학위논문.

이기숙(2004). 보육시설의 질과 경험이 영유아의 발달에 미치는 영향: 한국결과를 중심으로. **삼성복지재단 제12회 국제학술대회: 영유아보육과 파트너십**, 215-246.

이상금(1987). **한국근대유치원교육사**. 서울: 이화여대출판부.

이소희(2006). **보육학개론**. 경기: 양서원.

이소희, 도미향(1995). 한국보육학 연구경향의 분석. **아동연구**, 4, 39-59.

이숙희(1999). **중앙대학교 사범대학 부속유치원 83년사 1916~1999**. 경기: 양서원.

이순형, 이혜승, 이성옥, 황혜신, 이완정, 이소은, 권혜진, 이영미, 정윤주, 한유진, 성미영(2013). **보육학개론(제4판)**. 서울: 학지사.

이영석(1994). 보육 프로그램 개발의 활성화 방안. 한국영유아보육학회.

이영자, 이종숙, 이정욱(1997). 보육시설 경험이 1, 2, 3세아의 구어 및 문어발달에 미치는 영향. **한국영유아보육학회**, 10, 31-73.

이영환, 민하영, 장혜자, 이주연, 양연숙, 김현지, 이형민(2020). **보육학개론**. 경기: 교육과학사.

이정우, 이혜상(1998). **유아를 위한기독교 교육의 이론과 실체**. 서울: 창지사.

이희현, 장명림, 황준성, 유경훈, 김성기, 김위정, 이덕란(2019). 온종일돌봄체계 구축 실태 및 개선과제: 우수사례분석을 중심으로. 교육부, 한국교육개발원.

장영희(1997). 유아를 위한 다문화 교육의 개념 및 교수방법에 대한 이론적 고찰. **성신연구논문집**, 35, 295-312.

장혜진, 송신영(2014). **유아교육·보육 질 관리 국제비교(연구보고 2014-14)**. 서울: 육아정책연구소.

저출산고령사회위원회(2018). 온종일돌봄체계 구축·운영계획.

정보람(2015). 교사학습공동체를 통한 에너지 기후변화와 수업 공동설계와 실행. 청주교육대학교 교육대학원 석사학위논문.

정순영(2003). 다문화 그림책을 활용한 교육활동이 유아의 가족구조 및 이혼에 대한 태도에 미치는 영향. 성균관대학교 교육대학원 석사학위논문.

정희영(2004). **기독교 유아교육론**. 서울: 교육과학사.

정희영(2008). 우리나라 기독교학교 교사재교육 현황과 시사점. 제13회 총신 유아교육학술대회: 기독교유아교육·장애아통합교육 실현을 위한 기초 연구, 75-107.

정희정, 이재연(2008). 경계선지능 아동의 인지적, 행동적 특성. **아동복지연구**, 3(3).

조벽(2016). **인성이 실력이다**. 서울: 해냄출판사.

조성자, 김영숙, 김춘경, 박성은, 이길동, 정인숙, 허옥희(2008). **보육학개론**. 서울: 도서출판 신정.

조유나, 신은미(2020). 어린이집 유형에 따른 영유아 관찰에 대한교사인식 및 실행 실태. **한국영유아교육보육학회**, 13(2), 45-69.

조정아, 조은진(2008). 한국 기독교유아교육기관의 기독교 유아교육과정 운영실태와 교사의 인식도 조사. **아동학회지**, 29(1), 305-324.

조현희, 이귀옥(1998). 보육경험이 3~4세 아동의 언어 수행 능력에 미치는 효과. **한국영유아보육학**, 16(4), 173-192.

조혜진(2004). 유아의 사회정서발달에 미치는 가족특성, 보육경험 및 기질 변인 분석, 이화여자대학교 대학원 박사학위논문.

중앙육아종합지원센터(2021). 2021 보육과정 컨설팅 사례집.

중앙육아종합지원센터(2020a). 제4차 어린이집 표준보육과정. 놀면서 자란다. 영아(0~2세)보육과정.

중앙육아종합지원센터(2020b). 제4차 어린이집 표준보육과정. 놀면서 자란다. 유아(3~5세)보육과정.

지옥정, 김수영, 정정희, 고미애, 조혜진(2016). **유아교육개론**. 서울: 창지사.

차가현(2014). 과학교사 학습공동체에서 사회적 합의과정을 통한 구성원의 PCK 변화. 서울교육대학교 교육대학원 석사학위논문.

최명희(2021). **보육학개론**. 경기: 공동체.

최미현, 박명화, 박성미, 최양미, 김애자, 김경신(2000). **영유아 보육의 이해**. 서울 : 창지사.

최은영(2022). 새 정부 유아교육·보육 정책의 진일보를 기대하며. **육아정책 Brief**, 90. 육아정책연구소(www.kicce.re.kr)

한국보육진흥원(2019). 평가인증 문서 서식 양식.

한국보육진흥원(2020). 발달이 느린 우리 아이를 위한 최선의 선택(부모용).

한국보육진흥원(2021). 사례로 본 알기 쉬운 어린이집 운영기준.

한국보육진흥원(2022). 톡!톡! 120가지 문답으로 알아보는 2022 어린이집 평가.

한성심, 송주미(2015). **아동복지론**. 서울: 창지사.

허미애(2017). 기독교인 유아교육자의 신앙과 기독교유아교육에 대한 인식 및 교수현황. **유아교육학논집**, 21(5), 103-124.

홍성희(2020). 유아 관찰 및 기록자료 개발 연구보고서.

홍용희(2004). 창립90주년 이화유치원. 이화여자대학교 사범대학부속유치원.

황해익, 서정현, 송연숙 외 12명(2009). **유아교육개론(제2판)**. 경기: 공동체.

황해인, 탁정화, 홍성희(2013). 유치원교사의 회복탄력성, 교사효능감 및 직무만족도가 행복감에 미치는 영향. **유아교육학논집**, 17(3), 411-432.

Ahnert, L., & Lamb, M. E. (2000). Infant-care provide attachments in contrasing child care setting II : Individual-oriented care after German reunification, *Infant-Behavior and Development, 23*, 211-222.

Anderson, B. E. (1989). Effect of public day-care: longitudinal study. *Child Development, 60*, 857-866.

Baker, G. C. (1994). *Planning and Organizing for Multicultural Instruction*. Addison-Wesley.

Bates, J. E., Marvinney, D., Kelly. T., Dodge, K. A., Bennett, D. S., and Pettit, G. S. (1994). Child care history and kindergarten adjustment. *Developmental Psychology 30*, 690-700.

Bomstein, M. (2012). Proximal to distal environments in child development. In Mayes, L., & Lewix, M. (Eds.). *The Cambridge handbook of environment in human development* (pp. 15-29). N.Y.: Cambridge University Press.

Booth, C. L. and Kelly, J. F. (2002). Child Effects on the Development of Toddlers with Special Needs. *Early Childhood Research Quarterly, 17*, 171-196.

Bos and Granger. (1999). Estimating effects of day-care use on child outcomes.

Caldwell, B. (1991). Educare: New product, new future. *Developmental and Behavioral Pediatrics, 12*(3), 199-205.

Carew, J. V. (1980). Experience and the development of intelligence in young children. *Monographs of society for research in child development*, (6-7, Serial No. 187)*, 45*.

Derman-Sparks, L. & ABC Task Force. (1989). *Anti-bias Curriculum: Tools for Empowering Young Children*. Washington, DC: National Association for the Education of Young Children.

Eyberg, S. M. & Robinson, E. A. (1982). Parent-child Interaction Training: Effect on family functioning. *Clinical Child Psychology, 11*(2), 130-137.

Fine, M. J., & Henry, S. A. (1989). Professional issues in parent education. In M. J. Fine(Ed.), *The second handbook on parent education.* San Diego: Academic Press.

Goldberg, M. (1999). Accreditation of child care centers. The Muttart Foundation.

Honig, A. S. (1989). Quality infant toddler care giving: Are there magic recipes?, *Young Children, 44*, 4-10.

Huebner, C. E. (2000). Community-based support for preschool readiness among children in poverty. *Journal of Education for Students Placed at Risk, 5*(3), 291-314

Jalongo, M. P. & Isenberg, P. (2000). *Exploring Your Role : A Practitioner's*

Introduction to Early Childhood Education. NJ: Prentice-Hall.

Katz, L. G. (1992). Early childhood program: Multiple perspectives on quality. *Childhood Education*, *69*(2), 66-71.

Kostelnik, M. S. (1997). 배우면서 자라는 공간: 유아교육을 위한 실내환경. 삼성복지재단 제5회 국제학술대회 자료집.

Lero, D., & Kyle, I. (1985). *Day care quality: Its definition and implementation.* Report to the Task Force on Child Care, Ministry Responsible for the Status of Women, Ottawa, Ontario.

McCartney, K. (1997). Teacher-child interaction and child-care auspices as predictors of social outcomes in infants, toddlers and preschoolers. *Merri-Palmer Quarterly, 43*(3), 426-450.

Melhuish, E. C., Llord, E., Martin, S., & Mooney, A. (1990). Type of Child Care at 18 Months-II: Relations with Cognitive and Language Development. *Journal of Child Psychology and Psychiatry, 31*, 861-870.

NICHD Early Child Care Research Network (2000). Characteristics and Quality of child care for toddlers and preschoolers. *Applied Developmental Science 4*, 116-135.

NICHO Early Child Care Research Network (2005). *Child care and child development.* New York: The Guilford Press.

NICHD., & Greg. J. Duncan. (2003). Modeling the Impacts of Child Care Quality on Children's Preschool Cognitive Development. *Child Development, 74*(5), 1454-1475.

O'Brien, Weaver, Burchinal, Clarke-Stewart, & Vanedell. (2014). Women's work and child care. In D. Gershoff, R. Mistry, & A. Crosby (Eds.), *Societal contexts of child development*(pp.37-50). New York, N.Y.: Oxford University Press.

Raynolds, A. J. (1999). Educational success in high-risk setting: Contributions of the Chicago Longitudinal Study. *Journal of School Psychology*, Special Issue: Schooling and High-Risk Population - The Chicago Longitudinal Study, 37.

Schweinhart, L. J., & Weilart, D. P. (1986). What do we know so far? : A review of the head start synthesis project. *Young Children, 4*(6), 49-55.

Sergiovanni, T. J., & Strarratt, R. J. (2007). *Supervision: A Redefinition*(*8th ed.*). New York: McGraw Hill.

Sherrill, L. J. (1944). 김재은·장기목 공역, 「만남의 기독교 교육」, 서울: 대한 기독교 출판사, 1981, 219-226.

Spodek, B. (1975). Early childhood education and teacher education: A search for consistency. *Young Children, 30*, 69-75.

Spodek, B. (1985). *Teaching in the Early Years(3rd ed.)*. Englewood Cliffs, NJ: Prentice-Hall.

Sternberg, K. J., Lamb, M. E., Hwang, C. P., Broberg, A., Ketterlinus, R. D., & Bookstein, F. L. (1991). Does out-of home care affect compliance in pre-schoolers?, *International Journal of Behavioral Development 14*, 45-65.

Vandell, D. L., & Corasaniti, M. S. (1990). Child care and the family: Complex contributions to child development. In K. McCartney(Ed.), Child care and maternal employment: A social ecology approach. *New Directions for child Development, 49,* 27-37. San Francisco. CA: Jassey-Bass.

Vandell, D. L., & Powers, C. P. (1983). Day care quality and children's free play activities. *American Journal of Orthopsychiatry, 53*, 493-500.

Weiten, W. (2007). *Psychology: Themes and Variations*. Tomson.

| 인터넷사이트 |

경기도육아종합지원센터(2022).
http://gyeonggi.childcare.go.kr/lgyeonggi/d10_30000/d10_30205/d10_30206.jsp

경향신문(2021. 1. 7.). 10년차 어린이집 교사 월급, 국공립 235만 원·민간 179만 원. https://www.khan.co.kr/national/labor/article/202101072046005

경향신문(2022. 2. 27.) 보육 전환이 필요한 저출생 위기… 어린이집 아동 숫자 줄이고, 보육 면적 늘리면?
https://www.khan.co.kr/local/Seoul/article/202202271449001

고려대한국어사전

교육희망(2021. 6. 22.). 시도마다 들쭉날쭉 학급당 유아수 배치기준, 만 5세 23~30명. https://news.eduhope.net/23510

국립국어원 표준국어대사전(2022) https://stdict.korean.go.kr/

내 손안에 서울(2021. 12. 24.) 어린이집 교사당 아동 수 줄이니 보육의 질이 달라졌다! https://mediahub.seoul.go.kr/archives/2003550

대한민국 행정안전부 블로그 https://blog.naver.com/mopasp

법제처 https://www.law.go.kr

보건복지부 http://www.mohw.go.kr

보육교직원 통합정보 https://chrd.childcare.go.kr

서울신문(2022. 5. 6.) 어린이날도 '집콕' 장애아동… "함께 뛰놀 놀이터 만들어 주세요" https://www.seoul.co.kr/news/newsView.php?id=20220506001012&wlog_tag3

세계일보(2022. 5. 31.). 30년 숙원 '유보통합'… 교사선발·처우 일원화가 최대 난제(심층기획). http://www.segye.com/newsView/20220530518100?OutUrl=naver

아동권리보장원 www.ncrc.or.kr

아이소리몰 https://www.isorimall.com

어린이급식관리지원센터 http://ccfsm.foodnara.go.kr

어린이집 평가제 사이트 http://kcpi.or.kr/kce/front/index

연합뉴스(2020. 10. 15.). 사립유치원 교사 10명 중 1명, 임신·출산으로 퇴직 요구받아. https://www.yna.co.kr/view/AKR20201015041400530?input=1195m

연합뉴스(2022. 5. 5.). 어린이 '놀 권리' 법으로 보장한다…정부, 아동기본법 추진. https://www.yna.co.kr/view/AKR20220504121500530?section=society/women-child

연합뉴스(2022. 5. 30.). 작은 어린이집 뭉치는 '다가치 보육' 발대식…148곳 30그룹 참여. https://www.yna.co.kr/view/AKR20220530130700530?input=1195m

유튜브. 2020 어린이집 평가제 운영체계 인포그래픽. 한국보육진흥원. https://www.youtube.com/watch?v=brU7GsWuE2g&list=PL1zj4HJ0rXzykyZm9jpqQku0kyYp8sAB)/

육아정책연구소 www.kicce.re.kr

임신육아종합포털 아이사랑 www.childcare.go.kr

조선일보(2022. 6. 7.). 고학력·고소득 여성일수록 자녀 낳을 확률 크다 https://www.chosun.com/national/welfare-medical/2022/06/07/N5F73BUXTRBSXIJXBGZ2PBU7AM/?utm_source=naver&utm_medium=referral&utm_campaign

중앙육아종합지원센터 central.childcare.go.kr

중앙일보(2022. 4. 28.). 보육시간 줄어도 근무 30분 늘었다…어린이집 '코로나 구인난'. https://www.joongang.co.kr/article/25067072

한국보육진흥원 https://www.kcpi.or.kr

한국보육진흥원(2022). 어린이집 윤리강령 전문 https://www.kcpi.or.kr/kcpi/cyberpr/noti/detail.do?colContentsSeq=63861

https://blog.naver.com/kcpiorkr/222782369241 한국보육진흥원, 중앙육아종합지원센터와 통합 <KCPI News>

JTBC(2022. 2. 23.). '서울형 공유어린이집' 경쟁률 3.2대1…3월부터 전 자치구 운영. https://news.jtbc.joins.com/html/086/NB12048086.html

NEWSIS(2022. 3. 22.). 오세훈표 공유어린이집, '모아어린이집'으로 간판 바꿨다. https://newsis.com/view/?id=NISX20220322_0001802936&cID=14001&pID=14000

저자 소개

한성심

강서대학교 사회복지학과 교수

숙명여자대학교 대학원 아동복지학과 문학박사

아동복지론(2015, 공저) 외 다수

김현자

두원공과대학교 유아교육과 교수

숙명여자대학교 대학원 아동복지학과 문학박사

보육과정(2019, 공저) 외 다수

이미영

화성시청 아동보육과 소속

오산대학교 아동보육과 강사

강남대학교 유아교육과 교육학석사

발달이 느린 우리 아이를 위한 최선의 선택(2020, 공저) 외 다수

보육학개론

초판 1쇄 인쇄 / 2022년 8월 25일
초판 1쇄 발행 / 2022년 8월 31일

•

공저자 / 한성심 · 김현자 · 이미영
발행인 / 이 중 수
발행처 / **동 문 사**

•

서울특별시 서대문구 홍제원 1길 12
(홍제동 137-8)
Tel: 02)736-3718(대), 736-3710, 3720
Fax: 02)736-3719
등록번호: 1974.04.27. 제9-17호
가격: 19,000원

•

ISBN : 979-11-6328-448-2 (93370)
E-mail: dong736@naver.com
www.dongmunsa.com

저자와의 합의하에 인지는 생략합니다.